JN273718

家族と都市移住

関　孝敏

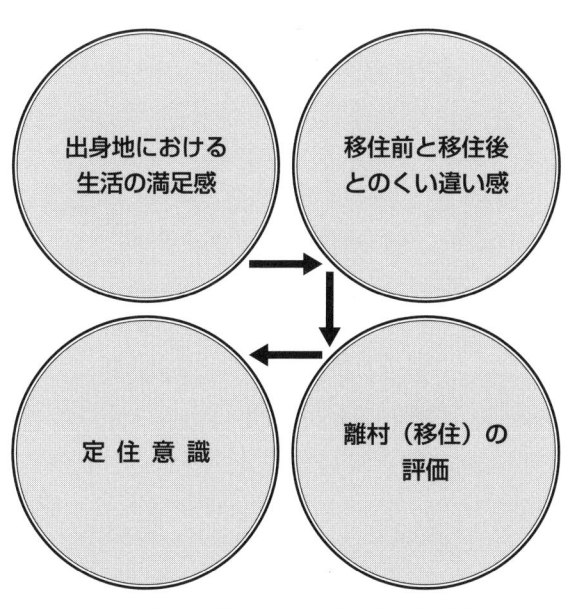

- 出身地における生活の満足感
- 移住前と移住後とのくい違い感
- 定住意識
- 離村（移住）の評価

都市適応の進展段階における総体的評価

古今書院

まえがき

『家族と都市移住』という課題は，家族社会学のテーマであるとともに，人類学，人文地理学，人口学，そして近代経済学や農業経済学，さらには社会政策学等の分野が取り扱いうるテーマでもある。学際的な広がりがみられる研究主題である。しかし，いずれの分野においても，①家族の側面かそれとも都市移住の側面か，②個人（人口）のレベルかそれとも集合（集団）レベルか，というように，どちらかに偏った考察がなされることが多い。しかも都市移住現象は，③出身地と移住先という二つの地域社会を組み入れた考察を本来的に有しているにもかかわらず，どちらか一方の地域社会に偏って取り上げられることが多く，両地域社会の関係を視野においた考察はきわめて少ないように思われる。この意味では，『家族と都市移住』の社会学的考察においては，先に指摘した三つ（①〜③）の視野を念頭に置いた考察が求められる。しかも学際的な研究が要求されるテーマである。この複雑さが当該研究への取り組みを難しいものにし，研究の深化と発展を阻害していたともいえる。わが国の学的状況は，こうした事態をより直截に示してきたように思われる。

周知のごとく，わが国では，高度経済成長期に民族大移動と形容されるほど，多くの都市移住者や都市移住家族がみられた。にもかかわらず，ここで標題として設定されるような考察はあまりにもなされてなかった。たとえなされたとしても，先に指摘したように限定されたごく一部の考察にとどまっている。

しかし，海外の研究に目を転じると，研究史上のモデルとして貴重な考察がある。こうした研究として，少なくとも次の五つを指摘することができる。すなわち，①アイルランドの首都ダブリンへ，周辺の農村地域から都市移住した家族を取り上げた A.J.Humphreys, 1966, *New Dubliners* という研究，②アメリカ合衆国におけるアパラチア山間地域から五大湖沿岸および中西部の産業都市に移住した家族を考察した H.K.Schwarzweller, J.S.Brown &

J.J.Mangalan, 1971, "*Mountain Families in Transition: A Case Study of Appalachian Migration*" および，③ J.S.Brown, H.K.Schwarzweller & J.J.Mangalan, 1963, Kentucky mountain migration and stem-familiy, *Rural Sociology* 28: 48-69，といった研究がまず挙げられる。これら三つの研究は国内における都市移住を取り上げているが，④ T.K.Hareven, 1978, The dynamics of kin in an industrial community, *American Journal of Sociology, Supplement* 84: 151-82，および，⑤ T.K.Hareven, 1982, "*Family Time & Industrial Time*" の両者は，20世紀初期，ヨーロッパからアメリカ合衆国北東部産業都市への国外からの都市移住者を取り扱った「家族史と産業史」に関する学際的な歴史社会学的研究である。これらはいずれも大変優れた実証的研究であるとともに理論的研究でもある。

　筆者は，海外の学問的に優れた格好の研究事例に触発されると共に，わが国において類似の学問的成果が見出されていないことはきわめて残念であると考えた。こうした欠落を補うために，わが国の高度経済成長期に全国の中でも挙家離村――ここでは，筆者のいう都市移住家族――を多く生み出してきた西日本の中国地方と北海道の山間地域をフィールドとして設定し，標題のテーマについてその結果を報告してきた。

　ここで収録している6編の論考は，1985年～2008年にいたるまでの20余年間に執筆したものである。このうち第1章は，標題に関する方法論を家族研究と都市移住研究とを繋ぐ意味から，都市移住研究を家族・親族論の視点から取り上げた論考である。ここではこのアプローチを「家族・親族アプローチ」と名辞し，その方法論の理論的整理を試みた。終章の第6章は，都市移住をめぐる今日的な観点から課題をまとめ，今後の展開の方向性を提示した。

　第2章から第5章までは実証的研究である。第2章と第3章は筆者の最初の勤務地にかかわるフィールド，広島県芸北山村から瀬戸内の政令指定都市，広島市への都市移住家族の事例研究である。これらの章は，本来，ひとつの論考であるが，前半を2章「都市移住家族の成立過程」，後半を3章，移住先の都市社会における「都市移住家族の定着過程」としてそれぞれ独立させた。第4章と第5章は，現在の勤務地において北海道一山村と当該地域からの都市移住

者および都市移住家族とを対象地にしたフィールドリサーチによる考察である。4章では，都市移住者と都市移住家族の両者を含む調査対象を「親族関係と都市移住の意思決定過程」として，また5章は「親族関係と都市適応過程」としてそれぞれテーマ設定し考察したものである。

　なお，本書に6編を収録することに際して，旧稿の修正は，以下の諸点の必要最小限にとどめた。①明らかな誤字，誤植，数字の誤りを訂正した。②調査時点および執筆時は，もっとも古い場合，前者が1977年，後者が1985年であるので，時制の表現に配慮した。③図表の一部は見やすいように加筆した。④海外の研究者に関する本文での言及は，横文字表記にとどめた。⑤文意が不鮮明と思われる箇所には，語句を補足した。

目　次

まえがき　i

第1章　都市移住研究における「家族・親族」アプローチ …………1
　　　　──戦略概念の導入に注目して──
　　はじめに　1
　　第1節　初期の都市移住研究における「家族・親族」アプローチ　3
　　第2節　「戦略的」家族・親族アプローチとその基礎概念　7
　　第3節　「戦略的」家族・親族アプローチと都市移住過程　14
　　第3節　「戦略的」家族・親族アプローチと都市適応過程　18
　　むすび　23

第2章　都市移住家族の成立過程 …………29
　　はじめに　29
　　第1節　都市移住家族の出身地域　33
　　第2節　都市移住家族の存在形態　49
　　第3節　都市移住の意思決定　59

第3章　都市移住家族の定着過程 …………71
　　第1節　移住地の概況　71
　　第2節　移住家族の分布と住宅取得　75
　　第3節　移住家族の職業生活　85
　　第4節　移住家族間のネットワーク　95
　　第5節　移住家族の地域生活　105
　　第6節　移住家族と出身地域との交流　112

第7節　移住家族の形態変化　120
むすび　128

第4章　親族関係と都市移住の意思決定　135

はじめに　135
第1節　対象設定と対象地域　138
　1　対象者の諸属性　139
　2　主な離村理由　141
　3　出身地と移住先　143
第2節　都市移住パターン　145
第3節　都市移住パターンと親族存在　149
第4節　都市移住過程における親族機能　156
むすび　162

第5章　親族関係と都市適応過程　167

はじめに　167
第1節　都市移住者と移住パターン　170
　1　基本的属性　170
　2　移住パターン　171
第2節　都市移住者の親族分布と親族交際　173
　1　親族分布　173
　2　親族交際　175
第3節　都市適応の初期段階　179
第4節　都市適応の進展段階(1)　185
　1　転居・転職と援助ネットワーク　186
　2　同郷人への援助ネットワーク　186
　3　不安意識とパーソナル・ネットワーク　190
第5節　都市適応の進展段階(2)　192
　1　社会参加　192

　　　　2　出身地との社会的接触　　195
　　　　3　離村（都市移住）の評価と定住意識　　199
　　むすび　　202

第6章　都市移住をめぐる諸問題——社会的意味に注目して——……211
　　はじめに　　211
　　第1節　「地域移動の側面」としての都市移住　　212
　　第2節　「社会変動の側面」としての都市移住　　216
　　第3節　「地域社会研究の側面」としての都市移住　　219
　　第4節　「社会過程の側面」としての都市移住　　223
　　第5節　「ライフコースの側面」としての都市移住　　225
　　むすび　　228

あとがき　　235
索　引　　239

第1章

都市移住研究における「家族・親族」アプローチ
―― 戦略概念の導入に注目して ――

はじめに

　都市移住現象への接近方法として，集団レベルないし関係レベルのアプローチがある[1]。ここで措定する「家族・親族」アプローチとは，こうしたレベルの接近方法における主要な内容をなしている。「家族・親族」アプローチは，後述するごとく，国際間ではなくて国内における都市移住研究に関していえば，1950年代にその嚆矢を見出しうる[2]。しかし，「家族・親族」アプローチとして方法論的に定着してくるのは60年代においてであるように思われる。
　ところで，「家族・親族」アプローチとしてかぎ括弧にくくり表わすのは，主として次の二つの理由による。その一つは，家族という集団レベルと親族関係という関係レベルとでは，両者において質的な違いがあるから，厳密にはそれぞれ別個に取り上げられなければならないにもかかわらず，現実的には両者を区別せず，比較的ルーズに相互に関係づけた都市移住研究が少なくないこと，二つに，家族や親族関係に関連した多くの都市移住研究がみられ，しかも重要な知見が少なくないにもかかわらず，これまで家族・親族アプローチとして必ずしも明確に措定されていないこと。こうしたことから，小稿では，このアプローチをひとまずかぎ括弧にくくり提示している。
　このような断りをふまえて，「家族・親族」アプローチによる都市移住研究をみると，1960年代までの研究と70年代以降のそれとでは，いくつかの違い

が見出される。すなわち前者では、近代化・産業化・都市化が先行した先進諸国、とりわけアメリカ合衆国において多くの研究がなされた。そこでは、産業化の機能的要件である地域移動――農村都市移住はその一形態――に、家族結合や親族結合が抵触するか否かが主要に問われた。敷衍すると、職業移動を中心とした社会移動において地域移動が伴うことから、この両者の移動過程に家族結合や親族結合が機能的であるのか否か、が課題とされた[3]。

これに対して、後者の70年代以降では、ラテンアメリカ、アジア、アフリカといった後発諸国において、多くの研究が一挙に噴出した[4]。第三世界におけるこのような研究では、アメリカ合衆国の場合に顕著にみられた産業化と都市移住の関連よりもむしろ、どちらかといえば都市化それ自体の内容として都市移住現象を位置づけた研究が多いように思われる。たとえば、改めて後述するが、第三世界における60年代までの「家族・親族」アプローチによる都市移住研究では、数少ないとはいえ、研究史上、重要な研究がある。これらはいずれもL.Wirthのアーバニズム論批判を展開しているからである[5]。そして70年代以降になると、急激な近代化政策や地域開発に伴う過剰都市化、産業化なき都市化の論議を背景とした考察が多くみられたからである。「家族・親族」アプローチによる都市移住研究において、都市移住と貧困との関連を問う課題設定は、そうした研究におけるもっとも重要な内容のひとつであった。こうしたことから、都市移住現象は後発諸国にとって、そしてまた都市移住者ないし都市移住予定者にとっても、きわめて現実的で実践的な課題として位置づけられた。そのために移住前における都市移住の意思決定、移住後における都市社会への適応は戦略的に図られることが少なくなかった。

70年代以降における「家族・親族」アプローチによる都市移住研究に戦略概念が導入される理由のひとつには、このような現実的で実践的な背景があるものと考えられる。加えて、A.Inkelsの『個人的近代化』にみるように、近代化を従来のマクロな構造的レベルにおいて捉える視点から、ミクロな個人レベルにおいて捉える視点へ、という社会学理論における潮流の変化も戦略概念導入の背景として位置づけられるように思われる（Inkels, 1969, 1983）。

上述したように、「家族・親族」アプローチによる都市移住研究は、60年代

までと 70 年代以降とにおいて，主要な研究対象地域，研究量，研究課題，研究の視点においてそれぞれ違いがみられるから，60 年代までの研究を「家族・親族」アプローチによる初期の都市移住研究（以下，「初期の研究」と略することがある）とし，70 年代以降のそれと一応区別しておきたい。このことを踏まえて，さらに 70 年代以降の研究に注目した時，戦略概念を導入した研究とそうではない研究とに分化する展開が見出された。このことから，両者を識別するために，前者の場合を「戦略的」家族・親族アプローチによる都市移住研究（以下，「戦略的」アプローチないし「戦略的」アプローチによる研究と略すことがある）と呼ぶことにしたい。

このような「戦略的」アプローチをここで提示するのは，70 年代以降，戦略概念の導入の展開によって「家族・親族」アプローチの深化が図られてきたと思われるし，都市移住現象それ自体の社会学的解明が進展してきたと考えられるからである。そこで以下において，1960 年代までの初期の研究を第 1 節において取り上げ，第 2 節以降では，70 年代に至り戦略概念を導入した「戦略的」アプローチに焦点を据え，都市移住研究における「家族・親族」アプローチについて考察を加えることにしたい。

第 1 節　初期の都市移住研究における「家族・親族」アプローチ

初期の都市移住研究における「家族・親族」アプローチは，先に指摘したように，大別して二つの方向の論議に関連して展開されてきた。そのひとつは，都市化論，とりわけ，L.Wirth のアーバニズム論批判として，他は産業化の機能的要件をめぐる論議として，である。

前者に関していえば，「家族・親族」アプローチによる都市移住研究における先駆的研究は，O.Lewis の「解体なき都市化」(1952) である。そこでは，後背地の農村からメキシコシティに都市移住した家族が取り上げられ，そうした移住家族では，家族解体が少ないばかりか，移住先においてはもとより出身地との間においても，家族成員や親族成員との結合が維持されていることが明らかにされた。Wirth のアーバニズム論において説かれた病理的現象の増加

や第一次的関係の衰退は，都市移住によって必ずしももたらされるわけではないという反証がなされた[6]。同様の結論は，エジプトのカイロ市への都市移住者に関する J.Abu-Lughod の研究においても得られた。この研究において注目されることは次の点である。すなわち，都市移住者に病理的現象の増加や第一次的関係の衰退が短絡的に伴うものではないという知見に加えて，農村の出身地によって移住先の居住地区が異なり，同郷人による集住がみられること，また出身地によって都市移住の単位——家族移住か個人移住か——が異なること，そしてさらに移住に際して，移住者は先行した家族成員や親族成員によって住宅や仕事の世話，アドバイス，情報の提供を受けるといった具体的な援助内容をも明らかにしたことである。こうしたことから，カイロ市の研究では，都市移住者の都市社会への適応がいかに図られるかという，都市適応過程のメカニズムの一端が解明されたのであった[7]。

　上に例示した研究は，いずれも第三世界に関するものであり，都市化論の文脈においてなされたが，産業化との関連における都市移住現象はアメリカ合衆国における研究に顕著にみられた。

　合衆国における「家族・親族」アプローチによる初期の代表的な研究は，アパラチア山間地域から五大湖沿岸および中西部の産業都市への移住者に関するものであり，ケンタッキー大学の研究者集団によって手がけられた。彼らは，産業都市への移住過程と適応過程とを，Le Play の根幹家族の概念を手がかりにして捉えた。そのためにまず彼らは，出身地域を「提供システム」，移住先の都市社会を「受入れシステム」とし，両者の相互連関を「移住システム」として位置づけた。都市移住とは，前者から後者への人々の移動であり，両地域社会間の均衡を図るものであるとされた。こうした移住論の理論的枠組みにおいて，出身地における定位家族を根幹家族，移住先における生殖家族を分岐家族とし，両家族間および分岐家族間の結合によって，特定の家族集団や親族集団は，特定の都市への移住の流れを示すということが明らかにされた。つまり「連鎖移住システム」の存在が析出され，住宅や仕事の取得もこうした結合を通じてなされることが明らかにされたのである[8]。

　また合衆国東部の一都市における都市流入者を農村地域の出身者と他の都市

的地域出身者とに分け,彼らの移住に際しての援助内容を取り上げた C.Tilly らは,「移住者と受入れ地域との間における関係が移住前において(すでに)確立している」ことを意味する「オースピス auspice(保護)」という新しい概念を提示した。これをキーワードとして,移住過程は,親族関係を中心とした第一次的関係による援助やアドバイスによって支えられた意思決定の結果であること,そしてこのような移住過程における決定因として,非経済的な決定因が重要であることがそれぞれ明らかにされたのであった(Tilly & Brown, 1967)。

こうした例から,家族結合や親族結合は,産業化の機能的要件である地域移動(ここでは,農村都市移住)を阻害するものではなく,むしろ移動を促進するチャンネルを提供するものであるということが示された。

ところで,以上の初期の都市移住研究における「家族・親族」アプローチは,家族の内部構造と都市移住との直接的な関連を問うものではない。しかし,同じ初期の研究においても,都市化や産業化に関係づけられながら,家族の内部構造と都市移住との関連に着目した研究がある。たとえば,ヨーロッパの農民家族について,その相続パターンを手がかりとして,婚姻率,出生率に言及しながら,長子相続が支配的な地域では,均分相続が支配的な地域に比べて永続的な移住(国内の都市移住,海外移住も含む)が多くみられると説いた H.J.Habakkuk の研究がある(Habakkuk, 1955)。またアイルランドの首都ダブリンにおける都市移住者の子供の家族を取り上げた A.J.Humphreys の研究は,農村の家族組織や親族結合が都市移住に伴い,世代間において,そしてまた出身地の農村家族と都市移住者の家族とにおいて,それぞれどのように異なるのかに注目した。その結果,伝統的な家族・親族の結合,家族組織の規範や互酬的義務,カソリックの信仰の強さなどは都市家族において弛緩していることが明らかにされた(Humphreys, 1966)。

「家族・親族」アプローチによる都市移住研究において,家族の内部構造と都市移住現象との関連を直接的に解明した研究は意外なほどに少ないから,上に例示したいずれもヨーロッパ家族に関する研究は,初期の都市移住研究において銘記されなければならない。

先にふれたごとく，60年代までの「家族・親族」アプローチによる初期の都市移住研究は，都市移住にかかわる「家族・親族」結合の存在によって，都市化に伴う病理現象仮説や第一次的関係衰退ないし消滅仮説に対する反証を提示し，合わせて産業化が要求する地域移動要件に「家族・親族」結合は必ずしも抵触しないことを明らかにした。しかし，本稿のテーマに即していっそう重要なのは，「家族・親族」アプローチによる初期の研究が都市移住現象それ自体の解明に際して，少なくとも次のごとき諸点の貢献をしている，と考えられることである。
　すなわち，(1)「家族・親族」アプローチは，「家族・親族」結合によって都市移住の流れや方向性（複数の潜在的な移住先があるにもかかわらず，特定の移住先が選択され，決定されること）が形成されるということを明らかにした（都市移住パターンの存在）。このことによって，(2)従来，都市移住の流れや方向性は，個人の客観的な属性に基づく集合的な量的データによって把握されたのに対して，個人や集団の都市移住行動によって捉えるという行動論の視点が導入されることになった。(3)都市移住の決定因として，労働力移動や職業移動にみるように，従来，経済的決定因が強調されてきたが，これに対して「家族・親族」結合の存在という非経済的決定因の重要性を提示した。(4)都市移住者や都市移住家族の都市適応過程において，「家族・親族」結合は，都市社会への適応促進機能をもつことが明らかにされた。このことから，(5)そうした移住者（家族）の都市社会における社会統合のメカニズムの一端が示された。
　以上の諸点を踏まえてさらにつけ加えられることは，(6)社会過程としての都市移住現象という社会学的な課題設定の位置づけが明確になった，ということである。さらに，いまひとつ，(7)農村社会と都市社会という二つの地域社会の相互連関は，都市移住行動を媒介として，より直接的に把握されうるという枠組みが示唆されたことである。
　初期の都市移住研究における「家族・親族」アプローチは，以上のような知見や理論的貢献を有するが，このことを踏まえて，70年代以降の「家族・親族」アプローチをみると，そこでは戦略概念の導入によって，このアプローチそれ自体の深化と都市移住現象の位置づけおよびその解明とが，いっそう明確

にされるようになったと思われる。そこで次節以降においては、「戦略的」アプローチによる都市移住研究を取り上げ、①都市移住に関する基本的視点、②都市移住の意思決定、そして③都市適応過程が、このアプローチによって、それぞれどのように考察されているかについてふれることにしたい。というのも、都市移住現象を社会学的に捉えようとする時、これらの3点の解明は必須不可欠であると考えるからである。

第2節　「戦略的」家族・親族アプローチとその基礎概念

　70年代以降の「家族・親族」アプローチに関するひとつの重要な特徴は、くり返し指摘しているように、戦略概念を用いた都市移住研究が多くみられることである。たとえ戦略概念が導入されていなくても、戦略概念を含意した都市移住研究が少なくない。こうしたことから、本稿では、60年代までの「家族・親族」アプローチに対して、70年代以降にみられるこの種のアプローチを「戦略的」家族・親族アプローチとして措定した。しかし、この「戦略的」アプローチは、60年代までの「家族・親族」アプローチの知見や方法論的貢献を継承しつつ深化させていると考えられるにもかかわらず、そのアプローチのもつ特徴は必ずしも明確に位置づけられていないように思われる。それは、このアプローチにおける戦略概念が多様であり統一的に用いられていないこと、そして何よりも、この戦略概念を活用することが、都市移住現象を把握する（従来の）「家族・親族」アプローチに対して、どのような貢献をもたらしているのかを明確にしていないと考えられるからである。

　しかし、このような問題点は、「戦略的」アプローチに依拠して、もっとも早く都市移住研究を展開したN.B.Gravesらの所説を検討する時、解決の糸口が与えられるように思われる。そこで、彼らの研究をまず確認しておく必要がある。彼らはニュージーランドのオークランド市における都市移住者の移住を「適応戦略」という概念を用いて捉え、従来とは異なる視点を提示した。すなわち、彼らは、都市移住行動にかかわる人間像に関して、受け身的な人間から自らの運命を形づくる能動的なエージェントとしての人間へ、という人間像の

表1-1 都市移住研究における適応戦略の諸概念

	適応戦略			
	単位	目的	手段	担い手
戦略諸概念の具体例	(例) 家族戦略 世帯戦略	(例) 生計戦略 社会移動戦略	(例) 個人指向戦略 集団指向戦略 フォーマル戦略 インフォーマル戦略 一般化された戦略 専門化された戦略	(例) 分散した家族ネットワークス 陰の世帯

　転換を図った。次いで、都市移住に伴う適応に関して、適応を人間と環境との関係が、いわばニュートラルな相互作用の関係にあるものとして捉える視点から、環境のもつ様々な制約や拘束に対して、活用しうる選択肢を選択しつつ、相対峙する問題を克服しようとする過程を適応として捉える視点へという、適応に対する視点の積極的転換を明示した（Graves & Graves, 1974）。

　このような都市移住者の人間像や適応に関する視点や発想の転換を踏まえた「適応戦略」概念を手がかりにすると、「戦略的」アプローチによる都市移住の基本的視点がより鮮明になるように思われる。というのも、「戦略的」アプローチに依拠する論者の所説に注目する時、表1-1に示すごとく、都市移住に対する「適応戦略」をさらに敷衍し、(1)「適応戦略」における単位、(2)「適応戦略」における目的、(3)「適応戦略」における手段、(4)「適応戦略」における担い手、といった「適応戦略」の諸側面に関する基礎的な概念を用いて、都市移住現象を取り上げた考察がみられるからである。しかし残念ながら、こうした諸側面に関する整理はなされていない。そこで、この表に基づいて「戦略的」アプローチにおける基礎的な概念をまず整理したい。「戦略的」アプローチが都市移住現象をどのように位置づけ、解明してきているのかという、当該アプローチの基本的特徴は、この「適応戦略」の諸側面を取り扱った諸概念にうかがわれるのではないかと考えるからである。

　まず、(1)「適応戦略」における単位の側面について。この側面に関していえば、「戦略的」アプローチによる研究では、「適応戦略」の単位として、集団レ

ベルの家族や世帯が考察の中心に据えられる。これに対して,「適応戦略」の単位が個人レベルで考えられる場合,改めて後述するように,それは「適応戦略」における手段の側面や担い手の側面にむしろ位置づけられている。そこでここでは,「適応戦略」における単位の側面として集団レベルに即してふれることにしたい。

　「適応戦略」の集団レベルにおける単位にかかわる概念として,「家族戦略」と「世帯戦略」がある。これら両概念は,必ずしも明確に区別されているとはいえないが,前者については S.F.Harbison が,後者に関しては C.H.Wood がそれぞれの概念を用いた興味深い考察をしている。彼らの所説をみておこう。

　「家族戦略」概念に関して,Harbison は,家族機能に即して都市移住行動を戦略的に位置づけている。すなわち,家族は,①生計の維持と達成の機能,②社会的文化的に規定された価値の内在化と伝達の機能,③情報と援助の提供の機能,という三つの機能をもつとする。これらを都市移住行動に関連づけて言えば,①の機能に関して,生計の単位として機能する家族にとって,都市移住は家族福祉を最大化するための,家族成員による「団体的決定 corporate decision」とみなされる。この家族福祉の最大化には,家族成員による役割配分が必要とされることから,都市移住行動は家族成員にとってひとつの役割配分として位置づけられる。

　②の機能は,家族成員に対する都市移住の目標ないし動機づけの内在化と伝達を通じて,家族福祉の最大化が図られることを意味する。つまり社会化する者(社会化の訓練者)を通じて,家族福祉の最大化を意味づけた価値の内在化と伝達が図られる。このことによって都市移住が達成されると考える。

　これに対して,③の機能が含意するところは,都市移住の意思決定が,地理的に分散した拡大家族や親族関係のネットワークによって用意された,各種の情報と援助を通じて,その意思決定の有効性を確認しつつなされる,ということである。合わせてこの機能は,前節でみたように,移住者や移住家族の都市適応を促進することを意味している (Harbison, 1981: 238-245)。

　以上の「家族戦略」概念に対して,「世帯戦略」概念を検討した Wood は,この概念が上にふれた「家族戦略」概念とは類似しているものの,必ずしも明

確に区別されていないとする。この状況を踏まえて,「世帯戦略」の概念を提示する際に,都市移住現象へのアプローチにおける世帯,世帯行動,そして「世帯戦略」としての「生計戦略」という,3点の位置づけをまず明確にする。すなわち,費用―報酬計算にもとづくミクロな個人レベルのアプローチと,全体的でマクロなレベルの歴史的構造的アプローチの両者は,いずれも都市移住現象を十分に説明しない。その両者の統合は,集団レベルの世帯という単位がその環境に相互作用する時,その世帯行動の分析を通じて達成されると考える。このような位置づけに基づいて,都市移住は世帯生計を維持するための「生計戦略」に他ならないとする。つまり,都市移住は,「世帯成員の生産と消費の本質にかかわるものであり,世帯単位を越えて存する諸条件によって強いられる機会と制約に対応して,世帯にとって欠くことのできない」(Wood, 1981: 338) ものとされた。

　かくして,上に示した「家族戦略」および「世帯戦略」の両概念は,Gravesが指摘した「適応戦略」を,家族や世帯という集団レベルにおける単位の側面から捉え直したことになるといえる。環境に対して家族や世帯が能動的,力動的に対応する行動主体として位置づけられ,都市移住は家族や世帯による「適応戦略」の重要な選択肢として設定されたのである。

　(2)「適応戦略」における目的の側面と(3)「適応戦略」における手段の側面について。戦略とは本来,戦略のための目的や手段を内包するものと考えられるが,ここでは断るまでもなく,都市移住行動に即してその目的や手段が位置づけられる。前者の「適応戦略」の目的に関する概念として,「生計戦略」と「社会移動戦略」の両概念を指摘しうる。これらのうち「生計戦略」概念は,先のWoodの所説においてみたところではあるが,都市移住が個人はもとより家族ないし世帯の生き残りと生計の維持という,成員の基礎的なニーズを充足するための選択肢であることを意味している。家族や世帯という集団レベルに即していえば,それは「家族(ないし世帯)生計戦略」といわれる。このような「生計戦略」に関して,先にふれたWoodは,「世帯生計戦略の研究は……農村における人口移動のパターンを決定する構造的要因と,個人の行動的要因との間における複雑な相互作用を確認する,より全体的なアプローチを提

供する」とし，都市移住研究における方法論上の重要性を指摘している(Wood, 1981: 342)

　他方，後者の「社会移動戦略」概念は，「経済的移動戦略」とか，たんに「移動戦略」といわれるが，社会的経済的地位の上昇を都市移住に求める，ということを含意している。この概念は，かつて P.A.Sorokin と C.C.Zimmerman が述べた「都市移住者の垂直（的）移動」を想起させる (Sorokin & Zimmerman, 1929/1969: 597-607)。「生計戦略」と「社会移動戦略」とを比較する時，「生計戦略」が家族や世帯という集団レベルにおいて重要視されるのに対して，「社会移動戦略」はどちらかといえば個人的レベルに力点を置いて位置づけられている。なぜなら，就業と就学の機会を求めて都市移住する若い年齢層の場合，この「社会移動戦略」を採択することが多いからである[9]。

　ところで，「生計戦略」と「社会移動戦略」の両概念は，いずれもその目的達成のために「適応戦略」における手段がいかに設定され，選択されるのかということに直接的にかかわる。そこで(3)「適応戦略」における手段の側面について，再び Graves らの所説を手がかりにしたい。

　彼らは，表1-1に示したように，三つの次元においてそれぞれ対になった，あわせて六つの「適応戦略」における手段を提示している。すなわち(a)——①個人指向戦略と②集団指向戦略，(b)——③フォーマルな戦略と④インフォーマルな戦略，(c)——⑤一般化された戦略と⑥専門化された戦略である (Graves & Graves, 1974: 128)。これらの戦略は，都市移住者ないし都市移住家族（世帯）が援助やアドバイスを何に，どのように求めつつ都市移住という目的を達成するのか，という手段的意味をもつ。六つの戦略をやや詳しくいえば，①は，都市移住者ないし都市移住家族（世帯）が自分自身の資源やイニシアチブに依存することを指すのに対して，②は，他者——通常，親族，友人，知人，エスニック集団——に援助やアドバイスを求めようとする戦略である。③は，フォーマルな社会組織を活用することであるが，④はインフォーマルな社会的ネットワークスを利用することを示している。⑤は，同一の個人や集団，そして社会組織が都市移住の目的達成のために，手段的な役割を多面的・重層的に果たすのに対して，⑥は，特定の個人や集団，そして社会組織が都市移住という目的

達成のために，特定化された手段的役割をそれぞれ別個に遂行することを意味している。

このような「適応戦略」の手段の側面に関する戦略は，現実的には，都市移住に際して，たんに羅列的に位置づけられるわけではない。また，いずれかひとつの戦略が固定的に選択されるとは限らない。むしろ「適応戦略」における手段は状況に応じて柔軟に選択されたり，複数の戦略が適宜組み合わされながら位置づけられるものと考えられる。こうした「適応戦略」における手段は，都市移住の意思決定や都市適応過程における移住コストの軽減や葛藤の回避，経済的援助，移住先における住宅の確保，仕事の紹介や世話，医療ケア等々の具体的な課題を克服するために設定されるし，実際，活用される。

(4)「適応戦略」における担い手の側面について。この側面にかかわる概念として，興味深い二つの概念をあげることができる。ひとつはL.Tragerのいう「分散した家族ネットワークス」という概念であり，他はF.Cacesらが提示した「陰の世帯」という概念である。これらの概念は，いずれもフィリピンの都市移住研究にみられたものである。

さてTragerによると，「分散した家族ネットワークス」とは，「空間的に分離した家族（世帯）成員がなんらかの資源を共有し，お互いに対してなんらかの義務とコミットメントを感じるような人たちから成り立ち」，「状況に対して柔軟性をもつと共に時間的に変化するという基本的な特徴をもつもの」として概念化された（Trager, 1988: 182）。この「分散した家族ネットワークス」は，都市移住による送金が家族の重要な収入源となること，そしてこの送金の主要な担い手，つまり役割遂行者が女性であるということに関係づけられた。

敷衍すると，送金は家計の維持にとどまらず，きょうだいの教育費として，さらには農業経営上の投資として活用されることから，「送金は，家族の生き残り戦略と移動戦略の本質的部分を形成する」と同時に，「家族（世帯）成員間および，親族成員間における互酬的な相互的義務としての文化的価値をも有する」とその重要性が強調された（Trager, 1988: 187-8）。そして，このような送金の担い手として，「分散した家族ネットワークス」における若い未婚者や女性が位置づけられた。とくに女性は，このネットワークスの中心人物であ

ることから，女性が都市移住における「適応戦略」にかかわる「家族戦略」の鍵的役割を果たすといわれた（Trager, 1988: 190-91）。

　これに対して，「陰の世帯」という概念は，先にふれた「分散した家族ネットワークス」概念と同様に，空間的に分散した世帯成員が，自らの出身世帯に義務やコミットメントによって結びつけられる時，これらの世帯成員によって構成される。しかし，この「陰の世帯」が注目されるのは，ひとつに，特定の移住先の決定に際して，「陰の世帯」が顕在化し，この顕在化した「陰の世帯」が都市移住者（ないし都市移住予定者）や都市移住世帯（家族）（ないし都市移住予定世帯（家族））に種々の情報と援助を提供するという重要な役割を果たすからである。二つに，このような「陰の世帯」の機能的意味を明確にするために，すでに第1節においてふれたC.Tillyらの「オースピスauspice（保護）」の概念をさらに一歩進めて，複数の移住先という選択肢間のダイナミックな競合的過程の結果として，都市移住の意思決定がなされることを含意する「競合するオースピスcompeting auspice」という概念が提示されたことである（Caces, Arnold, Fawcett & Gardner, 1985）。この概念と「陰の世帯」とが組み合わされることによって，都市移住における「適応戦略」の担い手の側面が，潜在的および顕在的の両レベルにおいて把握されることになる。

　「適応戦略」の担い手の側面にかかわる「分散した家族ネットワークス」や「陰の世帯」という両概念は，先にふれた「適応戦略」における手段の側面にも重なりあう。すなわち，これら両者は，「適応戦略」の手段の側面における②集団指向戦略と④インフォーマルな戦略の具体的表現に他ならないからである。

　以上，「戦略的」アプローチによる都市移住に関する基本的視点を把握するために，「適応戦略」概念を手がかりにし，そしてそれに関連する基礎的概念を整理してみた。こうしたことを踏まえて，次節以降において，従来，都市移住の原因に注目して立論されてきた都市移住過程と，都市移住の結果に着目して考察されてきた都市適応過程とを，「戦略的」アプローチはそれぞれどのように位置づけ，解明してきているのかについてふれることにしたい。

第3節 「戦略的」家族・親族アプローチと都市移住過程

　「戦略的」アプローチは，一連の都市移住行動における都市移住過程および都市適応過程それ自体の捉え方と，この両社会過程における「家族・親族」結合の機能的意味とを問い直しているように思われる。そこで本節では，まず，「戦略的」アプローチと都市移住過程との関係について取り上げることにしたい。

　都市移住過程は，移住前における都市移住の意思決定をその主要な内容とするから，移住後に主眼を置く都市適応過程とは区別される。しかし，「戦略的」アプローチに依拠した都市移住過程の考察は，都市移住過程と都市適応過程とを区分しつつも，両者を同時に視野に置き，かつ統一的に把握することを可能にするように思われる。というのも，都市移住の意思決定に際して，移動先における都市適応を可能な限りスムースに，しかも成功裏に進展させようとするために，前節において「適応戦略」概念および「適応戦略」の諸側面に関してふれた諸点がすでに組み込まれている，と考えられるからである。つまり，「適応戦略」における目的，手段，そして担い手にかかわる戦略諸概念の提示は，都市移住の意思決定において，移住後の新しい環境に対する適応という課題解決が予め組み込まれていることを意味している，と考えられるからである。「家族（世帯）生計戦略」，「集団指向戦略」，「インフォーマル戦略」，「分散した家族ネットワーク」，「陰の世帯」といった諸概念は，このような内容を具体的に示している。

　ところで，60年代までの「家族・親族」アプローチによる都市移住研究では，都市移住過程の主要な内容である都市移住の意思決定に関する考察は大変少ない。これは，移住後の都市適応に力点が置かれていたためと思われる。しかも，都市適応研究に関していえば，適応が本来，時間的経緯を踏まえて把握されるべきであるにもかかわらず，一時点の状態把握という考察にとどまり，文字どおりの適応過程は必ずしも十分に明らかにされていない。

　これに対して，70年代以降の「戦略的」アプローチに依拠すると，先に指摘したごとく，都市移住の意思決定は，移住後の都市適応過程を組み入れて展

開すると位置づけられる。このことから，改めて次節において取り上げるが，都市適応過程は，移住前の意思決定過程を考慮して，移住時点の都市適応過程を「都市適応過程の初期段階」，その後の時間的経過に伴う都市適応過程を「都市適応過程の進展段階」としてそれぞれ一応区分することができる。前者の「初期段階」では，都市移住の意思決定にかかわる「適応戦略」における目的，手段，そして担い手の各側面が重視されるのに対して，後者の「進展段階」では，どちらかといえば時間的経過を踏まえた「適応戦略」における目的の側面，つまり「家族（世帯）生計戦略」，「社会移動戦略」といった諸概念によって示された内容それ自体の評価が問われることになる。このように，都市適応過程における両段階では，「適応戦略」の設定や位置づけに違いがあるといえる。

　かくして「戦略的」アプローチは，一方において，都市移住過程に移住後の都市適応過程の一部を組み入れるという視点と捉え方を我々に示している。他方において，「戦略的」アプローチは，都市適応過程を文字どおり時間的経過を踏まえつつ，移住前と移住後とに分け，さらに移住後を移住時とそれ以降とにそれぞれ区別し，このことによって都市適応過程の内実を段階的にしかも相互連関的に把握しうることを，そしてまた把握することの必要性を示唆している。こうした点は，都市移住過程における「家族・親族」結合が果たす機能的意味をいっそう明確にする。

　さて，70年代以降の「家族・親族」アプローチに，その新たな理論的展開の糸口を与えたのはP.N.Ritcheyであろう。彼は，都市移住の意思決定に関係づけて「家族・親族」結合の機能的意味を明確にしたからである。すなわち，彼は，都市移住過程における「家族・親族」結合のあり方に注目し，「促進仮説 the facilitating hypothesis」と「親和性仮説 the affinity hypothesis」とを提示した[10]。前者の「促進仮説」とは，「家族・親族」結合が都市移住の意思決定を促進することであり，後者の「親和性仮説」とは，逆に，「家族・親族」結合が都市移住の意思決定を押しとどめる，ということである。しかし，残念なことに，Ritcheyは，「家族・親族」結合が出身地における結合なのか，それとも移住先におけるそれなのか，あるいは両者を共に含むものであるのか

を必ずしも明確にしていない。その点,「家族・親族」結合を都市移住の決定因における非経済的要因として位置づけた P.Uhlenberg は,出身地におけるこの結合の強弱に注目した (Uhlenberg, 1973)。注目しておきたいことは,これらの所説に対して,第1節においてふれた初期の都市移住研究における「家族・親族」アプローチでは,移住先における「家族・親族」結合がむしろ注目され,この結合の強さが,移住前における都市移住の意思決定と移住後の初期の都市適応とを促進する,というものであった。

「促進仮説」(以下,促進仮説と表記する)と「親和性仮説」(以下,親和性仮説と表記する)という両仮説への集約は,上述したような問題点をはらんでいたとはいえ,次の諸点において,「戦略的」アプローチの位置づけを明確にさせると共に,このアプローチを深化させることに重要な役割を果たしているといえる。まず第1に,都市移住にかかわる二つの地域社会——農山(漁)村社会と都市社会——における「家族・親族」結合が果たす機能の相互関係を問うことの重要性を明らかにしたこと。第2に,都市移住行動に対して,「家族・親族」結合が果たす機能にプラスとマイナスの双方向性が存在しうることを明示したこと。第3に,こうした機能を移住後の都市適応に対してのみならず,移住前の都市移住の意思決定にも関係づけることの必要性を明らかにしたこと。かくして,都市移住過程と都市適応過程の両過程にかかわる「家族・親族」結合の果たす機能的意味が,統一的に連続性をもってより明確に立論されうることになった。

以上の諸点を踏まえて,都市移住過程と都市適応過程の各段階をタテ軸に,「家族・親族」結合のあり方をヨコ軸にとり,促進仮説と親和性仮説との関連を整理してみると表1-2が得られる。これによると,促進仮説は①,③,⑤,⑦,⑪の五つのセルにおいて確認しうる。ここで注目しなければならないのは,同じ促進仮説といっても,移住前と移住後のいずれであるかによって,そしてさらに,出身地域と移住先のいずれの地域における「家族・親族」結合の果たすプラスの機能であるのかによって,内容が異なることである。たとえば,セル①の促進仮説は,都市移住の意思決定に際して,出身地域における「家族・親族」結合が,都市移住行動を容易にするように「プッシュ機能」として作用

表 1-2 「家族・親族」結合と都市移住に関する仮説設定

		出身地における「家族・親族」結合		移住先における「家族・親族」結合	
		プラス	マイナス	プラス	マイナス
移住前	都市移住の意思決定過程	①促進仮説	②親和性仮説	③促進仮説	④△
移住後 移住時	都市適応過程の初期段階	⑤促進仮説	⑥△	⑦促進仮説	⑧△
移住後 その後	都市適応過程の進展段階	⑨△	⑩親和性仮説	⑪促進仮説	⑫親和性仮説

注) ④⑥⑧⑨の各セルは，可能性として設定することは可能であるが，現実的には少ないと思われるので△印の表示とした。

することを意味する。セル⑤では，同じ出身地域の「家族・親族」結合といっても，それは移住者の都市移住時点における移住先への適応をスムースに達成するために，移住者に物質的金銭的援助をしたり，移住直後の不安定さをいやすための帰郷に際して，移住者をあたたかく迎えるといったことを含意する。つまり出身地における「家族・親族」成員が，都市移住者に対して物心両面にわたる都市適応の促進的機能を果たしていることを意味している。

これらに対して，セル③とセル⑦は，いずれも移住先における「家族・親族」結合がプラス機能を果たす場合である。すなわち，前者（セル③）は，都市移住の意思決定に際して，移住先の「家族・親族」結合が，出身地における移住希望者の移住の意思決定を容易にするような「プル機能」として作用することを示している。これに対して，後者（セル⑦）は，移住後の初期段階における都市社会への適応を容易にするために，移住者の世話，仕事の紹介，各種の情報の提供や相談に応じることを示している。第1節における初期の都市移住研究の知見は，このセル⑦に集中しているといってよい。なお，いまひとつの促進仮説であるセル⑪は，都市適応過程の進展段階に位置づけられうるから，改めて次節において取り上げることにする。

ところで，出身地における「家族・親族」結合の親和性仮説についてみると，セル②とセル⑩が考えられる。セル②は，都市移住の意思決定に際して，出身

地域における「家族・親族」結合が移住者の移住の意思決定を押しとどめるマイナス機能を果たすことを意味している。家族や親族の成員が，彼ら成員中の特定成員の都市移住について反対するような場合である。これに対して，セル⑩については，先に断ったセル⑪，さらにセル⑫と共に，いずれも都市適応過程の進展段階にかかわることから，これらの仮説は次節においてふれることにしたい。

第4節　「戦略的」家族・親族アプローチと都市適応過程

　前節において指摘したごとく，都市移住者の都市適応過程をより十分に把握するためには，都市移住時点における初期の都市適応と，移住後の時間的過程を経た場合のそれとを区別することが必要である。このような区別がなされることによって，両時点における都市適応の意味がいっそう明確になるし，移住後の都市適応過程それ自体の解明がより進展すると考えられるからである。

　ところで，時間的経過を伴う移住後の都市適応過程を解明するためには，都市移住者（家族）のパネル調査が必要であろう[11]。しかし，この調査法によるデータ収集には困難さが伴う。都市移住者は移住後，都市内移動をしたり，さらには他の都市へと移動することがあり，彼らのさらなる追跡調査には多くのコストや時間がかかるからである。このことが，従来，「家族・親族」アプローチによる都市適応過程の踏み込んだ考察を難しいものにしてきたといえる。

　しかし，このような調査法上の制約は，次善の策としての回顧的方法を採択することによって，つまり調査時現在を起点として過去の都市移住時点に遡及し，両時点間の経過を辿りつつ両者を比較考量することによって，かなりの克服がなされうると思われる。こうした手法を組み入れて，都市移住者の都市適応を一時点の考察にとどめないで，文字どおりの都市適応過程として立論しようとした試みが，数少ないけれども見出しうる。ただ以下に例示するこの種の研究においても，「都市適応の初期段階」を設定し，これに対比される「都市適応の進展段階」を必ずしも明示しえない考察がある。それにしても，時間軸を組み入れた考察は，都市移住者の都市適応過程に関する実質的な解明を確実

に，一歩進めていることに違いない。「戦略的」アプローチが，そうした解明に寄与することは，前節の都市移住過程に関連して，「都市適応過程の初期段階」の設定の必要性を論じた際にすでに指摘しておいた。そこでここでは，移住後の「都市適応過程の進展段階」に焦点をあて，検討が残されていた表1-2における⑩，⑪，⑫の三つのセルの諸仮説（親和性仮説）を手がかりにしつつ，「戦略的」アプローチによる都市適応過程の考察についてふれることにしよう。

都市移住後の時間的経過を組み入れた「都市適応過程の進展段階」では，「家族・親族」結合の機能に関して三つの仮説が設定されうる。ひとつは，セル⑩で示した親和性仮説である。これは，出身地における「家族・親族」との結合が，かつての都市移住者を呼び戻す「プル機能」を果たす場合である。都市移住者が，都市における就業ないし就学の機会を求めて一定期間移住した後，家族成員や親族成員がいる自分の出身地に帰郷する場合，都市移住後の長期間に及ぶ生活をきりあげたり，職業生活からのリタイア後，余生を過ごすために帰郷するような場合などがこの仮説に含まれる。地域移動のタイプとしていえば，このような移動は，いわゆる帰還移動 return migration ——都市農村移住はその一形態——に他ならない。

他の二つの仮説（⑪⑫）は，いずれも移住先の「家族・親族」結合にかかわる。しかも，都市移住後の都市内移動に関連づけられる。たとえば，都市移住時における「都市適応の初期段階」では，住宅の確保が，一時的で応急処理的になされる場合がある。この段階では，都市移住者は先に都市移住していた家族成員や親族成員と同居したり，彼らの紹介により熟知した同郷人が居住する地域に集住することがある。けれども，都市移住者は移住後の時間的経過につれて，都市内移動をしつつ生活環境の改善や生活の質の向上を図り，かつ生活のよりいっそうの安定化を実現しようとする。都市移住後における「生計戦略」，「社会移動戦略」がこの段階においてさらに問われる。そのために都市内の他の地域に居住する「家族・親族」との結合がセル⑦と同様，各種の援助とサービスを果たす時，セル⑪の「促進仮説」が成立する。L.M.Lomnitz によるメキシコシティにおける都市移住者の考察において，このような興味深い事例がある（Lomnitz, 1977: 55-91, 93-130）。

これに対して，都市移住者が「都市適応過程の初期段階」において居住した「停泊地」にとどまり続ける時，家族成員，親族成員，さらには同郷人の集住がみられ，H.Gans のいう「アーバン・ヴィレッジ（都市の村）urban village」といった状況が生みだされる（Gans, 1962: 4, 11, 15-16）。このことが，都市移住者の当該の都市社会における種々の社会参加を妨げたり，都市内移動に伴う社会移動の上昇という機会を結果として阻むことがある。セル⑫の親和性仮説とはこうした意味であり，移住時の集住地域における「家族・親族」結合が強いことによって生じる。これは前節においてふれた出身地域の「家族・親族」結合が強いことによって，都市移住が押しとどめられる場合のセル②の親和性仮説に類似している。移住時における一時的な停泊地を都市移住時の起点とすれば，そうした地域における「家族・親族」結合による移住後の都市内移動を押しとどめる「プル機能」が考えられるからである。しかし，ここでの親和性仮説は，移住後の都市適応過程の「進展段階」において，移住時の停泊地における「家族・親族」結合が強い結果，都市移住者の当該都市社会における社会統合や社会移動が阻害されるという主張に注目した時，そしてこの点を強調すれば，むしろ「阻害仮説」と表現したほうが適切かもしれない。アメリカ合衆国におけるアパラチア地域からの都市移住者に関して，このような指摘がみられるからである（Fowler, 1981）。

　上述した「都市適応過程の進展段階」に関する三つの仮説（表1-2におけるセル⑩，⑪，⑫）は，「家族・親族」結合がプラスかマイナスかのいずれにしても，都市適応過程において，そうした結合が介在するという前提に基づいている。しかし，都市適応過程は，すでに指摘したごとく，時間的経過をもつ社会過程であるから，「家族・親族」結合の介在のあり方それ自体も，都市移住後の時間的経過につれて当然のことながら変化しうる。つまり，「家族・親族」結合における双方向性の機能はもとより，機能の重要性，さらには機能の存在それ自体が変化する，ということが考えられる。前節で言及した「戦略的」アプローチにおける「適応戦略」の手段の側面に今一度目を向ける時，「都市適応段階の進展段階」において，時間的経過にしたがって，このように変化する「家族・親族」結合の機能的意味がさらに問われる必要があるであろう。

表1-3(a)　住宅・土地の取得経路（広島市における移住家族）

	移住時	移住後	合計
親族	15　(45.5%)	8　(23.5%)	23　(34.3%)
友人・知人	9　(27.2%)	7　(20.6%)	16　(23.9%)
社会的機関	9　(27.2%)	19　(55.9%)	28　(41.8%)
合計	33　(100.0%)	34　(100.0%)	67　(100.0%)

表1-3(b)　職業の取得経路（広島市における移住家族）

	初職			転職―現職			合計		
	世	配	合計	世	配	合計	世	配	合計
親族	11	4	15　(39.5%)	5	4	9　(17.6%)	16	8	24　(27.0%)
友人・知人	8	5	13　(34.2%)	13	11	24　(47.1%)	21	16	37　(41.6%)
社会的機関	7	3	10　(26.3%)	14	4	18　(35.3%)	21	7	28　(31.5%)
合計	26	12	38　(100.0%)	32	19	51　(100.0%)	58	31	89　(100.0%)

注）世は世帯主，配は世帯主の配偶者をそれぞれ示す．

　T.D.Gravesらは，このような視点にたつ興味深い考察をしている．彼らは，ニュージーランドにおける二つのカーペット工場で働く労働者を対象として，都市移住時の彼らの初職と移住後の現職とを比較して，それぞれの職業取得に際して，どのような適応戦略としての手段が用いられたのかを解明した．これによると，初職においては「親族依存」戦略が，現職においては「友人依存」ないし「自己依存」の各戦略が，目標達成のための望ましい主要な戦略として，それぞれ選択されたという（Graves & Graves, 1980: 195-217）．つまり，移住時点と移住後の調査時点とにおいて，仕事の取得にかかわる「適応戦略」の手段の側面に変化がみられたということであった．

　このような視点は，他の生活領域――移住時とそれ以降における住宅や土地の確保――に対しても同様に適用しうるであろう．たとえば，表1-3(a)(b)および表1-4(a)(b)に示したわが国における都市移住者に関する事例は，このことを明確に示唆している．まず表1-3(a)(b)は，中国山地における山間農村から広島市に挙家離村した都市移住家族について，住宅と土地，職業の取得経路に関して時間的経過を設定し，移住時と移住後――調査時現在――とに分けて整理したものである．これによると，住宅と土地の取得経路に関しては，移住時に親

表1-4(a) 住宅・土地の取得経路（北海道余市町，小樽市，札幌市における移住者）

	最初の住宅	転居後の住宅	合　計
家族・親族	64　(35.8%)	60　(15.5%)	124　(21.9%)
友人・知人	43　(24.0%)	82　(21.2%)	125　(22.1%)
自　　分	24　(13.4%)	179　(46.3%)	203　(35.9%)
社会的機関	48　(26.8%)	66　(17.0%)	114　(20.1%)
合　　計	179 (100.0%)	387 (100.0%)	566 (100.0%)

表1-4(b) 職業の取得経路（北海道余市町，小樽市，札幌市における移住者）

	初　職	転職後の職業	合　計
家族・親族	43　(25.9%)	16　(6.4%)	59　(14.2%)
友人・知人	64　(38.6%)	53　(21.3%)	117　(28.2%)
自　　分	37　(22.3%)	161　(64.7%)	198　(47.7%)
社会的機関	22　(13.3%)	19　(7.6%)	41　(9.9%)
合　　計	166 (100.0%)	249 (100.0%)	415 (100.0%)

族を介して取得（同居も含む）した家族は約半数（45.5%）みられたが，移住後——調査時現在に至る間——に転居した際の住宅，土地の取得を親族に依存した家族は半減（23.5%）した。職業の取得経路も同様のことが確認された（関，1985: 100, 115）。

表1-4(a)(b)は，北海道における一山間農村から札幌市，小樽市，余市町といった都市的地域に移住した者について，表1-3(a)(b)とほぼ同様の整理をしたものである。表からも明らかなごとく，住宅の取得を「家族・親族」に依存したものは35%であったが，転居後——調査時現在——の場合，それは15%となり，ここでも半減している。職業の取得に関しては，「家族・親族」への依存は26%から6%へと大幅に減少していた（関，1991: 142）。

両事例において明らかなごとく，移住時と移住後の時間的経緯を経た段階とを区別した時，前者において「家族・親族」結合への依存が大きく，後者においてその依存が小さくなる。これに伴い，住宅・土地，職業の取得に際して，「友人・知人」，「社会的機関」，そして「自分自身で解決」といった他の選択肢の占める比重が「家族・親族」をはるかに凌駕する。Gravesらの表現にならうと，都市適応過程の進展段階では，「家族・親族依存」戦略よりは「友人・

知人依存」戦略ないし「自己依存」戦略が，主要な選択肢として位置づけられていることになる。

　移住時点と移住後の調査時点とにおけるこのような「適応戦略」の手段の側面に関する変化を示す事例は，「家族・親族」結合と都市適応過程との関連を問う時，促進仮説，親和性仮説に加えて，「変容仮説」とも言うべき仮説設定の必要性を示唆しているように思われる。都市移住後の時間的経過に伴う「家族・親族」結合のもつ意味の変容，「家族・親族」結合それ自体のダイナミズム，そして「家族・親族」結合と他の「適応戦略」の選択肢との相互関係は，この「変容仮説」の設定によっていっそう明らかにされるであろう。さらに言えば，都市移住家族（世帯）や都市移住者が，「都市適応過程の進展段階」において，都市家族（世帯）や都市的人間へと変容する過程の一端は，この「変容仮説」を通じて明らかにされるのではないかと考えられる。

む　す　び

　都市移住研究において，「家族・親族」結合を中心とした考察を「家族・親族」アプローチとして指定し，この接近方法におけるひとつの展開を1960年代以前と70年代以降とに区分して把握した。60年代までの「家族・親族」アプローチは，都市移住家族や都市移住者が都市における「家族・親族」結合によって，都市社会への適応を進めてきた，ということを明らかにした。このような「家族・親族」結合は，結合のプラスの側面，つまり都市適応に対する順機能を強調するものであった。しかし，こうした都市適応過程の考察は，移住前の都市移住の意思決定を主要な内容とする都市移住過程に必ずしも明確に関係づけられてはいなかった。

　これに対して，70年代以降においては，第三世界を中心に都市移住研究が量的に増大し，これを背景に，「家族・親族」結合と都市移住に関する方法論的進展がみられた。この方法論的進展に関する内容のひとつとして，戦略概念を導入した考察があり，この種の研究に注目した。というのも，戦略概念の導入によって，移住前の都市移住の意思決定と移住時および移住後の都市適応と

が，一連の社会過程として位置づけられうることが示唆されたからである。そこで，小稿では，この戦略概念を採択した考察を「戦略的」家族・親族アプローチ（「戦略的」アプローチと略した）と名辞し，60年代までの「家族・親族」アプローチおよび70年代以降における戦略概念に依拠しない「家族・親族」アプローチとは区別した。このような「戦略的」アプローチの措定とこのアプローチの検討によって，都市移住研究における「家族・親族」アプローチに関するいくつかの理論的実証的貢献を確認することができた。以下に，そうした貢献の主要な諸点をくり返し指摘し，むすびにかえたい。

　まず第1に，それは本文中に指摘した60年代までの「家族・親族」アプローチが明らかにしてきた，都市移住者や都市移住家族に関する都市適応において果たす「家族・親族」結合の機能的意味を深化させたこと。すなわち，出身地と移住先の都市という両地域社会における「家族・親族」結合を区分しつつ，「家族・親族」結合の機能が一次元的に捉えられるのではなくて，順機能と逆機能という双方向的に，そして顕在的と潜在的という多次元的に捉えられることを明示した。第2に，このような「家族・親族」結合に関する促進仮説と親和性仮説は，都市移住の意思決定と都市適応という両社会過程との関連において捉えられることを示唆した。第3に，これに依拠して，「家族・親族」結合における「変容仮説」という都市移住後の時間的経過を組み入れた新たな仮説が導出されえた。第4に，この「変容仮説」によって，都市移住家族や都市移住者は，都市移住時において都市の「家族・親族」結合に依存し，この結合を保持する存在であると共に，移住後の時間的経過をふまえた都市適応過程において，彼らは，「家族・親族」結合の比重を相対的に軽減し，都市社会における自立化の過程を示す存在でもあることが明らかにされた。つまり，「変容仮説」は，都市移住家族と都市移住者の都市適応過程が都市的家族や都市的人間への移行であることを示唆している。

　第5に，「適応戦略」の概念の整理において示したごとく，この概念は状況に応じて能動的，選択的，そして柔軟に対応するという基本的な意味をもっていることから，「家族・親族」結合にかかわる三つの仮説（表1-2におけるセル⑩，⑪，⑫）を通じて，都市移住過程や都市適応過程のダイナミズムをいっ

そう解明する有力な鍵概念であることが確認された。第6に，都市移住研究におけるマクロレベルの歴史的構造的アプローチやミクロレベルの原子論的アプローチに対して，「戦略的」家族・親族アプローチはミドルレベルのアプローチであり，両者を架橋する方法論上の戦略的位置にあることが示唆された。それは，社会変動のひとつの側面を示す都市移住現象に対して，「家族・親族」結合が全体社会と個人との関係において，個人が必ずしも受動的ではなく，むしろ能動的，力動的，そして選択的に柔軟に対応するための媒介項であることを示しているからである。

「家族（世帯）戦略」という概念それ自体が争点をもち，こうした概念の適用に課題があると言われているが，小稿でみた都市移住研究における「戦略的」家族・親族アプローチは，理論的実証的両側面において有意味な貢献をしているといえる[12]。ただ都市移住の評価は，時代・世代といった時間軸の設定いかんによって左右されることがあるから，このアプローチのこうした貢献は，都市移住者や都市移住家族の人生行路に照らしながら，さらに確認される必要があろう。その意味では，ここで取り上げた「戦略的」家族・親族アプローチの真価は，「変容仮説」の重要性をめぐっていっそう問われるといってよい。

注
1) Trager, L. (1988: 6-12) は，構造的歴史的アプローチ，意思決定アプローチ，世帯およびソーシャル・ネットワークスアプローチの三つをあげている．これに対して Wood, C. H. (1981) は，ミクロ経済学的アプローチとマクロな歴史的構造的アプローチ，そして両者の統合を図る第3のアプローチとして世帯戦略アプローチを位置づけている．
2) 国際間の都市移住研究における「家族・親族」結合を扱った研究の嚆矢は，Thomas, W.I. & Znaniecki, F. (1918-20/1958) に求められる．国内間の都市移住研究それ自体の嚆矢は，Sorokin, P.& Zimmerman, C.C. (1929/1969: 523-636) に求められる．しかし，ここでいう「家族・親族」アプローチの内容はみられない．
3) 代表的には，いわゆる修正拡大家族説を提唱した Litwak, E. (1960a, b) の研究がある．なお国際間の都市移住における場合，Hareven, T.K. (1978) による大変優れた研究がある．
4) ラテンアメリカでは，Sage 社よりシリーズとして刊行された Latin American Urban Research (1971～) がある．また出版社が SUNY Brockport, Plenum Publishing Corporation, The Institute, Inc. などと変わるが，雑誌 *Urban Anthropology* (1972～) が参考になる．アフリカに関しては，すでに60年代後半に Caldwell, C.J. (1969) が興味深い考

察をしている．アジアでは，アメリカ合衆国ブラウン大学を中心としたフィリピンにおける研究が注目される．本文において取り上げた Trager, L. (1988) はそのひとつである．また，オセアニアについては地理学者である Hugo, G.J. (1979) が優れた研究をしている．70年代および80年代になると，ラテンアメリカ，アジア，アフリカにおける研究にとどまらず，地中海沿岸地域のヨーロッパの周辺地域における考察も見られるようになった．たとえば Simić, A. (1973), Brandes, S.H. (1975), Kenny, M. & Kertzered, I.D. (1983) などがある．

5) 周知のごとく，アーバニズムとその批判という学問的論争を喚起した論文は Wirth, L. (1938) である．
6) Lewis, O. (1952: 31-41). 同様の結論は，Omari, T.P. (1956: 47-53), Blumberg, L. & Bell, R.R. (1959: 328-333) にもみられる．
7) Abu-Lughod, J. (1961: 22-32). アフリカにおける研究ではあるが，Aldous, J. (1962: 6-12) も参考になる．
8) Brown, J.S., Schwarzweller, H.K. & Mangalam, J.J. (1963: 48-69), Schwarzweller, H.K. (1964: 410-6). 彼らの研究は，Schwarzweller, H.K., Brown, J.S. & Mangalam, J.J. (1971) において集大成される．
9) もっとも両者が完全に区別されるとは限らない．むしろ重なりあうことが少なくないことに注意したい．とくに第三世界の場合にこのことがいえる．
10) Ritchey, P.N. (1976: 389) における the affinity hypothesis を，ここでは「親和性仮説」とした．
11) DaVanzo, J. (1981) や Greenwood, M.J. (1985) はこの点を強調している．
12) 家族戦略，世帯戦略の概念に関する課題については，Clay, D.C. & Schwarzweller, H.K. (1991), Moen, P.& Wethington, E. (1992) が手がかりになる．

引用文献・参考文献

Abu-Lughod, J., 1961, Migrant adjustment to city life, *American Journal of Sociology* 67: 22-32.

Aldous, J., 1962, Urbanization, the extended family and kinship ties in West Africa, *Social Forces* 41: 6-12.

Blumberg, L.& Bell, R.R., 1959, Urban migration and kinship ties, *Social Problems* 6: 328-333.

Brandes, S.H., 1975, *Migration, Kinship, and Community: Tradition and Transition in a Spanish Village*, Academic Press, Inc.

Brown, J.S., Schwarzweller, H.K. & Mangalam, J.J., 1963, Kentucky mountain migration and the stem-family, *Rural Sociology* 28: 48-69.

Caces, F., Arnold, F., Fawcett, J.T. & Gardner, R.W., 1985, Shadow households and competing auspices : Migration behavior in the Philippines, *Journal of Development Economics* 17: 5-25.

第1章 都市移住研究における「家族・親族」アプローチ　27

Caldwell, J.C., 1969, *African Rural-Urban Migration*, Columbia University Press.
Clay, D.C.& H.K.Schwarzweller, eds., 1991, Household Strategies, *Research in Rural Sociology and Development*, Vol.5, JAI Press Inc.
DaVanzo, J., 1981, Microeconomic approaches to studying migration decisions, In De Jong, G.F. & Gardner, R.W. eds., *Migration Decision Making: Multidisciplinary Approaches to Micro level Studies in Developed and Developing Countries*, Pergamon Press.
Fowler, G.L., 1981, The residential distribution of urban Appalachians, In Philliber, W.W.& McCoy, C.B. eds., *The Invisible Minority*, The University Press of Kentucky.
Gans, H.J., 1962, *The Urban Villagers*, The Free Press.
Graves, N.B.& Graves, T.D., 1974, Adaptive strategies in urban migration, *Annual Review of Anthropology* 3: 117-151.
Graves, T.D.& Graves, N.B., 1980, Kinship ties and the preferred adaptive strategies of urban migrants, In Cordell, S.L.& Beckerman, S. eds., *The Versalities of Kinship*, Academic Press, pp.295-316.
Greenwood, M.J., 1985, Human migration: theory, models, and empirical studies, *Journal of Regional Sciences* 25 (4) : 534-40.
Habkkuk, H.J., 1955, Family structure and economic change in nineteenth century Europe, *The Journal of Economic History* 15 (1) : 1-12.
Harbison, S.F., 1981, Family structure and family strategy in migration decision making, In De Jong G.F.& Gardner, R.W., *Migration Decision Making: Multidisciplinary Approaches to Micro level Studies in Developed and Developing Countries*, Pergamon Press.
Hareven, T.K., 1978, The dynamics of kin in an industrial community, In John Demos, J. & Boocock, S. eds., Turning Points: Historical and Sociological Essays on the Family, *American Journal of Sociology*, Supplement 84: 151-82.
Hugo, G.J. 1979, *Population Mobility in West Java*, Gadjah Mada University Press.
Humphreys, A.J., 1966, *New Dubliners*, Routledge & Kegan Pauls.
Inkels, A., 1969, Making men modern: on the causes and consequences of individual change in six development countries, *American Journal of Sociology* 75: 208-25.
Inkels, A., 1983, *Exploring Individual Modernity*, Columbia University Press.
Kenny, M.& Kertzer, I.D. ed., 1983, *Urban Life in a Mediterranean Europe: Anthropological Perspectives*, University of Illinois Press.
Lewis, 0., 1952, Urbanization without breakdown, *Scientific Monthly* 75: 31-41.
Litwak, E., 1960a, Occupational mobility and extended family cohesion, *American Sociological Review* 25: 9-21.
Litwak, E., 1960b, Geographical mobility and extended family cohesion, *American Sociological Review* 25: 385-394.
Lomnitz, L.A., 1977, *Networks and Marginality*, Academic Press.
Moen, P.& Wethington, E., 1992, The concept of family adaptive strategies, *Annual Re-*

view of Sociology 18: 233-51.
Omari, T.P., 1956, Factors associated with urban adjustment of rural southern migrants, *Social Forces* 35: 47-53.
Rabinovitz, F.F.& Trueblood, F.M. eds., 1971, *Latin American Urban Research* Vol.1, Sage.
Ritchey, P.N., 1976, Explanations of migration, *Annual Review of Sociology* 2: 363-404.
Schwarzweller, H.K., 1964, Parental family ties and social integration of rural to urban migrants, *Journal of Marriage and the Family* 26: 410-6.
Schwarzweller, H.K., Brown, J.S. & Mangalam, J.J., 1971, Mountain *Families in Transition*, The Pennsylvania State University Press.
関　孝敏「都市移住家族の定着過程」『北海道大学文学部紀要』33-3, 1985, p.106, p.115.
関　孝敏「親族関係と都市適応過程」『北海道大学文学部紀要』40-1, 1991, p.142.
Simić, A., 1973, *The Peasant Urbanities: A Study of Rural-Urban Mobility in Serbia*, Seminar Press.
Sorokin, P.A. & Zimmerman, C.C., 1929/1969, *Principles of Rural-Urban Sociology*, Henry Holt & Company.
Thomas, W.I. & Znaniecky, F., 1918-21/1958, *The Polish Peasant in Europe and America*, Dover Publications.
Tilly, C.& Brown, C.H., 1967, On uprooting, kinship, and the auspices of migration, *International Journal of Comparative Sociology* 8: 139-164.
Trager, L., 1984, Migration and remittances, *The Journal of Developing Areas* 18: 317-340.
Trager, L., 1988, *The City Connection*, The University of Michigan Press.
Uhlenberg, P., 1973, Non-economic determinants of non-migration, *Rural Sociology* 38: 297-311.
Wirth, L., 1938, Urbanism as a way of life, *American Journal of Sociology* 44（July）: 1-24.
Wood, C.H., 1981, Structural changes and household strategies, *Human Organization* 40: 338-344.

第2章

都市移住家族の成立過程

はじめに

　わが国における戦後の家族研究をひもとく時，家族の変動に注目した研究が多くみられることは，多言を要しない。昭和20年代～30年代における法制的変化と家族，30年代後半以降顕著になった都市化，産業化，地域変動と家族をめぐる論議は代表的である。そうした研究では，外社会の変化に対して，家族がいわば受動的に変動するという見方がどちらかといえば強く，外社会の変化に家族が能動的にかつ力動的に対応し，課題を処理・解決しつつ変動するという見方は弱かったように思われる。後者の見方は，社会変動との関連において家族を把握しようとする時，説得性のある視点となるばかりか，家族それ自体のダイナミックな変化を跡付ける際，必要不可欠な視点といえるであろう[1]。このような見方がいっそう重要視されるのは，従来，わが国の家族研究において不問に付されないまでも，等閑視され未開拓な領域として残されてきた都市移住の問題との関連における考察ではないだろうか。

　これまでの研究において，都市移住と家族に関する言及がなされなかったわけではない。たとえば，著名な飛騨白川村の大家族を取り上げた小山隆は，すでに戦前において，飛騨高山市への都市移住が明治中期より増加してきたことを指摘している[2]。この点は，戦後における福島正夫，柿崎京一の論考においていっそう明確にされている[3]。しかし，これらではいずれも，都市移住が家族の問題として正面に据えられているわけではない。そこには移住論が欠如しているのである。これに対して，これも戦前の労作である野尻重雄の農民離村

の研究は，移住論をふまえながら，農村の労働力人口の移動パターンをわが国の土地制度に関係付けて明らかにしている。本稿の課題に即していえば，離村者の大半が都市移住者であり，しかも二・三男，女子を中心とした非相続者であることを明らかにし，全家離村の概念を提示したことが注目される[4]。しかし，全家離村の家族構造の分析はなされていない。

これらの諸研究に対して，高度経済成長期における北海道十勝地方の農村からの挙家離村者の追跡を行なった天間征らは，離農行動論の視点を導入しつつ，移動先での生活の適応の問題を論じている[5]。そこには，方法論的に，都市移住の問題に一歩の近づきがみられるものの，残念ながら，実証部分の分析にそうした視点が必ずしも生かされていない。加えて農業経済学の立場からの立論であるために，挙家離農者を取りあげながら，家族論が欠落している。他方，社会学の領域から，比較的早く過疎化と都市における挙家離村者の問題を取りあげた京都府立大学の丹後山村の考察事例では，家族論との関連はみられないし，移住論も欠如している[6]。また数年来，都市における飛騨白川村の離村者を追跡した松本通晴においても，残念ながら家族論と移住論との視点が生かされていない[7]。

上にみたことからわかるように，家族研究における都市移住の問題は，わが国では明確に立論されることがなかったと思われるほどである。これに対して，諸外国では，多くのすぐれた研究の蓄積がある。たとえば，1930年代におけるC.M.Arensberg & S.T.Kimballらのアイルランド農民家族の研究は，家族構造と移住との関係をもっとも早く取り上げた古典的労作である[8]。アイルランドの首都，ダブリンにおけるカソリック家族の研究は，都市移住者の価値観や態度の変容を明らかにした[9]。O.Lewisは，1950年代にメキシコシティへの移住家族を取りあげ，都市移住によって家族解体がもたらされるという通説を批判し，反証を試みた[10]。またA.Simićは，ユーゴスラヴィアにおける，いわゆるザドルガ（大家族）の解体過程に注目しながら，都市移住家族の適応過程を明らかにした[11]。

主要な海外移住民受入れ国のひとつであったアメリカでは，P.A.Sorokin & C.C.Zimmermanらによって，すでに1932年に農村都市移住 rural urban migration 論が定式化されて以来,多くの都市移住研究がなされてきた[12]。とりわけ,1960年代以降70年代にかけて,アパラチア山村家族の変動を都市移住論との関連で展開したH.K.Schwarzwellerらの諸論考は,もっともすぐれた研究である[13]。

以上のような諸外国の都市移住と家族をめぐる研究を一瞥する時,およそ次の諸点が注目される。すなわち,(1)単に地域移動一般としてではなく,半恒久的な地域移動を移住として概念化し,しかも,そうした移住の下位概念として,国内移住としての農村—都市移住という特定の移住形態が鮮明にされた。(2)移住の分析単位は,従来,個人を中心とするものが支配的であったが,これに加えて家族という集団を単位とすることが明確になり,家族論の問題として都市移住が考察対象の俎上に乗せられるようになった。したがって,(3) W.I.Thomasらの移住に伴う個人レベルの適応の問題が家族という集団レベルで問われるようになった。(4)出身地域と移住先地域という両地域社会の変動が,移住行動を通じて相互に関係付けられて考察されるようになった。(5)移住行動に関して,従来,主として経済学的な説明が支配的であったが,これに加えて社会学的,心理学的な説明が重要視されるようになった。(6)移住過程において親族関係,友人関係といった第一次的関係の果たす役割が注目されるようになった。

これらの諸点は大まかな指摘であるから,さらに,まだいくつかの論点が付け加えられる余地はあるかと思われる。しかし,これらのどれ一つをとってみても,わが国で解明されているものがあるとはいいがたい[14]。たとえなされているにしても,すでに言及したごとく,社会学以外の領域においてであるか,社会学的研究でも分析が断片的にとどまり,いずれも家族論と移住論との両者が正面に据えられていない。

このような研究の立ち遅れとは裏腹に,わが国の戦後の社会変動はまことにドラスティックであった。1955年に農家戸数は607万戸,農家人口は3,661万人であったが,1980年には,それぞれ466万戸,2,136万人へと短期間に大幅に減少した。戸数にして約140万戸,農家人口にして実に約1,500万人が離農した。このような農家戸数,農家人口の減少は,他方において市部人口の増大をもたらした。1955年に全人口の56.3%を占めていた市部人口は,

1980年に76.3%へと急増した。このような変動は，イギリスのエンクロージャー運動に匹敵する，とその一端を評するものがある[15]。産業別就業者の構成比からみても，1955～80年に，第一次産業は41%から約10%へと激減した。これに対して，第二次産業は23.5%から33.5%へと10%増加し，さらに第三次産業は35.5%から55.3%へと急増し，全就業者数の半数を超えるに至った。

このような産業構造の変動は，昭和30年代における重化学工業中心の発展期，昭和40年代以降の第三次産業の拡大期を通じて，農家所得と給与所得との賃金格差の拡大に反映し，地域間格差の激化をもたらすことになった。いわゆる過疎（化）過密（化）の問題は，こうしたわが国の急激な社会変動によってひき起こされた。本稿で取りあげる都市移住家族とは，わが国における短期間の急激な社会変動に伴い顕著になった，いわゆる挙家離村世帯のうち，都市に移住した世帯を指している。このような意味での都市移住家族は，東北日本に比べて西日本と北海道に多い[16]。しかもその出身地は，いわゆる過疎地域といわれる山村僻地に多い[17]。そこで本稿では，このようなわが国の状況を端的に示し，地域的縮図といわれる広島県芸北山村からの都市移住家族を取り上げ，これらにつき，先に示した諸外国の先行研究の視点を手がかりにしながら，都市移住家族の社会学的考察を試みたい[18]。

以下の行論では，本章において，まず都市移住家族の成立過程が明らかにされ，ついで第3章で都市移住家族の都市定着過程が検討される。いうまでもなく，表題に示すごとく本稿の中心課題は，後者の移住家族の都市定着過程にある。それは，昭和40年代以降の過疎論において，「挙家離村」という概念によってその析出の状況，移動先，移動理由の分析は多くなされてきたが，挙家離村世帯の大半が都市移住していると思われるにもかかわらず，彼らが移住後，移住先でどのような生活を展開しているのかについて，社会学的な考察があまりにもなされていないからである。都市移住家族は社会変動の産物であると同時に，社会変動の担い手でもある。このような意味において，現代家族をめぐる課題のひとつとして，都市移住という出来事に際して，家族がどのように対応しているのかを明らかにしてみたいと思う。

第1節　都市移住家族の出身地域

　本稿の考察対象の出身地域は，広島県山県郡旧芸北町（2005〈平成17〉年2月より北広島町）雄鹿原地区である。雄鹿原地区は広島県の西北部，中国山地の中央にあり，瀬戸内海側の広島市に約70 km，日本海側の浜田市に約30 km，バスにて所要時間（1976年〜1984年調査時）はそれぞれ約2時間半，1時間の位置にある（図2-1）。地形は，標高700 m，周囲900〜1,000 mの山々をはさんで島根県に接する。同地区は，総面積1,775.5 ha，そのうち山林が9割を占める文字通りの山村である。気象は，県下でも代表的な高冷地であることから，気温，降雨量とも瀬戸内海沿岸とは対照的で，年間最高平均気温は22.6度，最低平均気温はマイナス2.0度，平均にして11.1度である。年間降水量は2,450 mmに達し，中国地方では最多雨地域に属している。平年作の4割といわれた1980（昭和55）年の冷害は，夏の長雨による異常低温によってもたらされた。冬期は例年1〜2 mの積雪をみる多雪地域でもある。1963（昭和38）年のいわゆる「三八豪雪」は，最高5 mに及ぶ積雪となり，空路ヘリコプターによる援助活動がなされた。

　行政的には，雄鹿原地区は，藩政期の雲耕村，荒神原村，宮地村，政所村，中祖村，橋山村の6ヵ村が1889（明治22）年の市町村制施行により雄鹿原村となり，さらに1956（昭和31）年に八幡村，中野村，美和村の隣接3ヵ村との合併によって芸北町（平成17〈2005〉年2月，平成の大合併により北広島町芸北地区）となった。

　ところで，当該地区は平坦部の5集落，谷あい5集落の都合10集落（改めて後述するが，以下では，行政上の一般的表示にならい，7地区ないし8地区に集約する。表中も同様）から成り立っている。この地区は，表2-1に示すように，旧芸北町の中で過疎化のもっとも激しい地域であると共に，過疎対策にいち早く取り組んだ地域でもある。文字通り，1955（昭和30）年以降，激しい山村の社会変動がみられた地域である。そこで，まず概況にふれておくと，1980年10月の調査時点では，雄鹿原地区の戸数と人口は，211戸747人であ

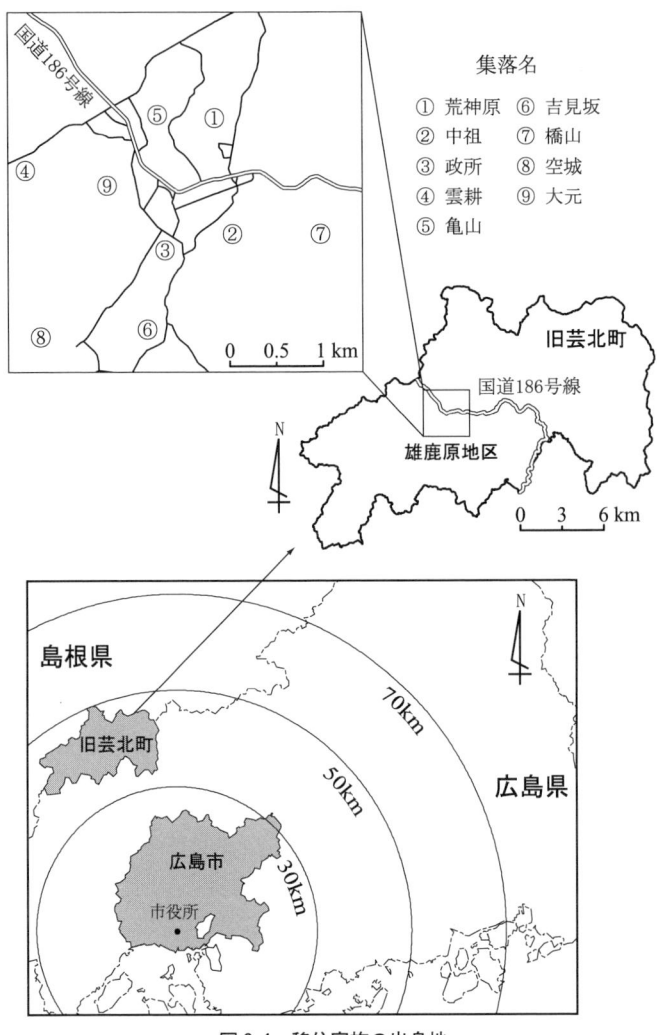

図 2-1　移住家族の出身地

集落名
① 荒神原　⑥ 吉見坂
② 中祖　　⑦ 橋山
③ 政所　　⑧ 空城
④ 雲耕　　⑨ 大元
⑤ 亀山

り，戦後もっとも人口が多かった1955年の310戸1,456人に比べて，戸数にして99戸（31.9％），人口にして709人（48.6％）の大幅な減少を示している。近世末以降の雄鹿原の歴史の中でも，1955年以降の戸数ならびに人口の減少は目をみはる限りである（表2-2）。

表 2-1 旧芸北町における旧村戸数の変化

	1955年(1)	1960年(2)	1970年(3)	1980年(4)	1955年／1970年	1970年／1980年	1955年／1980年
八幡	328	222	193	171	△135 (41.2%)	△ 22 (11.4%)	△157 (47.9%)
雄鹿原	310	282	241	211	△ 69 (22.3%)	△ 30 (12.4%)	△ 99 (31.9%)
美和	455	432	386	340	△ 69 (15.2%)	△ 46 (11.9%)	△115 (25.3%)
中野	542	504	472	436	△ 70 (12.9%)	△ 36 (7.6%)	△106 (19.6%)
計	1,635	1,440	1,292	1,158	△343 (21.0%)	△134 (10.4%)	△477 (29.2%)

注) (1)は国勢調査, (2)は農林省農林統計課資料, (3)(4)は役場資料, △はマイナスを示す。八幡の1955-1960年の急激な戸数減少は, 樽床ダム建設による集団移住が含まれる。

表 2-2 雄鹿原地区の戸数・人口数の推移

	戸数	人口数
1819年	255	1,334
1881年	326	1,255
1920年	316	1,264
1930年	285	1,255
1950年	294	1,402
1955年	310	1,456
1980年	211	747

注) 1819年, 1881年は『雄鹿原村史』ならびに附録より整理。

　農家戸数に限ってみても, やはり戦後最大であった1955 (昭和30) 年の242戸から1980年の155戸へと87戸, 35.9％の減少がみられた。これら155戸の農家のうち, 専業農家はわずか19戸であり, 136戸 (87.7％) が兼業農家であった (表2-3および表2-11)。田畑の総経営面積は, 1980年時点で181.85 ha, 1戸平均にして1.17 haであった。1955年の223.7 ha (1戸平均0.92 ha) と比較すると, 経営面積では41.85 haの減少であるが, 平均にして1戸当り0.25 haの拡大がみられた (表2-4)。明治期に至って, 藩政期の隠田が登録され, 1819 (文政2) 年の91 ha (町歩) が, 1881 (明治14) 年に243 haと一挙に3倍近くなった経緯からすると, 41 ha余の経営面積の縮小は, 時代の逆行現象とも受けとられる。それだけ山村社会をめぐる大きな変動がこの25年の間にみられたのである。1955～80年の田畑経営規模の変化をみても, 1～1.5 ha層を基軸にした階層分解がかなり明確にうかがわれた。なお3 ha

表 2-3 専業兼業別農家数（1980年）

	総農家数	専業農家	兼業		
			1種	2種	計
荒神原	27	1	9	17	26
中　祖	23	1	5	17	22
政　所	21	7	7	7	14
雲　耕	25	1	5	19	24
大　元	7	—	3	4	7
亀　山	27	2	3	22	25
橋　山	25	7	7	11	18
雄鹿原	155 (100.0%)	19 (12.2%)	39 (25.2%)	97 (62.6%)	136 (87.8%)

注）農林業センサス，橋山は橋山，吉見坂，空城の3集落を含み整理。以下の表も同様である。

表 2-4 田畑経営耕地面積（平均）年次別推移

	橋　山			亀　山			荒神原			中　祖			大　元			政　所			雲　耕			雄鹿原		
	町	反	畝	町	反	畝	町	反	畝	町	反	畝	町	反	畝	町	反	畝	町	反	畝	町	反	畝
1955年		8	4		9	3		8	7		9	4		8	4		9	3	1	1	4	223	7	0
1965年		8	9		9	7	1	0	6	1	0	3		9	1		9	8	1	1	3	201	1	5
1980年		7	2	1	0	9	1	4	7	1	1	6	1	7	0	1	4	5	1	1	0	181	8	5

注）1955年は農業基本調査，1965年は中間農業センサス，1980年は農林業センサス。表中右端は，雄鹿原地区全体を示し，当該の左欄は各年次の平均を，右欄は合計をそれぞれ表している。なお面積の表示，町および反は本文では，それぞれha（ヘクタール）ないしa（アール）と表記した。以下の表についても同様に扱った。

以上の6戸はすべて酪農家であった（表2-5）。

　田畑の経営面積に対して山林保有面積は，表2-6に示すように，地区総面積の9割を山林が占めるだけに1,596 ha と多く，全7地区の1戸当り平均10.3 ha であった。中でも橋山地区は総山林保有面積464 ha，1戸平均19.3 ha と群を抜いている。雄鹿原の中でももっとも山間集落であるだけに，山林保有面積は多い。これに対して亀山は142 ha，1戸平均5.2 ha ともっとも少ない。この両極端の傾向を示す2地区は，改めて詳述するが，いずれも昭和30年以降の変動過程において，山林をめぐる農家と当該集落とが特徴的な関係を示していた。

表 2-5 田畑経営規模の変化（1955年／1980年）

	5反未満	5反～1町	1町～1.5町	1.5町～2町	2町～2.5町	2.5町～3町	3町以上	合計
荒神原	9	12	14	2	1			38
	1	12	4	4	1	3	2	27
中祖	10	6	16	2	1			35
	4	6	9	3			1	23
政所	3	8	11	2				24
	4	6	4	1	1	2	3	21
雲耕	3	6	15	4	1			29
	3	7	11	4				25
大元	5	2	8	2				17
		1	1	3	2			7
亀山	11	13	19	5				48
	4	7	10	5	1			27
橋山	9	24	16	1				50
	8	13	4					25
合計	50 (20.7%)	71 (29.5%)	99 (41.1%)	18 (7.5%)	3 (1.2%)			241 (100.0%)
	24 (15.5%)	52 (33.5%)	43 (27.7%)	20 (12.9%)	5 (3.2%)	5 (3.2%)	6 (3.9%)	155 (100.0%)

注）各集落とも上段は1955年，下段は1980年の経営規模別農家数を示す。
　1955年は農業基本調査，1980年は農林業センサス。

　山林について，規模別に人工林面積をみると，雄鹿原地区全体の人工林率は，総山林保有面積1,596 ha のうち397 ha で 24.9% となった。集落別では雲耕地区が47.3%と抜きん出た人工林の山林管理状態を示していた。これについで中祖，大元、政所が30%台の人工林率となっている。これらの地区に対して，保有面積のもっとも多い橋山と，もっとも少ない亀山はそれぞれ13.3%，20.4%と他の地区に対して人工林率は低く，山林管理の立ち遅れが目立っている。荒神原（荒神と称することがある）も橋山と並ぶ最低の人工林率であるが，これには，過去10年間にわたる荒神原の農業経営の推進のあり方，つまり1974（昭和49）年の第二次構造改善事業に町内でもっとも早く着手し，集落をあげて水田の基盤整備事業に取り組むとともに，酪農経営，園芸栽培の積

表 2-6　山林保有面積の規模別農家数（1980年）

	5町未満	5町～10町	10町～20町	20町～50町	合計 総数	合計 総面積	1戸当り平均
					（戸）		
荒神原	5	6	14	2	27	298町　(18.7%)	11.0町
中　祖	5	9	8	1	23	201　(12.6%)	8.7
政　所	5	10	4	2	21	187　(11.7%)	8.9
雲　耕	4	12	9	—	25	224　(14.1%)	9.0
大　元	1	2	3	1	7	80　(5.0%)	11.4
亀　山	14	10	3	—	27	142　(8.9%)	5.2
橋　山	1	3	9	11	24	464　(29.1%)	19.3
雄鹿原	35 (22.7%)	52 (33.8%)	50 (32.5%)	17 (11.0%)	154 (100.0%)	1,596　(100.0%)	10.3

注）農林業センサス。

表 2-7　人工林面積の規模別農家数（1980年）

	人工林なし	1町未満	1町～5町	5町～10町	10町～20町	合計 総数	合計 総面積	1戸当り平均	人口林率
荒神原	4	5	18			27	42町　(10.5%)	1.6町	14.0%
中　祖	2	1	17	2	1	23	74　(18.5%)	3.2	36.8%
政　所		6	11	3	1	21	60　(15.0%)	2.9	32.0%
雲　耕		3	11	10	1	25	106　(26.6%)	4.2	47.3%
大　元	1	1	2	3		7	26　(6.5%)	3.7	32.5%
亀　山	2	12	13			27	29　(7.3%)	1.1	20.4%
橋　山	5	5	10	4		24	62　(15.5%)	2.6	13.3%
雄鹿原	14 (9.1%)	33 (21.4%)	82 (53.2%)	22 (14.3%)	3 (1.9%)	154 (100.0%)	399　(100.0%)	2.6	25.0%

注）農林業センサス。

極的導入を図ることに力点がおかれ，山林経営が手薄になったことに一班の原因があるように思われた（表 2-7）。

ところで，雄鹿原全地区の農産物の販売は，表 2-8 にみられるように，1980年では，米，生乳，トマト，ホーレン草，イチゴ苗が主要な販売農産物になっていた。1966年に総販売額の 97.4% を占めた米が 1980 年に 34.3% へと大幅な減少を示していることは，冷害の影響があったにせよ減反政策によるところ

表 2-8　主要農産物年次別販売順位（雄鹿原地区全体）

	1位	2位	3位	4位	5位	6位
1966年	米 (97.4)	青果物 (2.6)				
1968年	米 (98.1)	キャベツ (1.8)	蔬菜 (0.1)			
1970年	米 (95.1)	肉牛 (2.9)	キャベツ (1.8)	蔬菜 (0.2)		
1972年	米 (86.1)	キャベツ (8.0)	肉牛 (2.3)	子牛 (2.0)	蔬菜 (1.7)	
1974年	米 (82.2)	キャベツ (9.0)	イチゴ苗 (3.8)	トマト (1.7)	ホーレン草 (1.5)	子牛 (0.7)
1976年	米 (78.5)	トマト (5.9)	イチゴ苗 (5.5)	キャベツ (5.3)	ホーレン草 (2.0)	大根 (1.1)
1978年	米 (45.1)	生乳 (23.8)	トマト (17.2)	キャベツ (8.3)	イチゴ苗 (3.0)	ホーレン草 (1.6)
1980年	米 (34.3)	生乳 (32.3)	トマト (17.2)	ホーレン草 (3.5)	イチゴ苗 (3.2)	キャベツ (0.4)

注）農協資料。カッコ内は総販売額に対する主要農産物の割合（％）を示す。

が大きい。1966年からの15年間に，主要な販売農産物は，米から高原野菜をキャッチフレーズにしたトマト，キャベツ，イチゴ苗へと変化し，さらにその後，広島市佐東町（現広島市安佐南区緑井）にあるグリコ乳業との提携によって生乳が大幅に伸び，第一位販売品目に迫っている。農産物販売額を集落別にみると，上のことを反映して，高い販売額を示す農家は，酪農を第一位販売品目とする集落に多くみられた（表 2-9，表 2-10）。

以上が雄鹿原地区の概況である。このような雄鹿原地区において注目されるのは，等しく雄鹿原地区といっても，農家戸数を中心にみた表 2-11 のごとく，集落間の過疎化の状況に差がみられること，これに加えて後述するように，過疎化への対応においても，集落間に違いがみられることである。このような各集落の過疎化の状況と過疎化への対応の違いは，都市移住家族を生みだした背景を考える時重要である。そこで，山村の社会変動が激しくなる1955年以降，今日に至る各集落の変動を類型的に把握し，それとの関連において都市移住家

表 2-9　集落別第 1 位農産物販売金額部門別農家数（1980 年）

	稲作	施設園芸	酪農	その他の作物	野菜類	肉用牛	合計
荒神原	23	1	2		1		27
中祖	17	2	2				21
政所	5	2	4	7			18
雲耕	17	3	3			1	24
大元	5	2					7
亀山	23	2					25
橋山	21	2					23
雄鹿原	111 (76.5%)	14 (9.7%)	11 (7.6%)	7 (4.8%)	1 (0.7%)	1 (0.7%)	145 (100.0%)

注）農林業センサス。

表 2-10　集落別農産物の販売額別農家数（1980 年）

	50万円未満	50万～100万	100万～150万	150万～200万	200万～300万	300万～500万	500万～700万	700万～1,000万	1,000万～1,500万	合計
荒神原	3	9	5	3	1	5	1			27
中祖	7 (2)	8	5	2					1	23 (2)
政所	7 (3)	5		3	1	1	1	3		21 (3)
雲耕	4 (1)	4	4	9	2		2			25 (1)
大元	1	1	1		2	2				7
亀山	9 (2)	11	4		2	1				27 (2)
橋山	9 (2)	8	7	1						25 (2)
雄鹿原	40(10) (25.8%)	46 (29.7%)	26 (16.8%)	18 (11.6%)	8 (5.2%)	9 (5.8%)	4 (2.6%)	3 (1.9%)	1 (0.6%)	155(10) (100.0%)

注）農林業センサス。（　）内実数は販売額なしを示す。

族の成立背景を明らかにしておきたい。なお，10 集落のうち，吉見坂，橋山，空城（そらじょう）の旧橋山村 3 集落は，歴史的社会的に類似した背景をもつことから，一括して橋山地区として取扱うことにしたい。また宮地は，藩政期では小規模ながら自律的な集落単位であったが，大元，亀山に隣接しているところから，最近では集落の自律性は流動化し曖昧である。現在，行政的資料は，宮地と亀山は便宜的に一括して亀山地区として取扱っていることから，ここでもそれにならうことにしたい。このようなことから，以下では，雄鹿原 10 集落は 7 地区

表 2-11 農家戸数の集落別年次別変化

	1955年	1960年	1965年	1980年	1955年／1980年
荒神原	38	41 (58)	30	27 (46)	△11 (28.9%)
中　祖	35	34 (48)	31	23 (40)	△12 (34.3%)
政　所	24	24 (25)	22	21 (22)	△ 3 (12.5%)
雲　耕	29	29 (31)	29	25 (27)	△ 4 (13.8%)
大　元	17	17 (25)	14	7 (12)	△10 (58.8%)
亀　山	48	47 (48)	39	27 (35)	△21 (43.8%)
橋　山	50	50 (57)	35	25 (29)	△25 (50.0%)
雄鹿原	241 (310)	242 (292)	200	155 (211)	△86 (35.7%)

注）1955年は農業基本調査，1960年は世界農業センサス，1965年は中間農業センサス，1980年は農林業センサス。ただし，資料的制約があり，1955，65年の集落毎の総戸数は集約しえていない。そのためカッコ内に，確認しえた集落毎の総戸数を補足的に加えた数値を示した。

として集約する。

これらの集落を1955（昭和30）年以降の過疎化をめぐる社会変動下において類型化すると，次の四つのタイプが設定されうる。Ⅰ型—戸数の減少は少なく，しかも過疎化への対応が積極的な集落，Ⅱ型—戸数の減少は少ないが，過疎化への対応は消極的な集落，Ⅲ型—戸数の減少は激しいが，過疎化への対応は積極的な集落，Ⅳ型—戸数の減少は激しく，しかも過疎化への対応が消極的な集落，である。

これらの各類型に該当する集落のうち雲耕，政所についてはすでに報告がなされているし，雄鹿原の歴史についても言及がみられることから，ここでは，これまでの報告であまり言及されていない，しかも，もっとも過疎化の激しい2集落，つまり橋山，亀山両地区の1955（昭和30）年以降の社会変動を跡づけることに主眼を置くことにしたい[19]。

Ⅰ型は，戸数の減少は少なく，しかも過疎化への対応が積極的な集落である。このタイプでは，荒神原が代表的であるが，他に中祖，政所が含まれる。これらの各集落は，いずれも国道186号線沿い，ないしそれに隣接する地域であり，地域内に農協支所，郵便局，診療所，小学校，旅館，日用雑貨店，食料品店，ガソリンスタンド，食堂，魚店等を含むいわゆる小規模な農村市街地を形成し

ている。そのために，雄鹿原地区非農家56戸のほぼ大半がこの地域に居住した。旧芸北町合併以前に村役場があったのもこの地域であり，雄鹿原では先進地区である。荒神原はそうした地区のほぼ中央に位置する。

　荒神原は，すでに1962（昭和37）年より酪農の導入によって現金収入の増大を図っていたが，稲作プラス酪農の複合経営の行き詰まりから，過疎対策の一環としての基盤整備事業の呼びかけに呼応して，町内でいち早く1972年10月に地区指定申請をし，1974年に第二次農業構造改善事業の実施にふみきった。荒神原が先鞭をつけたことによって，隣接集落の中祖，政所，大元，さらには亀山の一部へと漸次，基盤整備事業が展開することになった。このような整備事業の進展に伴い，1974年54戸（調査時点現在88戸）をもって「雄鹿原生産組合」が組織された。この間，荒神原は，県の優良地区としての評価を受けると共に，米作日本一の農業者の出現をみた。さらに，昭和50年代（1975～）に入り，従来の個別化した野菜栽培を，協業経営による「荒神園芸生産組合」として再編成し，高原野菜の生産の増大を図っている。ビニールハウスによる施設園芸を町が本格的に取り組むようになるのも，この生産組合の組織化がひとつのモメントになった。自己完結的な稲作のみから，酪農に野菜を加えた複合的な自立経営を押し進めている荒神原らのⅠ型の集落に顕著な点は，他の集落に比べて生産組織への参加率が高いということである（表2-12）。こうしたことからⅠ型の集落は，生産組織を中心とした積極的な集落再編成を展開しながら，農家戸数の減少を最小限にくいとめてきたといえる。

　Ⅱ型は，戸数の減少は少ないけれども，過疎化への対応が消極的な集落であり，雲耕がこれに該当する。雲耕は政所と並んで，雄鹿原で戸数の減少がもっとも少ない集落である。転出転入によって戸数減少が相殺されている政所に比べると，転入のない雲耕は，文字通り過疎化に対して戸数減少を最小限にくいとめてきた集落である。雲耕は，荒神原のごとく生産組織がみられるわけではないし，基盤整備事業も1981年になってやっと着手されるというように，過疎化への対応に目立った動きがみられなかった。その意味では「連続と変化」の振幅が最小限にとどめられてきた集落であり，雄鹿原の中では特異な存在ともいえる。このような雲耕の過疎化への対応において注目されるのは，27戸

表 2-12 生産組織への参加状況（1980 年）

	総農家数	参加農家数	参加率（%）
荒神原	27	27	100.0
中　組	23	23	100.0
政　所	21	21	100.0
雲　耕	25	—	—
大　元	7	7	100.0
亀　山	27	5	18.5
橋　山	25	—	—
雄鹿原	155	83	53.5

注）農林業センサス。

中 2 戸を除くすべてが親類関係にあること，一村一門徒であること，報恩講をはじめ複数の講集団が存在すること，そして何よりも共有財産としての山林をもち，多額の土台金を有する報徳社という中核的集団の存在がみられることであった。つまり，これらの集団が累積的共同体の性格を強化するという，社会構造上の特質が過疎化への歯止めとなってきたのである[20]。

ところで，問題のⅢ型およびⅣ型の両タイプであるが，まずⅢ型——戸数の減少は激しいが，過疎化への対応は積極的な集落——から取りあげる。亀山がこのタイプの集落である[21]。

亀山は橋山と並んで，戸数減少がもっとも激しい地域である。農家戸数は 1955（昭和 30）年の 48 戸から 1980 年の 27 戸へと大幅に減少した。亀山は，三つの組（馬ノ原，中組，下組）から成り立っている。もっとも北端の谷あいにある馬ノ原は島根県境に接している。亀山では，過疎化への対応にからんで見落とすことのできない出来事があった。そのひとつは，1961 年に亀山地区経営の民間スキー場開設が着手されたことである。すでに戦前よりスキーの導入がなされていたが，地元経営のスキー場開設は，雄鹿原地域では亀山がはじめてであった。スキー場開設のために貸スキーの導入，食堂の設置，スキー客用の宿泊施設として農家による民宿経営の着手，民宿経営に必要な主婦の調理師資格の取得，さらには民宿経営のための新改築といった一連の動きが伴った。いまひとつは，冬期のスキー場を夏期に乳牛の導入による牧場経営に活用したことであった。これら二つの出来事は，当時の自治会長経験者をはじめ進取の

気性に富んだ青壮年層の人たちを中心に推進された。しかし破綻は，酪農経営の失敗によってひきおこされた。1963年の「三八豪雪」によって交通が途絶し，搾乳の出荷ができなくなったことに加えて，冬期の降雪期における乳牛の飼育と管理方法の未熟さによって，牧場経営は壊滅的打撃を被り，牧場経営に参加した16人のメンバーは多額の借財を背負うことになった。参加者が集落内の比較的若い40歳前後の年齢層を中心としていただけに，波紋は大きく，当該成員の家族はもとより，集落にも大きな影響を及ぼした。ついに1964年，スキー場経営と牧場経営は破綻することになった。

このような出来事に伴い，スキー場及び牧場は広島市の観光会社に買収された。その後，観光の名における周囲の山林の買占め，借財の返済に伴う土地の売却が続くことになった。このような事態を憂慮した広島県は，亀山周辺の山林を国定公園にする，という名目のもとに買収し，私企業による買収の歯止め対策に乗りだした。こうした出来事の直接的影響とその波及効果によって，亀山地区は多くの挙家離村を生むことになった。しかし，調査時点（1977年〜1979年）では，地域外資本による私企業経営とはいえ，大佐スキー場が地区内にあることから，集落成員の冬期におけるスキー場勤務，スキー客用の民宿経営が可能となっていた。ちなみに，調査時点の1970年代後半の亀山では，27戸中16戸が民宿経営を営んでいた。亀山はⅠ型にみられた荒神をはじめとする先進地区とは異なる内容の商業化が，他集落に先がけてみられたのである。調査時点では，そうした延長線上にたって，亀山では春から秋は野菜作りと稲作に専念し，冬期はスキー場への就業または民宿経営という年間を通じての就労の場が確保されてきていた。

Ⅳ型——戸数減少が激しく，しかも過疎化への対応が消極的な集落——の橋山についてふれる。橋山3集落は，雄鹿原では国道からもっとも遠い。比較的近い吉見坂でも4km，もっとも遠い空城は約12kmの距離にある。山間僻地は否定できない。それだけに，これら3集落は過疎化がもっとも激しく，総農家戸数は，1955（昭和30）年の50戸から1980年の25戸へと半減した。すでに指摘したごとく，橋山は，他地区に比べて1戸当りの山林所有面積が群を抜いて多かった。かつては旧雄鹿原村の山林所有総面積の約半分を占め，共有山

表 2-13 集落別共有山林 (1920 年)

	町	反	畝	歩
荒神原	776	3	1	9
中　祖	144	5	9	10
政　所	154	5	2	29
雲　耕	286	6	2	1
宮　地	24	5	1	21
橋　山	1,308	3	7	5

注)『雄鹿原村史』146頁。ただし、荒神原には亀山が含まれている。
（藩政期には亀山は荒神原に含まれていた）

林は 1,308 ha あった。文字通り共有林のムラであった。藩政期より柴草山の利用、境界領域をめぐって、他村と何度もトラブルをくり返してきた。そのくり返しを通じて、一方では、他村に対する自律性を強調するとともに、他方において、村内の一体感と帰属感を醸成してきた。

　この共有山林をめぐる経緯は、橋山の歴史を大きく左右してきたといっても過言ではない。すでに旧橋山村は 1906（明治 39）年、藩政期より継承された共有山林を財産区として管理するために「橋山区会」を設置した。1920（大正 9）年に各旧村の共有山林が雄鹿原村に統一された時、旧橋山村のみが表 2-13 に示すように、他集落に比して隔絶した規模の共有山林があったために、容易に統一に加わらなかった。しかし、時勢に棹さすことはできず 1929（昭和 4）年 4 月、ついに統一を決議することになった。その時、「橋山区会」の区有林 1,308 ha のうち 810 ha を村に提供したが、なお 498.37 ha が組員 64 名の手に残った。この約 500 ha をもとに 1929 年 9 月に「橋山施業森林組合」が設立された[22]。山林王国を誇った橋山は、共有林の規模がなお大きく、その管理と運営上の困難さに抗しきれなかったことに加えて、現金収入の道を確保するために、さらに 1951 年、共有山林のうち 80 ha を「森林開発公団」の分収造林として県に管理を移管することになった。この移管によって、たしかに現金収入が得られるようになった。しかし、この現金収入の道は、組合員の個人的利害の触手をいっそう動かすことにもなった。すでに亀山地区においてふれた

ように，昭和30年代（1955年〜）に入り，観光開発をはじめとする私企業の触手は橋山地区にも及んだ。中国電力に共有山林100 ha が売却されたのもこの時期であった。こうした動きに呼応して，共有山林は各組合員に分割されるという「分割協議書」が1958年に成立した。たとえば，橋山では9.9 ha，空城では3.4 ha がそれぞれ組合員に分割された。この結果，かつては1,308 ha あった共有山林が，実に10分の1近くの189 ha にまで縮小してしまうのである。この残された共有林は，さらに1961年に，橋山3集落のそれぞれの事業部として自主的な管理運営の支配下に置かれることになった。これを契機に，橋山では1961年に「財団法人橋山自治会」が発足した[23]。

雄鹿原村への移管，橋山3集落の自主的管理運営化，各組合員への分割といったあらゆる次元での共有山林の管理運営の移譲処置は，従来，共有林を中核として社会統合を図ってきた山林王国の橋山を根底から揺がすことになった。山村共同体を支えてきたこのような物的基盤の解体は，過疎化に対抗するどころか，むしろ過疎化を促進する呼び水となった。表面的には大きなうねりと思えなかった共有山林の処分は，昭和30年代後半に至って一挙に顕在化することになった。山間僻地を襲った「三八豪雪」は，集落社会の統合が弛緩した状態において，ますます人々を浮足立たせることになったからである。挙家離村を多く生みだした橋山3集落にはこのような背景があった。集落再編成という過疎化への対応は，雲耕以上にみられなかった。雄鹿原の他の集落がすべて基盤整備事業を終了しているか，もしくは着手しているのに比べると，橋山3集落ではいずれもがまだ着手していなかった。加えて，酪農，高原野菜栽培の導入も随分立ち遅れが目立っていた。

雄鹿原の各集落を過疎化の状況と過疎化への対応を基準にして類型的に把握することに努めてきたが，過疎化の激しいⅢ型Ⅳ型の両タイプは，急激な戸数減少に伴いもっとも多くの挙家離村を生んだ集落である。この両者を他のタイプの集落と比較する時，なお指摘しておかなければならない重要な点がいくつかある。第1に，歴史的に継続する生産性と生活水準の低さである。1935（昭和10）年の経済更生計画書によると，橋山3集落と亀山は，1人当りの生産額が雄鹿原村の平均よりかなり低く最下位にあった（表2-14）。生産額が最低で

表 2-14　集落別にみた生産性と生活水準（1933 年）

	総収入 （1戸平均）	経営費 （1戸平均）	生活費 （1戸平均）	生産額 （1人当り平均）
荒神原	493 円 63 銭	118 円 85 銭	351 円 34 銭	135 円 9 銭
中　祖	652．49	142．54	468．58	160．61
政　所	670．9	216．18	388．49	176．2
雲　耕	874．45	481．46	435．60	192．25
亀　山	444．10	140．98	329．9	116．63
空　城	773．98	220．66	546．18	56．63
吉見坂	518．51	143．85	444．33	107．61
橋　山	537．47	120．58	440．31	128．81
雄鹿原	602 円 92 銭	189 円 14 銭	406 円 60 銭	148 円 88 銭

注）『広島県経済更生計画書』1935（昭和 10）年，49-50 頁。

表 2-15　自小作別農家数（1933 年）

	自　作	自 小 作	小　作	計
荒神原	23 (54.7%)	17 (40.5%)	2 (4.7%)	42 (100.0%)
中　祖	18 (54.5%)	15 (45.5%)	―	33 (100.0%)
政　所	11 (36.7%)	18 (60.0%)	1 (3.3%)	30 (100.0%)
雲　耕	11 (39.3%)	15 (53.6%)	2 (7.1%)	28 (100.0%)
亀　山	33 (71.7%)	9 (19.6%)	4 (8.7%)	46 (100.0%)
橋　山	22 (43.1%)	12 (23.5%)	17 (33.3%)	51 (100.0%)
雄鹿原	118 (51.3%)	86 (37.4%)	26 (11.3%)	230 (100.0%)

注）『広島経済更生計画書』1935（昭和 10），年 15-17 頁。

あったにもかかわらず，1戸平均の生活費は，橋山3集落はいずれも村平均を上回り，逆に高くトップクラスになっていた。この矛盾が山村生活をいっそう厳しいものにしていたと思われる。

　生産額と生活費とのバランスのとれた雲耕，政所に比べるといっそう生活のきびしさがうかがわれた。とくに橋山では，階層差が大きかったことがこのような低い生活水準をもたらしてきたといえる。たとえば，1933（昭和 8）年の小作層は，村全体では 11.3% であったが，橋山では 33.3% と 3 倍にも及んでいた（表 2-15）。このような橋山に対して亀山の生活費は村内でもっとも低いが，総収入ももっとも低いことから，必然的に生活費も押し下げられていたものと思われる。いずれにしても生活水準の低さは亀山においても否定できな

表 2-16　集落別平均反収（1947年）

	農家数	田　畑	平均反収
荒神原	43戸	34町	1.465石
中　祖	39	32	1.475
政　所	23	22	1.385
雲　耕	29	34	1.395
大　元	18	14	1.385
亀　山	48	43	1.275
橋　山	52	40	1.310
雄鹿原	252	219	1.367

注）「雄鹿原村地力調査委員会」資料。ただし、橋山は空城、橋山、吉見坂の3集落の平均値である。

い。さらに1947年の平均反収をみると，橋山，亀山は村内でこれまた最低であった（表2-16）。このような戦前・戦後にわたる低位生産性と低い生活水準は，稲作と木炭製造によりかろうじて支えられてきた。とくに冬期における炭焼きは，雪に埋もれる山村の経済生活を支えるものであった。しかし，昭和30年代のエネルギー革命が木炭製造を一掃することになった。雄鹿原も例外ではなく，30年代前半で炭焼きは消え，有力な現金収入の道は閉ざされることになった。低位生産性，低い生活水準の集落には，エネルギー革命の影響が他集落に比べていっそう過酷なものであったことは容易に想像される。

両集落におけるこうした経済的側面での特徴に加えて，第2に，当該集落における中核的集団の欠如があげられる。すでにふれたごとく，荒神，政所，中祖といったI型の集落では生産組織が，またII型の雲耕では報徳社がそれぞれ中核集団として位置付けられた。これらに対して，橋山，亀山では，集落全体を統合するような中核的集団はみられない。生産組織への参加率は，亀山が18.5％であり，橋山はゼロであった。雄鹿原地域に広くみられる法人化され物心両面の社会統合機能を有する報徳社は，雲耕，政所が大正期において結成され，しかもその成立の経緯が内発的であったのに比べると，表2-17のごとく，橋山，亀山は1955（昭和30）年以降に組織されたものであり，成立の動機は内発的ではなかった。

表 2-17 報徳社設立年次

	設立年	法人名
荒神原	1956	荒神原報徳社
中祖	1955	中祖親徳会
政所	1913	轟尚徳社
雲耕	1912	雲耕積善報徳社
大元	1956	大元社
亀山	1955	亀山積徳社
空城	1956	空城報徳社
橋山	1961	橋山自治会

注) 吉見坂は設立準備中 (1981年調査時)。

　このような中核的集団の欠如は，調査時点における集落ごとのいわゆるムラ行事にも反映していた。雄鹿原の中でムラ行事がもっとも多いのは政所，雲耕であった[24]。これらの集落に比べると，亀山，橋山は少ない。亀山ではムラ行事として常会，春の「御法事」，秋の「報恩講」，2ヵ月に1度の「お茶講」，馬ノ原三社の祭り，大原大歳神社の祭り，亀山報徳社の総会が主な行事であった。亀山に比べて，橋山はさらに少なくなり，橋山3集落のうち吉見坂では，毎月27日に定期的常会を開くものの，2年に1度の「お茶講」，3年に1度の大歳神社の当番，氏神様の金比羅様の祭りが年1度というように少ない。他の橋山2集落も似かよった状況にあった。とくに調査時（1980年）5戸にすぎなかった吉見坂では，過疎化によって葬式組さえ組めないために他の集落に応援を求めるという有様であった。さらに冬期に至っては，空城の8戸全戸と橋山，吉見坂の一部は国道沿いの町営住宅に移ることから，集落機能の低下というよりむしろ停止という事態が生まれていた。
　すでにみてきた過疎化への対応に加えて，社会的経済的な社会構造上の背景が，橋山，亀山両集落から多くの挙家離村を生む要因となったのである。

第2節　都市移住家族の存在形態

　都市移住家族の成立は，前節でみたごとく，当該出身地域の社会構造による

ところが大きい。とはいえ,移住家族それ自体に内在する諸条件も同様に大きな影響を及ぼしていると思われる。なぜならば,同じ過疎化した出身集落にあって,一方で都市移住家族があり,他方において残留家族が存在するからである。そこで本節では,都市移住した家族が一体どのような特徴を有するのかを明らかにしておきたい。

ところで,雄鹿原地区における都市移住家族は,次の手続きによって把握した。冒頭で述べたごとく,わが国の急激な社会変動に伴い都市移住が増大するのは1955(昭和30)年以降である。当該出身地域でも,1960年以降過疎化が進展し挙家離村が顕著になった。そこでまず第1に,1960年の農林業センサスにおいて農業世帯であって,1980年の同センサスでは離農していた世帯を原則として選択した。第2に,各集落において,昭和20年代にまで遡及すると共に,1980年以降1983年12月までの挙家離村世帯をさらに補充した。第3に,このようにして得られた各世帯の移住先を当該出身集落および役場資料により確認した。

上の手続きにより得られた世帯は,あわせて70世帯[25]であった。このうちもっとも多いのは町外移住であり,これが58世帯と全体の83%を占めた。これに対して町内移住は9世帯であった。町内移住世帯のうちの7世帯は,他集落の挙家離村世帯のあとを買いとっていた。挙家離村世帯は表2-18に示すごとく,橋山,亀山の両集落が38世帯と7割近くになり,これら両集落が町外移住の挙家離村世帯をもっとも多く生みだしていた。橋山では,雄鹿原地区内のもっとも山間僻地であることを物語り,便利な地区内他集落への町内移住が6世帯あった。

本稿の課題から,町外移住世帯(家族)に限定して移住先を移住年次別にみたのが表2-19である。昭和30年代,40年代にそれぞれ27世帯,20世帯となり,この20年間に挙家離村世帯が集中していた。昭和20年代がわずか1世帯であり,昭和50年代が8世帯であることを考えあわせると,昭和30〜40年代が,いかに激しい過疎化を示したかがわかる。ところで,移住先別では,広島市が43世帯ともっとも多く7割を占めた。広島市以外の移住先では15世帯中13世帯が都市部に移住していた。たとえば,広島市に隣接する五日市町(現

表 2-18 集落別年次別移住世帯数

	町外移住						町内移住	死絶	合計
	1945～1954年	1955～1964年	1965～1974年	1975～1982年	不明	小計			
荒神原		4 (3)	1 (1)			5 (4)			5 (4)
中 祖		3	1 (1)	2 (1)		6 (2)			6 (2)
政 所			1 (1)			1 (1)			1 (1)
雲 耕			1 (1)			1 (1)	1		2 (1)
大 元		1 (1)	3	3		7 (1)			7 (1)
亀 山		9 (6)	8 (6)	2 (2)		19 (14)	1	2	22 (14)
橋 山	1	10 (6)	5 (4)	1 (1)	2	19 (11)	7	1	27 (11)
合 計	1	27 (16)	20 (14)	8 (4)	2	58 (34)	9	3	70 (34)

注) カッコ内数字は広島市への移住世帯であり被面接家族を示す。

表 2-19 年次別町外移住世帯

	広島市	広島市周辺	県 内	県 外	合 計	
1945～54年			1		1	(1.7%)
1955～64年	20 (16)	1	5	1	27 (16)	(46.6%)
1965～74年	17 (14)	2		1	20 (14)	(34.5%)
1975～82年	5 (4)		3		8 (4)	(13.8%)
不 明		1	1		2	(3.4%)
合 計	43 (34) (74.1%)	3 (5.2%)	10 (17.2%)	2 (3.4%)	58 (34) (100.0%)	(100.0%)

注) カッコ内数字は広島市への移住世帯であり被面接家族を示す。

在，広島市に編入)，府中町，その周辺の大野町，音戸町，さらに県内加計町，本郷町，呉市，三次市であり，県外のそれは島根県川本町，同浜田市，山口県岩国市であった。このように雄鹿原からの移住は，広島市をはじめとする都市部への移住が58世帯中56世帯となった。移住世帯のうち，文字通り都市移住が圧倒的であり，しかも出身地域から比較的近距離にある瀬戸内側の都市部への集中がみられた。このような都市移住は，次の第3章第1節移住地の概況で示すごとく，1955（昭和30）年以降における瀬戸内海沿岸都市部への人口増加が顕著になることに相即していた。

次に，雄鹿原における移住世帯は，移住直前においてどのような形態であっ

表 2-20 年次別世帯形態別移住世帯

	A 型 (単身世帯)	B 型 (夫婦家族世帯)	C 型 (同居世帯)	不明	合計
1945～54 年				1	1
1955～64 年	8 (3)	10 (6)	9 (7)		27 (16)
1965～74 年	8 (6)	6 (4)	6 (4)		20 (14)
1975～82 年	5 (1)	3 (3)			8 (4)
不　　明	1			1	2
合　　計	22 (10) (37.9%)	19 (13) (32.8%)	15 (11) (25.9%)	2 (3.4%)	58 (34) (100.0%)

注) C 型 (同居世帯) は, 世帯主世代に加えて親世代ないし既婚子世代のいずれかが同居し, 三世代ないし四世代の世帯を形成することを示す。カッコ内数字は広島市への移住世帯であり被面接家族を示す。

たのかをみておこう。移住直前の形態は大別して三つのタイプに分類することができる (表 2-20)。仮にこれらを A 型, B 型, C 型としておく。説明を加えると, A 型は世帯成員が 1 人のみの単身世帯である。22 世帯がこれに含まれる。このタイプは, さらに二つの下位タイプに分けることができる。ひとつは, 他出子が未婚子であれ既婚子であれ, 全子離家し, 老齢の片親が残留している場合である。これを A1 (16 世帯) としておく。これに対して他は, 家族成員の不幸, 離婚, 離散等によって世帯成員が 1 人残留する場合であり, これを A2 (6 世帯) とする。このタイプは A1 と異なり比較的年齢の若い者が多い。中には, まだ若い両親の不幸が相ついだことから, 就学期の児童が 1 人残され, この児童が知人にひきとられていくというような場合も含まれていた。B 型は夫婦世帯であり, 19 世帯が該当した。このタイプも A 型と同様に二つの下位タイプに分けることができる。ひとつは老夫婦が残留している場合である。これは A1 に対応して B1 (10 世帯) とした。他は, 比較的年齢層の若い夫婦と未婚子から成るいわゆる夫婦家族であり, これを B2 (9 世帯) とした。C 型は, 当該移住世帯の世帯主夫婦とその親世代ないし既婚子世代を含む多世代 (三世代ないし四世代) 同居世帯であり, 15 世帯が含まれた。

移住直前におけるこのような世帯形態は, あくまで特定時点に関して設定されたものである。したがって, これらの形態は, いわゆる家族発達の段階とし

てみるならば，C型はB型にもA型にも移行しえた。もちろん，それぞれの下位タイプ間の移行もありうる。さらに注目しなければならないことは，このような形態が移住に関係付けられる時，A1とB2は，移住直後，ただちにC型に移行する場合があるということであった。A1B1のうちそれぞれ13世帯，9世帯が他出子と同居する形で移住がなされていたからである。雄鹿原地区内ならびに他の町内への移住家族は，いずれも他出子と同居する形の移住ではなかった。このような町内移住に比較する時，他出子との同居という形の移住は，都市移住家族を特徴付けるといっても過言ではない。それに該当するものが22世帯もみられたからである。これらのうち，入院中の1世帯を除いて，16世帯は息子と，5世帯が娘と同居していた。都市移住家族の成立過程における他出子との同居という形態の移住は，家族発達と都市移住との文字通り力動的な側面をより端的に示しているといえるであろう。ちなみに，昭和50年代（1975〜）の8世帯はすべて既婚子との同居であった。

　移住直前における移住世帯の諸形態は，以上のごとくであるが，これらを移住形態としてそれぞれ読みかえることもできるであろう。もちろん移住形態は，設定基準を何に求めるかによって異なるが，ここでは，移住が世帯全成員同時か否かによって，同時の場合を挙家移住とし，他を段階移住として便宜的に分類しておきたい[26]。これによると，前者は25世帯，後者は33世帯となり，段階移住が約6割を占めた。したがって，いわゆる文字通りの挙家離村よりも，漸次的な結果としての挙家離村の方がやや多いのである[27]。挙家移住は，年次別にみて昭和30年代および40年代に集中し（表2-21），世帯形態別（表2-22）ではC型の同居世帯に多くみられた。他方，段階移住は，年次別には，先に指摘したように，老親が既婚子と同居する形態がすべてであった昭和50年代に多く，世帯形態別ではA1型——片親の老親（単身）が段階的に他出子と同居する——の単独世帯に多くみられた。

　挙家離村世帯をその成立時期，移住先，世帯形態，移住形態についてみたが，挙家離村に至った理由はそもそも何であったろうか。それを町外移住世帯についてみておこう。直接面接しえなかったものについては，電話によるか，間接的な手紙，出身地域の親族，役場での聞き取り等によって補った。その結果が

表 2-21　年次別移住形態

	挙家移住	段階移住	合　計
1945〜54 年	1	—	1
1955〜64 年	13 (10)	14 (6)	27 (16)
1965〜74 年	10 (5)	10 (9)	20 (14)
1975〜82 年	—	8 (4)	8 (4)
不　明	1	1	2
合　計	25 (15) (43.1%)	33 (19) (56.9%)	58 (34) (100.0%)

注）カッコ内数字は広島市への移住世帯であり被面接家族を示す。

表 2-22　世帯形態別移住形態

	挙家移住	段階移住	合　計
A 型（単身世帯）	6 (4) (27.3%)	16 (6) (72.7%)	22 (10) (100.0%)
B 型（夫婦家族世帯）	6 (4) (31.6%)	13 (9) (68.4%)	19 (13) (100.0%)
C 型（同居世帯）	11 (7) (70.0%)	4 (4) (29.4%)	15 (11) (100.0%)
不　明	2 (100.0%)	—	2 (100.0%)
合　計	25 (15) (43.1%)	33 (19) (56.9%)	58 (34) (100.0%)

注）C 型は，世帯主世代に加えて親世代ないし既婚子世代のいずれかが同居し，三世代ないし四世代の世帯を形成することを示す。
　　カッコ内数字は広島市への移住世帯であり被面接家族を示す。

表 2-23 である。複数回答により 58 世帯につき 106 の理由があげられた。多少の無理があるかもしれないが，移住理由は六つに大別できた。すなわち「家族的な理由」(29)，「経済的・就業上の理由」(17)，「農業経営上の理由」(16)，「健康上の理由」(14)，「就学上の理由」(13)，「自然環境上の理由」(11) である。これらの移住理由では，「家族的な理由」(27.3%) が全体の 4 分の 1 強を占めており，他の五つの理由がほぼ同数であることを考えると，都市移住の理由は，当該移住家族それ自体に内在するところが大きいことがうかがわれる。

表2-23 移住理由

理由	件数	割合
家族的な理由 ・高齢のため子供と同居する ・子供がすべて離家した ・結婚・離婚 ・家族員の死亡	29	(27.3%)
経済的・就業上の理由 ・現金収入がない ・退職・転職・転勤 ・借金 ・仕事がない	17	(16.0%)
農業経営上の理由 ・農業の将来的不安 ・専業の困難さ ・経営規模が小さい ・後継者不在・農業労働者不足	16	(15.1%)
健康上の理由 ・体が丈夫でない ・病気・ケガ ・入院・加療	14	(13.2%)
就学上の理由	13	(12.3%)
自然環境上の理由 ・豪雪 ・寒い ・交通が不便 ・イノシシ・クマの出没	11	(10.4%)
その他	6	(5.7%)
合計	106	(100.0%)

そこで，移住理由を移住直前の世帯形態に関係づけてみると，およそ次のような特徴を指摘することができる。

①Ｃ型の都市移住世帯は，一方において親世代からの継承と相続に心痛し，他方において子世代の将来に苦慮するという，いわば二重苦がうかがわれた。たとえば，このタイプでは，移住理由として，農業経営の存続を意図しながらも現実的な問題解決が容易でないことから，「農業経営上の困難さ」をあげているし，これに並んで「子供の教育のため」という理由をあげるものが多かっ

た。しかも、こうした課題克服に不可分であるはずの健康は、上の理由に並んで移住理由としてあげられることが少なくなかった。このような理由をみると、親世代と子世代をつなぐ当該世帯主世代は、三重苦を背負っていたといっても過言ではない。

②夫婦家族の場合は、老親のみの夫婦家族と未婚子から成る若い夫婦家族とに二分されるが、これに対応する移住理由がみられた。前者の老親夫婦は、「高齢のため他出子、既婚子と同居する」ことをあげるものが多いのに対して、後者の若い夫婦家族は、「子供の教育のため」が多くなっていた。とくに前者の場合、当該夫婦の「病気とケガ」は寒冷な山村に残留する老親には過酷なものとなり、温暖な瀬戸内での既婚子との同居を決定させることになった。1965（昭和40）年以降、老親の加齢と共に既婚子との同居が顕著になるのは、このような事情があった。就学期の子供がいる若い夫婦家族の場合、「三八豪雪」によって交通が遮断し通学ができなかったこと、小学校・中学校のその後の統廃合がますます「子供の将来」を危惧させることにつながり、移住理由にもそれが反映していた。この点は、C型において、就学期の子供がいる場合についても同様にいえた。

③単身世帯の場合では、これも老親の片親と若い単身者とに大別されるが、移住理由は、老親の片親では「高齢のため他出子と同居する」が多かった。これは、B1の老親夫婦がさらに進行したのがA1とみてよいから、他出既婚子との同居をあげたものが多くなるのは必然的といってよい。なお、若い単身者については移住理由が多様化し特定化しがたい。

このように、移住時における世帯形態によって、かなり特徴的な移住理由の傾向がみられた。先にみた移住先や移住形態の特徴が、移住理由という動機付けの側面においても対応してうかがわれたのである。なお、移住直前の階層については、曖昧さを避けるために、量的には半減するが直接面接しえた広島市に移住した34世帯について示すことにし、この結果をひとつの目安にしたいと思う。表2-24はこれら世帯の移住時における田畑、山林の所有状況を示している。これによると、やはり所有規模の小さい零細農家がもっとも多く都市移住しているが、他方で中規模層以上も少なくない。

表 2-24 移住時における田畑・山林所有状況

山林＼田畑	5反未満	5反～1町	1町～1.5町	1.5町～2町	不明	計
5町未満	9		1			10
5～10町		6	3			9
10～15町	1	1		1		3
15～20町		1	2			3
20町以上		2				2
不明		2	1		4	7
計	10	12	7	1	4	34

表 2-25 移住世帯の諸特徴

	有	無	不明	計
1 田畑の残存状況	30 (18)	27 (15)	1 (1)	58 (34)
2 山林の残存状況	42 (30)	16 (4)		58 (34)
3 墓の残存状況	49 (29)	9 (5)		58 (34)
4 葬式・墓参りの状況	47 (31)	9 (3)	2	58 (34)
5 職業形態	農　家 53 (34)	非農家 5		58 (34)
6 居住歴	戦前居住 55 (32)	戦後居住 3 (2)		58 (34)
7 世帯形態	相続世帯 47 (31)	創設世帯 8 (3)	3	58 (34)
8 本家・分家関係	本　家 14 (6) 単独戸 30 (19)	分　家 11 (9)	3	58 (34)

注) カッコ内数字は広島市への移住世帯であり，被面接家族を示す。

　都市移住家族の存在形態は，上にみた諸点においてその一端を知ることができるが，さらに，次の8項目においてその特徴を把握しておきたい。表 2-25 は，やはり 58 世帯の町外移住世帯に限定して，その特徴を 8 項目において整理したものである。これによると，移住時における当該世帯は 58 世帯中 53 世帯が農家であり，このうち兼業は 6 世帯であった。内訳は大工 2 世帯，商店 2 世帯，公務員 2 世帯であった。これに対して非農家は鍛冶屋 2 世帯，薬局 1 世帯，商店 1 世帯，農協職員 1 世帯であった。昭和の戦前からの居住か否かでは，55 世帯が戦前からの居住世帯であり，戦後世帯はわずか 3 世帯であった。戦後世帯のうち 2 世帯は雄鹿原出身であった。本家・分家関係でみると，本家層は 14 世帯，分家は 11 世帯であったが，単独戸がもっとも多く 30 世帯であっ

た。ただし，単独戸のうち，かつて本家・分家関係がみられたが調査時ではいない，と答えたものが少なからず含まれていた。同様のことは，他のタイプの移住世帯における本家・分家についてもいえる。したがって，移住家族に単独戸が多いとは一概にいえないようである。さらに当該世帯が相続世帯であるか否かでいえば，回答を得たもののうち47世帯が相続世帯であり，創設世帯はわずか8世帯であった[28]。相続世帯がこのように多く，しかもそれらは戦前からの居住世帯の農家であったことから，調査時における田畑，山林，墓の残存の有無，出身地域との交流の有無を確認しておくことが必要かと思われた。表にみられるように，田畑，山林，墓の順に残している世帯が多くなった。とくに山林，墓の残存は，移住家族と出身地域とを媒介する物心両面のエレメントであると思われるが，これらを残していたのはそれぞれ42世帯（72％），49世帯（84％）であった。墓の残存状況に対応してか，墓参りと葬式を内容とする社会的交流があるとしたのは47世帯（81％）にのぼった。

　以上のことから，芸北山村からの移住家族の存在形態は，およそ以下のように把握することができる。(1)昭和30年代（1955年～）以降のわが国の急激な社会変動によってもたらされたものが多い。(2)移住先が広島市を中心とした都市移住の形態をとるものが多い。(3)老齢の片親ないし両親が他出子と同居する形態の移住が多い。(4)挙家移住より段階移住の形態が多い。(5)昭和の戦前からの居住世帯で，しかも農家の相続世帯が圧倒的である。(6)階層的には農業経営の零細規模層が多いが，中規模層以上も少なからずみられる。(7)田畑，山林，墓を残し，出身地域との交流を有するものが多い。

　こうした特徴は，かつて野尻重雄が全家離村の特徴として指摘した，貧農の生活の破綻者，転落者，逃避者という昭和の戦前型とは必ずしも一致しない[29]。ここでみた諸特徴は，わが国の昭和30年代以降の高度経済成長期に生みだされた戦後型の全家離村のタイプであり，しかも都市移住が明確なのである。このような諸特徴をもつ移住世帯は，果たしていかなる意思決定のもとに，移住を選択したのであろうか。この都市移住の意思決定について，直接面接しえた広島市への移住世帯34家族に限定して考察を加えることにしたい。

第3節　都市移住の意思決定

　いうまでもなく都市移住は，当該移住家族の家族史における大きな出来事のひとつである。加えて，前節で明らかにしたごとく，本稿の対象である移住家族では，出身集落において戦前からの居住世帯であり，かつ農家の相続世帯であるものが大多数を占めていた。こうした移住家族の特徴を考える時，いわゆる「家」の継承に深くかかわる田畑，山林，屋敷地，墓の処理は，移住に際して重要な課題とならざるをえない。そのために，単なる個人としての都市移住者とは質的に異なる葛藤が，当該対象家族の移住過程に伴うのではないかと想定された。意思決定過程は文字通りこのような課題の克服であるといってよい。

　従来，このような都市移住家族の意思決定過程は，あまり明らかにされていないようである[30]。そこで本節では，上のことを念頭に置きながら，(1)移住に際しての家族内成員および家族成員外との相談，(2)田畑，山林，屋敷地，家屋，墓の処理，(3)地域社会による移住の承認，(4)移住地の選択とその理由，の4点において，都市移住の意思決定過程を考察したい。

　まず，(1)移住に関する相談状況をみてみよう。移住の相談は，家族内成員との相談と家族外成員との相談とに分けてみた。家族内成員との相談は，単身者と不明を除く27世帯のうち，18世帯において家族内成員による反対がなく，9世帯において反対がみられた。家族成員内に反対があったとするこれら9世帯について，その反対理由をみると，「農業経営の失敗，商売の失敗により借金が残るから」(3) という経済的な理由もさることながら，なんといっても家の継承にかかわる「長男で家のあとりであるから」(5)，「婿養子であるから」(1)，といった理由がやはり注目された。家族成員内の反対は，予想された以上に少ないとはいえ，これらの反対理由を事例的にみるとかなり厳しい葛藤がみられた。たとえば，借金を背負った既婚子が老親を残して移住した場合であるが，都市移住に反対しながらも，老親自身はともかく，妻子は同行させるようにと説得し家族解体をくいとめた事例があった。また，婿養子であるために，何代も続いた「家」を断つことに，夫婦の間に合意はあっても，親との

確執に苦慮し，すべての移住準備を終了したぎりぎりの時点で，親を説得した事例がみられた。さらには，長男であり「家」のあととりといった伝統的規範が，世代間の断絶を生み，修復しがたい亀裂から，若い世代が問答無用として飛びだした場合もあった。

　このような葛藤状況は，家族成員内との相談にとどまらない。家族成員外との相談においても程度の差こそあれうかがわれた。そこで移住の相談を家族成員外にしたかどうかを問うと，20世帯が相談していた。このうち，18世帯が親族に，2世帯が友人に相談をしていた。もとより相談すると反対されるから，あえてしなかったとするものも数世帯みられた。ともあれ相談した20世帯についてみると，8世帯が明確に反対され，5世帯が賛成され，残りは必ずしも明確ではなかった。反対された8世帯には，家族内成員からの反対もあった3世帯が含まれていた。逆に家族成員内から反対はなかったが，家族成員外の親戚から反対されたものが5世帯あった。家族成員外の反対がみられた事例では，興味深い点がうかがわれた。すなわち，家族成員外から反対された8世帯のうち当該世帯主が養子，婿養子といった場合に，強い反対がみられた。たとえば，⑦（以下面接しえた対象家族は○印を付した数字で示す）は婿養子であったことから，世帯主の兄とオジ（2人）の3人立会いのうえ4日間話し合いをしていた。㉞は，結婚期にある長男が養子であったことから，何日も何日も話しあったが，養子から移住を認めてもらえない限り「養子縁組解消」を持ち出され，止むを得ず涙をのんで意向に従っていた。同じ集落内にいた近接居住の世帯主の兄は，そうした状況に苦慮して断固，移住に反対していた。

　⑳は隣接集落からの養子であったが，実家の世帯主の兄から「出て何をするのか，出ると先祖のバチがあたる」と強く反対されていた。④は「とり子とり婿」であったことから，妻の父母，オジから「雄鹿原にいるとなんとか食べていけるから出ないように」と諭されていた。このように家族内に養子・養女・婿養子といったin-lawの関係がみられる時，家族成員外，とりわけ親戚の強い反対がみられた。いわゆる義理の関係は，家族が重大な意思決定を要求される出来事に遭遇した時，いっそう顕在化するようである。もっとも㉑のように，ブラジル移住の大望を都市移住に切り換えることによって，隣接集落の妻の両

親の反対を押しきった場合があった。また㉙のように，老親との確執が修復しないことから，世帯主の年長のイトコを介して調停を図りつつ，2人の娘のうち長女を老親と共に残留させながら，一定の猶予期間の後，老親ともども長女をひきとるという，都市移住に伴う困難な課題を克服した事例がみられた。なお，特定の家族形態によって家族成員内外の反対があったというわけではないように思われた。

以上のような反対事例に対して，少数ではあるが賛成事例もみられた。⑤⑥⑩は，いずれも親族に相談していた。これら3世帯は，経営規模が小さく，農業による将来的展望が困難であるという点では共通していた。さらに，相談された親族は，いずれも都市の親族であり，彼らは都市移住をうながしていた。また，⑤⑨の場合，住居と職業の保証を相談相手となった都市の親族がしていた。これらに対して，親族ではないが，友人と知人に相談した㉖㉛の場合，友人・知人が都市の親族と同様の役割を果たし都市移住を容易にしていた。

都市移住の意思決定に伴う緊張と葛藤は，少数事例からも容易にうかがい知ることができる。ところで，対象家族は，農家の相続世帯が大部分を占めていたから，いわゆる相続と継承に深くかかわる田畑，山林，屋敷地，家屋，墓の処理は，移住に際して看過しえない意思決定の内容をなしていた。これらを対象家族はどのように処理しつつ，都市移住したのであろうか。すでに前節において，田畑，山林，墓の残存の有無を概括的に言及したが，ここでは，さらに掘り下げて処理の内容を検討しておきたい。

田畑，山林，屋敷地，家屋，墓それぞれの処理状況をみると，表2-26に示すように，田畑，屋敷地，家屋がもっとも多く売却処分されていた。同じ不動産のうちでも田畑，屋敷地は山林に比べてより売却処分の対象になっていることがわかる。これは山林に比べて田畑，屋敷地は，人々の日々のきめ細い手が加えられなければ荒廃が激しくなり，こうした理由から売却されることが多くなったものと思われた。これに対して山林は，俗に「親子孫三代にわたる（親の代に植林して孫が伐採する）」といわれ，一定期間の植林，下草刈り，枝打ちがなされると，あとは木の成長を待つことがむしろ楽しみとされた。山林の場合，一部の売却処分にとどめられることが多いのは，こうしたことの現われ

表 2-26　田畑・山林・家敷地・家屋・墓の処理状況

	残存	一部売却	全て売却	移設	新設	計
田　畑	8	8	16			32
山　林	13	14	5			32
屋敷地	14	2	16			32
家　屋	12	1	9			32
墓	24	—	—	8	1	33

注）不明は除く。

かと思われた。事実，改めて第3章において言及するが，都市移住者と出身地域との交流の機会に，山仕事をあげるものがみられた。

このような不動産に対して，墓は性格が異なるとはいえ，対象家族34世帯中24世帯が移住後もそのまま残していた。墓は世代を超越し過去と未来に連なる性格をもつものだけに，移住家族にとってその管理と世話は，果たされなければならない重要な役割であり義務でもあった。相続世帯が大多数であった移住家族においては，このことがいっそうあてはまるものと思われた。これも次章で改めて詳述するが，墓を移設すると故郷との交流機会がなくなるから残しておきたいとする意見がかなりみられた。これらの意見がこのような処理状況に反映しているものと思われた。

ところで，もっとも多く売却処分された対象の田畑，屋敷地，家屋を中心に，その売却先をみてみると，いずれにおいても親族より親族外に売却されることが多かった（表2-27）。しかしそれでも，先祖から継承してきた不動産を他人に売却することのうしろめたさはおおいがたく，売却先を親族に求めるものが3分の1近くあった。また親族以外といってもそれは主に同じ集落内のムラ人，雄鹿原地区の住民，隣接町村の住民といった近接居住者に売却されていた。ここにはたとえ他人であっても，見知らぬ人よりは熟知した人へという意識が働いているように思われた。たとえば，⑤は1962（昭和37）年に，田40a，畑20a，山林2ha，これに家屋と屋敷地を含めて，隣接する八幡地区からの町内移住者に約50万円で売却していた。④は1963年に，田1ha，畑15a，家屋と屋敷地，農機具，家財道具を含めて60万円で隣接美和地区からの町内移住者に売却した。⑱は1962年に，田60a，畑6a，家屋，屋敷地を隣接集落の

表 2-27 田畑・山林・家敷地・家屋・墓の処理方法と処理対象

		売却	貸す	耕作依頼	管理	計
田　畑	親族	8			2	10
	親族外	15	1	3		19
	社会的機関	1				1
	計	24	1	3	2	30
山　林	親族	4			2	6
	親族外	7				7
	社会的機関	5			2	7
	計	16	—	—	4	20
屋敷地家屋	親族	5			1	6
	親族外	13	1			14
	社会的機関					—
	計	18	1	—	1	20
墓	親族				1	1
	親族外					—
	社会的機関					—
	計	—	—	—	1	1

者に40万円で売却した。これら3事例はいずれも豪雪前の都市移住であるが，このような状況は，1971年に田50a，畑3a，そして家屋，屋敷地，家財道具，農機具すべてを含み隣接集落の親族に120万円で売却し，都市移住した㉓の場合においてもみられた。

　田畑，家屋，屋敷地に対して山林は，すでに第1節で述べたごとく，主に町外資本および県に売却がなされた。そして山林の売却価格は，若干の変動はあるが，昭和30年代（1955～），40年代（1965～）では坪500円前後であったといわれた。なお山林，田畑，屋敷地等の不動産の処理方法では，売却以外の他の処理方法は少なかった。

　このような不動産の売却処分によって得られた売却金は，改めて第3章で詳述するが，都市移住家族にとって，移住後の生活費と住宅・土地取得に活用されることが少なくなかった。ちなみに，売却金を移住後の住宅・土地の購入資金にしたものは，34世帯中13世帯の約3分の1にみられた。昭和30年代後

半〜40年代前半における広島市の旧市内の地価は，比較的安いところで坪当り2万円前後であり，移住家族の1ヵ月の生活費が平均的に3万円〜4万円であったことを考えあわせると，先にみた売却金はさほど大きな余裕のある貯えとまでいかないと思われた。それでも売却金は，移住後の当面の生活費と住宅資金の一部に活用されうる金額であったことは否定できない。

移住への動機付けにはじまり，家族内成員ならびに家族成員外との相談を経ながら，田畑，山林，屋敷地，家屋の処分をすませると，地域社会による都市移住の承認がさらに必要となった。対象家族は戦前からの居住者であり，相続世帯が大部分であったことから，地域社会とのかかわりを抜きにして都市移住することは，慣れ親しんだ人々への義理を欠くことになりかねないし，山村社会における権利と義務を曖昧にするものであった。したがって，都市移住に際して地域社会の承認を得ることは，移住家族の意思決定の社会的表明であるといえるであろう。

そこで都市移住に際して，当該対象家族が地域社会の承認を得たかどうかを尋ねたところ，承認を得たものは15世帯あった。この数値は予想外に少ないと思われた。承認を得るものが少ない理由として，ひとつに，都市移住家族が地域社会の承認を得ると帰郷しにくくなるということ。ふたつに，墓，山林をはじめ，田畑等を残しているものがかなりあり，移住後もなんらかの交流が継続することが予想されたために，あえて挨拶をしなかったということが考えられた。実際，このような意見を述べるものが少なくなかった。しかし，老親が残留していた場合，先に移住した既婚子たちが，たとえ地域社会の承認を得なかったにしろ，この老親が最終的な挨拶を，程度の差こそあれ，なんらかしているのが実情であった。あるいはまた，移住後，老親の不幸を機会に，出身地域への挨拶をしているものもみられた。こうしてみると，移住家族の地域社会における承認のあり方は，必ずしも一様ではないことがわかる。そこで，こうした点はともかくとして，都市移住時点で地域社会への挨拶を通じて地域成員としての地位を明確に解消し，権利と義務を放棄することになった15世帯を中心にみておこう。

地域社会の承認を得た15世帯についてみると，地域社会への挨拶は，移住

家族のもつ移住時の世帯形態，地域社会での役職経験の有無，集落それ自体の共同体的性格の強弱といったことよりも，当該移住家族それ自体がもつ地域社会に対する態度によるところが大きいように思われた。地域社会への義理を欠かないようにする配慮の現われが，都市移住家族による出身地域社会への挨拶となり，都市移住の地域的承認につながっているようであった。

　地域社会における承認は，出身地域では次のようになされる場合が多かった。すなわち，芸北地域ではムラ人が一同に会する重要な機会は講であり，講には宗教的な意味あいと共に余暇的娯楽的な要素も加わるから，都市移住の挨拶はこの講の開催を利用して行われることが多かった。そこでの挨拶は「休ませていただく」という。「いろいろお世話になったが，従来のようなつきあいはこれからできません」という意味である。この時，移住者がムラ人の参集者に酒をふるまう。このような挨拶をしたことを芸北の人たちは「お茶をくんだ」といっている。したがって，お茶をくまなかった人は，地域社会への人々に対して義理を欠いたことになる。ある集落では，こうした義理を欠いた移住者を「逃げた人」と称することがある。参集者の数の多寡，配膳の質の差こそあれ，都市移住の挨拶はこうしてなされた。この結果，地域社会によって都市移住の承認がなされたことになる。橋山自治会，雲耕の報徳社に代表されるごとく，当該集落内の居住者のみ地域社会の成員とみなし，共有林をはじめ共有財産の利用に関する権利と資格が与えられると規約に明文化している集落では，都市移住は，文字通りこうした権利と資格を失うのであった。同時に義務も免がれるのである。「お茶をくむ」ことは，そうしたことの社会的承認であり，地域社会成員相互の地位と役割の確認を意味していたのである。

　挨拶という形による地域社会への承認を経たにせよ経なかったにせよ，移住先の選択は意思決定のうちでももっとも重要な課題であった。そこで，移住先の選択理由を最後にとりあげ，都市移住家族の成立過程の考察を終えることにしたい。

　移住先として広島市が選択された理由を尋ねたところ，表2-28に示すごとき結果が得られた。複数回答であるため総理由数は47となっているが，そのうち半数が「親族がいるから」をあげていた。これら親族では，他出既婚子

表 2-28 広島市選択の理由

親族がいた	24	(51.1%)
・既婚子と同居するため (9)		
・未婚子と同居するため (7)		
・その他の親族がいた (8)		
就業機会がある	12	(25.5%)
就学条件がよい	4	(8.5%)
その他	7	(14.9%)
計	47	(100.0%)

(9)，他出未婚子（7）が多かった。他出子が残留した親を呼ぶとともに，親もこれら他出子と同居するために広島市に移住した。このような意味での移住地選択理由は，前節でみた移住理由「高齢のため子供が呼ぶから」に相即している。

「親族がいる」につぐ移住地選択理由として，就業上の理由と就学上の理由が多くみられた。これらの理由も前節で言及した移住理由に相即している。これらに対して移住理由としてあげられた農業経営，自然環境，健康に関するそれぞれの理由は，少なくとも明確な広島市選択の理由としてあげられていなかった。したがって，広島市選択のもっとも重要な理由は，親族が存在すること，就業と就学の機会が多いこと，これら3点に集約しうるといっても過言ではない。

とりわけ広島市における親族の存在は移住地を左右する鍵要因と思われた。すでに言及したごとく，都市移住に関する家族成員外との相談は，大多数が親族との間になされていた。しかも，この相談相手として選択された親族に関して注目されるのは，出身地域を中心としたいわゆる山村の親族では，都市移住に反対するものが多いのに対して，広島にいる都市の親族では，都市移住に賛成するものが多いという対照的な態度がみられたことである。表2-29はこのことを端的に示している。山村の親族は，都市移住をひきとめる役割を果たし，都市の親族は都市移住を促進する役割を果たしたといってよい[31]。いずれにしても広島市にいる他出子と他の親族の存在は，都市移住家族の意思決定過程において，都市移住を成立させる都市の側のプル要因の一つとして作用してい

表 2-29 移住の相談相手として選択された主な親族

		山村の親族		都市の親族		計
		＋	－	＋	－	
夫方	父母		1		1	2
	兄		3	2		5
	オジ		2	1		3
	オバ			1		1
	オイ			1		1
	祖父の弟	1				1
	母のイトコ			1		1
	計	1	6	6	1	14
妻方	父母		2			2
	兄		1			1
	姉			1		1
	弟	1		1		2
	オジ		1	2		3
	イトコ	1				1
	計	2	4	4	―	10
合 計		3	10	10	1	24

注) 夫方,妻方は対象家族の世帯主夫婦を中心とする。
　　表中,＋(プラス)は移住に賛成,－(マイナス)は反対を示す。

たことがうかがわれたのである。最近時における都市移住論では,いわゆるプッシュ・プル仮説において経済的要因と並んで社会的・心理的な要因の重要性が指摘されるのは,このような移住地の選択理由にもうかがわれた[32]。

　以上,都市移住家族の成立過程を考察してきたが,都市移住家族の成立は,次のようなメカニズムを有していることが明らかにされた。すなわち,過疎山村である出身地域の社会構造によって押しだされる側面と,移住地のもつひきつける側面とに相互に関係付けられながら,なおかつ,当該移住家族それ自体の意思決定によって都市移住家族は成立する。換言すれば,都市移住家族の成立過程は,社会の側から説明されると共に,本節でみたような移住の意思決定の跡づけという,当該家族の内側からも説明されることによっていっそう明らかにされる。たしかに,従来の移住論では,押しだす側とひきつける側の社会

構造的なとりあげ方が支配的であるが，移住行動論の視点を導入する時，当該家族内の意思決定のあり方がいっそう重要視されるものと思われた。本節をはじめこれまでの各節における考察は，そうした課題に接近すべく努めたつもりである。

それでは，このようにして成立した都市移住家族は，果たしてどのような定着過程を展開するのであろうか。次章では，本節で取り上げた34家族に加えて，これら家族の定着過程を考察するうえで関連すると思われるいくつかの他の事例家族にも適宜言及しながら，本来の課題に集中したい。

注

1) こうした視点は，Hareven, T. K., 1977, The family life cycle in historical perspective, In Cuisenier, J. ed., *The Family Life Cycle in European Societies*, Mouton, pp. 339-352, に教えられるところが大きい。
2) 小山 隆「山間聚落と家族構成」『年報社会学』第4輯, 1936, 91-92頁.
3) 福島正夫『日本資本主義と「家」制度』東京大学出版会, 1967, 322-326頁. 柿崎京一「資本制成立期の白川村「大家族」の生活構造」『村落社会研究』第11集, 御茶の水書房, 1975, 115-116頁.
4) 野尻重雄『農民離村の実証的研究』(昭和前期農政経済名著集10), 農文協, 1978, 63-75頁, 264-299頁, 466-487頁.
5) 天間 征『離農』日本放送出版協会, 1980.
6) 前田博彦「挙家離村」, 益田庄三編著『村落社会の変動と病理』所収, 垣内出版, 1979, 96-115頁.
7) 松本通晴「離村者の生活」, 喜多野清一編『家族・親族・村落』所収, 早稲田大学出版部, 1983, 273-301頁.
8) Arensberg, C. M. & Kimball, S. T., 1968, *Family and Community in Ireland*, Harvard U. P., Chap. 4, Chap. 6, Chap. 8.
9) Humphreys, A. J., 1966, *New Dubliners*, Routledge & Kegan Pauls, Chap. 3〜Chap. 6.
10) Lewis, O., 1952, Urbanization without breakdown: A case study, *Scientific Monthly* 75: 31-41.
11) Simić, A., 1973, *The Peasant Urbanities*, Seminar Press.
12) Sorokin, P., Zimmerman, C. C. & Galpin, C. J., 1965, *A Systematic Source Book in Rural Sociology*, Vol. III, Chap. xxii, University of Minnesota.
13) Schwarzweller, H. K., Brown, J. S. & Mangalam. J. J., 1977, *Mountain Families in Transition*, The Pennsylvania State U. P.
14) そうした中で, 藤見純子「親族関係と地域移動」『社会科学討究』26-1, 1980, 1-41頁,

は興味深い.
15) 東畑精一編『日本農業の変革過程』岩波書店, 1968, 序文.
16) 斉藤晴造編著『過疎の実証分析』法政大学出版局, 1976. 福武 直「農村の社会問題」『福武直著作集6』所収, 東京大学出版会, 1976, 86頁. 中国新聞社『中国山地』上・下, 未来社, 1967〜68, に挙家離村の事例が多くみられる.
17) 今井幸彦編『日本の過疎地帯』岩波新書, 1968.
18) 国立国会図書館調査立法考査局『人口移動と地域課題』(1969) では「農村における『過疎』と『過密』とが同時に一つの県内で発生しており, 日本の縮図ともいうべき広島県を選定したのは, 『過疎』と『過密』の直接的な因果関係を能率的に究明できるのではないかと予想したからであった」(1頁) とある. なお, 芸北とは一般的に広島市を中心とする安芸地区の北部一帯, 島根県に接する中国山地の山間地域をさす. これに対して, 福山市を中心とする備後地区の北部一帯は備北という.
19) 雲耕については, 拙稿「過疎地域における山村の統一と再編成」『広島修大論集』22-1, 1981, 121-159頁. 政所については, 米村昭二「芸北一山村の家族と親族」『北海道大学文学部紀要』30-2, 1982, 231-271頁.
20) 拙稿, 前掲19), 156-157頁.
21) 大元もこのタイプに含みうるが, 宮地同様, 集落範域の変動がみられたり, 非農家の移動があり, やや曖昧な点がみられたことから, ここでは亀山を代表的に位置付けておく.
22) 雄鹿原村史編纂委員会編『雄鹿原村史』芸北町役場, 1978, 106-110頁, 294-330頁.
23) 前掲22), 733-736頁.
24) 拙稿, 前掲19), 157頁. 米村昭二, 前掲19), 258-259頁.
25) この他に隠居慣行と思われる「部屋」と称されるもの, 引揚げ者, 死絶家, 移動的な非農家もみられたが, いずれも明確に確認しえなかった世帯はすべて除いている. したがって, 表2-1の戸数変化と必ずしも合致していない.
26) ここでは, 段階移住は家族成員の誰かが先に移住し, その後, 他の残留成員を呼び寄せることを指している. Schwarzweller, H. K. et al. 1977, op. cit., pp. 117-118 では, 段階移住に該当するタイプを two-phase pattern とし, 挙家移住を uprooting pattern としている. Browing, H. L. & Feindt, W., 1971, The Social and economic context of migration to Monterrey, Mexico, In Rabinovitz, F. F. & Trueblood, F. M. eds., *Latin American Urban Research* 1, Sage Pub., p. 59 では, split type としている. より一般的には chain migration が用いられているようである. たとえば, Price, C., 1969, The study of assimilation, In Jackson, J. A. ed., *Migration*, Cambridge U. P., pp. 210-212.
27) この点, 挙家離村という概念は曖昧であり, 出身地域を基点にしそこから世帯全成員が離れることを示し得ても, 挙家のプロセスと移動先は明らかにしえない. 移住形態として概念化されると曖昧さはかなり克服される.
28) 相続世帯, 創設世帯の概念は, 小山 隆「相続世帯と創設世帯における親族関係」『人文学報』(東京都立大学人文学部) 40, 1964, 3-4頁を参照.
29) 野尻重雄, 前掲4), 73-74頁.

30) Mangalam, J. J. & Schwarzweller, H. K., 1970, Some theoretical guidelines toward a sociology of migration, *The International Migration Review* 4, p. 11, では移住の意思決定の重要性を強調している. Rossi, P. H., 1955, *Why Families Move*, Free Press, は家族の移動理由をもっとも明確にした数少ない研究である.
31) Schwarzweller, H. K. *et.al.*, 1977, *op. cit.*, pp. 108-109, では移住を鼓舞するのはきょうだいであり, 移住をとがめるのは親である場合が多いことを示している. また親族と友人が移住を引きおこす「引き金」(trigger) となることは, Taylor R. C., 1969, Migration and motivation: a study of determinants and types, In Jackson, J. A. ed., *Migration*, Cambridge U. P., p. 127, にみられる.
32) Jackson, J. A., 1969, Migration-editional introduction, In Jackson, J. A. ed., *Migration*, Cambridge U. P., p. 7. Schwarzweller, H. K. *et al.*, 1977, *op.cit.*, p. 216, では移住の最終決定要因は非経済的要田であるといっている. Butterworth, D. & Chance, J.K., 1981, *Latin American Urbanization*, Cambridge U. P., p. 47, では都市移住の第一要因は親族の存在の有無であるといっている.

第3章

都市移住家族の定着過程

第1節　移住地の概況

　1945（昭和20）年8月6日，原爆によって20万人余を一瞬のうちに失い，焼土と化した広島市は，いまわしき過去を背景に想像を越える目ざましい復興をみせてきた。戦前の半数以下に激減した人口は，昭和30年代に入ると，戦前の規模を追い越し，1983（昭和58）年10月の調査時現在，34万世帯，人口92万人を数えるに至った（表3-1）。この間，1980年4月1日に全国10番目の政令指定都市となり大都市の仲間入りを果たした。広島市のこのような急激な都市成長は，周辺町村との合併および農山漁村からの人口流入によってもたらされたところが大きい。

　前者についてみると，広島市とその周辺町村との合併は，戦後38年間に16ヵ町村との間になされた。そのうち1971年～1975年のわずか5年間に，実に13ヵ町村との合併が集中した[1]。強力な合併促進が進行し，市域は，戦前の69 km^{2}から676 km^{2}へと一挙に10倍も拡大すると共に，この期に人口は約30万人も増加した。後者の人口流入に関していえば，県内総人口数の約3分の1強を占める広島市への人口集中は，いわゆる市部人口の増加を端的に示すものであった。1955年以降，増加の一途を辿る県内における市部人口は，1970年には7割を超えた。この間，市部人口は36万人増加したのに対して，郡部人口は7万4千人減少した。

　市部人口の増加と，他方で郡部人口の減少は，県内12市中10市が県南に集中することから，県北郡部の過疎化をきわだたせることになった。広島県では，

表 3-1　広島市の世帯数と人口の変化

	世　帯　数	人口数（人）
1889 年	23,824	83,387
1902 年	34,526	117,760
1912 年	45,205	155,697
1920 年	37,339	153,504
1926 年	51,627	205,785
1935 年	81,629	327,472
1940 年	99,386	408,007
1946 年	41,906	171,902
1950 年	73,006	288,003
1955 年	96,897	374,794
1960 年	125,080	445,727
1965 年	163,039	524,558
1970 年	191,393	558,014
1975 年	306,389	846,373
1980 年	326,086	899,399
1983 年	341,177	921,185

注）昭和 58 年版『広島市統計書』。

　県内 12 市 75 ヵ町村中，県北の大半を占める 1 市 48 町村が過疎地域に指定された。人口構成からみても，県北諸地域の過疎化に伴う老齢化は顕著であり，老年化指数は県全体が 43.1，広島市は 30.7，市部 38.0 であるのに対し，郡部は 56.8 とかなり高い[2]。他方，15 歳～64 歳までのいわゆる生産年齢人口は，市部が 72.4% であるのに対して，郡部は 27.6% と低く，きわめて対照的である。

　上にみた広島市の人口成長は，広島市のもつ都市機能，とりわけ経済的な吸引機能によるところが大きい。そこで，広島市の産業構造をみておくと，昭和 30 年代では，第一次産業の衰退が顕著であるが，これとは裏腹に第二次産業と第三次産業が増加した。とくに第三次産業は飛躍的に増大し，高度経済成長期の特徴がうかがわれた。昭和 40 年代に入ると，第二次産業が伸び悩み停滞するのに対して，第三次産業が加速度的に増大した。こうした傾向は昭和 50 年代に入りますます顕著となった。1980 年 10 月では，第一次産業はわずか 2.8% にすぎず，第二次産業が 29.6% にやや減少するのに対して，第三次産

表 3-2　広島市の産業別就業者数の推移

	第一次産業	第二次産業	第三次産業	総　数
1950 年	41,332 (24.1%)	47,670 (27.8%)	82,242 (48.0%)	171,378 (100.0%)
1955 年	36,372 (17.6%)	53,564 (26.0%)	116,326 (56.4%)	206,291 (100.0%)
1960 年	30,348 (11.7%)	87,489 (33.7%)	141,964 (54.6%)	259,831 (100.0%)
1965 年	23,550 (7.2%)	115,194 (35.1%)	189,081 (57.7%)	327,949 (100.0%)
1970 年	19,164 (5.0%)	132,157 (34.5%)	231,415 (60.4%)	383,010 (100.0%)
1975 年	13,419 (3.3%)	137,123 (33.5%)	256,928 (62.8%)	408,898 (100.0%)
1980 年	12,036 (2.8%)	126,033 (29.6%)	286,497 (67.4%)	425,088 (100.0%)

注）昭和 55 年版，58 年版『広島市統計書』より整理。ただし，総数は分類不能の産業を含む数値である。

業は 67.4% と 7 割近くまで達した（表 3-2）。

　広島市のこのような産業構造の変化は，広島市の産業化が，昭和 30 年代における自動車，造船，機械工業，石油化学の四大部門を回転軸として大きく展開してきたといわれることに依拠している。昭和 30 年までは工業復興の再編期，30 年代の三井・三菱資本による重化学工業を中心とした港湾求心的な臨海性工業の進展期，40 年代の広島湾工業地帯の広域都市圏への分散期にそれぞれ対応してきた。昭和 40 年代の分散期は，30 年代の港湾中心の工業配置が広島市を中心として，西は県内大竹市，山口県岩国市に，東は県内呉市および福山市，さらには岡山県水島へと東西方向に拡がったのに対して，発展軸が北の方向に転じ，中国山地に向う国道 54 号，国鉄可部線，芸備線沿いに拡張することになった。それに伴い，衣服，繊維，出版，印刷，電気機械，金属製品，鉄鋼，輸送用機器などの都市型工業の事業所が飛躍的に増大した[3]。このことは，昭和 35～54 年までの 20 年間の産業別工業製造品の出荷額にも表われている（表 3-3）。

　このような産業配置の転換は，昭和 50 年代には加速化し，第三次産業における金融サービス部門の付加価値をますます高めることになった。したがって，表 3-4 にみる事業所数ならびに従業者数も上にみた経緯に照らして，事業所数では，広島市は，1960 年の県全体比 22.8% から 1969 年に 29.2%，さらに 1981 年には 34.6% へと増大した。従業者数では，県全体に占める広島市の位置付けはさらに大きく 4 割近くにまで達した。昭和 30 年代以降，顕著になっ

表3-3 広島市の産業別工業製品出荷額（単位：百万円）

	1960年	1979年	1960年→1979年
総額	64,802	1,447,754	22.3倍
輸送用機器	3,309	682,793	206.3
衣服・繊維製品	588	15,061	25.6
電気機械	1,476	28,666	19.4
鉄鋼業	1,443	22,966	15.9
出版・印刷	3,239	46,403	14.3
一般機械	19,790	276,157	14.0
化学工業	1,489	19,672	13.2
食料品	11,885	156,715	13.2
皮革・同製品	158	1,710	10.8
非鉄金属	822	8,881	10.8
金属製品	4,797	47,802	10.0
窯業・土石製品	1,364	13,420	9.8
家具装備品	2,189	19,044	8.7
木材・木製品	4,896	41,171	8.4
ゴム製品	1,869	15,577	8.3
パルプ紙加工品	1,505	10,847	7.2
石油・石炭製品	262	1,702	6.5
精密機器	201	834	4.2
繊維工業	1,392	3,037	2.2
その他の製造業	2,128	35,296	16.6

注）『全国都市統計総覧』東洋経済新報社，1982年より整理。

表3-4 広島市の事業所数と従業者の推移

	事業所数	従業者数
1960年	22,686 (22.8%)	208,132 (32.3%)
1969年	33,987 (29.2%)	337,369 (34.9%)
1975年	41,793 (32.3%)	415,575 (36.1%)
1981年	51,555 (34.6%)	480,078 (39.0%)

注）広島県統計より整理。カッコは広島県全体に対する広島市の占める割合。

た県内農山漁村からの県南の港湾都市，広島市への人口移動は，このような就業機会のプル要因が大きく作用している。加えて，戦前からの消費型都市の性格による高次の行政機関，高等教育機関，総合病院等の各種の社会的機関，さらには戦後の平和都市宣言にもとづく国際的な文化団体並びに機関の存在が，

広島県における広島市の占める比重をいっそう増大させると共に、単に県内への影響の増大にとどまらず、中四国地方におけるいわゆる中核都市としての性格をますます強めることになった[4]。芸北山村からの都市移住家族は、こうした広島市の産業化に伴う都市成長の影響を大きく受けてきた。

第2節　移住家族の分布と住宅取得

　広島市における対象移住家族の分布状況は、図3-1に示すごとく、芸北に近い安佐北区、安佐南区、そして西区の三つの行政区域に半数以上の23家族が居住している。これに対して、芸北からより離れる中区、南区、東区には11家族が居住し、もっとも遠い安芸区はゼロである。移住家族が多い安佐北区、安佐南区は、いずれも新市内であり、昭和40年代以降の人口増加による都市化が急速に進行した地域である（表3-5）。これら二つの地区には、1965（昭和40）年以降移住してきた17家族中11家族が居住している。他方、旧市内の西区、中区、東区、南区の4地区には、1964（昭和39）年以前の比較的早い時期に移住してきたものが多く、17家族中12家族を占めている。もっとも、移住直後は旧市内に居住し、その後新市内に転居したものが5家族ある。逆に、新市内から旧市内に転居したものは1家族にすぎない。このように昭和30年代の移住家族は旧市内に、昭和40年代以降の移住家族は新市内に、という移住家族の分布と移住時期との対応関係がみられた。

　このような対応関係に加えて、移住家族の分布状況は、芸北の人々の旧来の往来事情、地価によってもまた影響を受けているように思われた。たとえば、往来事情についてみると、俗に「芸北人は太田川西岸に、備北人は太田川東岸に多い」といわれる[5]。これは芸北から広島市への旧来の往来事情を表わすと共に交通経路をいいあてている。芸北から広島市に向かう時、中国山地の山あいをつき抜け、やっと市街地が広がるところが広島市の北の玄関口、安佐北区可部町である。ここから太田川の右折に伴い、左岸は安佐北区高陽町に、右岸は安佐南区佐東町、同安古市町、同祇園町、そして西区横川町へとつながる。この太田川右岸沿いに芸北の人々の交通経路が集中する。この経路には、広島

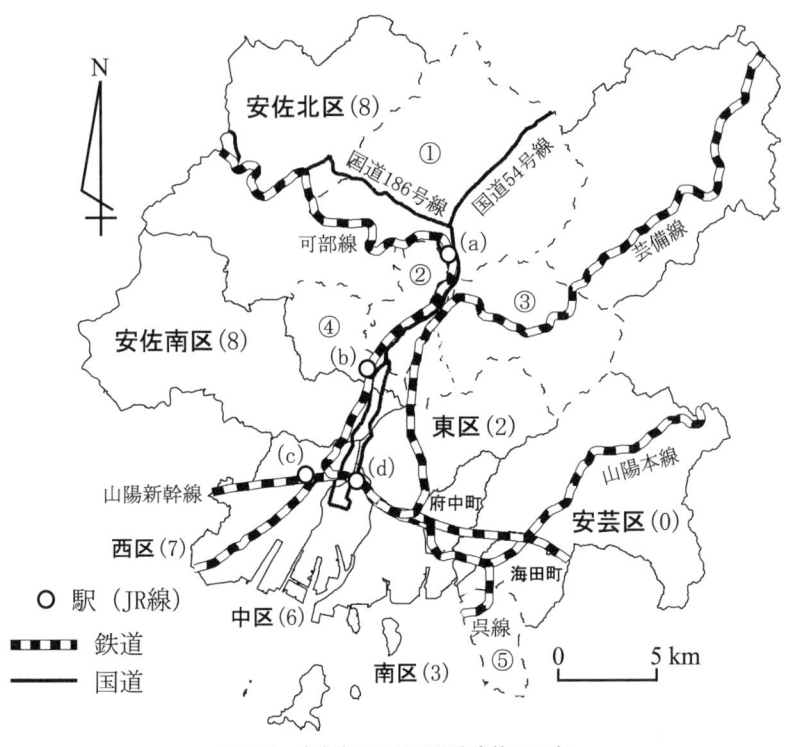

図 3-1 広島市における移住家族の分布
①～⑤は合併前の町名
　①可部町，②佐東町，③高陽町，④安古市町，⑤矢野町
(a)～(d)は主要駅（JR 線）
　(a)可部，(b)古市，(c)横川，(d)広島

市—島根県浜田市間の国道 186 号，それに連結する国道 54 号，さらに国道に並行して芸北と可部町のほぼ中間にあり，近世より明治期に至るまでタタラの集散地として栄えた谷あいの田舎町加計町と，西区横川町とを結ぶ JR 可部線がある。国道，JR いずれもが太田川沿いを走っている。

　路線バス，国鉄（現 JR）が開設される以前の昭和 20 年代までは，芸北から広島市まで徒歩で 2 日がかりであった。明治—大正期では，加計町から可部町経由の川下りが利用されることもあった。太田川の水の流れは，芸北山村と瀬戸内を結ぶ人の流れ，車の流れ，物資の流れとなってきたのである。都市化

表3-5 広島市における行政区別人口とその推移

年次	全市	中区	東区	南区	西区	安佐南区	安佐北区	安芸区
	実　数							
昭和35年	557,988	150,051	45,113	143,714	97,880	40,026	48,690	32,514
40年	657,366	167,682	61,527	164,177	119,067	56,060	49,016	39,837
45年	746,287	155,914	88,580	171,615	139,293	83,779	55,978	51,128
50年	852,611	148,192	110,374	167,784	148,979	131,374	83,100	62,808
55年	899,399	138,486	117,286	151,534	155,352	157,728	113,238	65,775
	増加率（％）							
昭和35～40年	17.8	11.8	36.4	14.2	21.6	40.1	0.7	22.5
40～45年	13.5	△ 7.0	44.0	4.5	17.0	49.4	14.2	28.3
45～50年	14.2	△ 5.0	24.6	△ 2.2	7.0	56.8	48.5	22.8
50～55年	5.5	△ 6.5	6.3	△ 9.7	4.3	20.1	36.3	4.7

注）昭和58年版『広島市統計書』。表中，安佐南区，安佐北区，安芸区の3区は，広島市との合併前における自治体の行政区域を政令指定都市後の行政区に組み替えて整理。

の流れ，産業化の流れ，そして近代化の流れは，逆に太田川の下流から上流へと波及していったともいえるであろう。ともあれ，安佐北区可部町，安佐南区佐東町，同安古市町，同祇園町，西区横川町に連なる広島市北西部の太田川西岸一帯は，芸北の人々にとっては旧来の往来経路であり，なじみやすい地域となっていた。見知らぬ都市社会において比較的親しみやすい地域が移住家族の居住地として選択されるのは，単に出身地との距離だけにとどまらず，上にみた旧来の往来事情，交通事情を考えあわせることが必要かと思われる。

ところで，地価に関しては，旧市内居住17家族のうち持ち家の13家族について，まずみると，移住当時，旧市内でも比較的地価が低廉であった中区吉島，同江波，西区観音に居住しているものが半数の7家族を占めている。1例を示すと，④（以下，面接調査終了の場合○を付す。○内数字は対象移住家族を，アルファベットは対象家族外であるが関連家族を示す）の場合，1957年に30坪の土地を坪当り2万5千円で購入し，㉖は1961年に60坪110万円，⑱は1962年に27坪を1坪1万円で購入した。調査時点では，いずれも10倍以上の地価の上昇がみられた。これに対して新市内の場合，いずれも昭和40年代

以降になるが，⑳は安佐北区に1965〜1966年に1坪4,500円で96坪を購入した。⑦は安佐南区に1967年に1坪2万5千円で60坪を，⑭は安佐北区で1975年に100坪を550万円で購入している。新市内は旧市内に比べて，地価がやや安く，それだけ広い土地を求めることができている。建売り住宅では，西区の㉒の場合，1964年に10坪145万円であったのに対して，安佐北区の㉓は1970年に26坪350万円で，安佐南区の㉙の場合，1972年に35坪550万円でそれぞれ購入した。しかし，新市内でもいわゆるオイル・ショック以降，地価は急激に高騰した。たとえば，安佐南区の⑨⑬らはいずれも30坪の建売り住宅を，前者が1975年に1,050万円で，後者が1979年に1,700万円でそれぞれ購入した。

　いずれにしても，このように地価の比較的低廉な地域が新市内であり，しかも芸北に近い旧来の往来事情に親しんだ地域であっただけに，移住家族の多くがそうした地区に居住している。もっとも，旧市内を選択したものでは，昭和30年代の移住家族が多いだけに，同じ都市移住するのなら，当時，田園風景がなお残る新市内地域よりはむしろ，都市的環境をもつ旧市内へという意識が働いたという意見もあった。これは移住家族を旧市内にひきつける一因になったものと思われる。

　都市移住家族の分布をみる時，移住時期，芸北からの距離，旧来の往来事情，地価といった諸要因が，住居地の選択行動に影響を及ぼしていることは否定できない。しかし，住居地の選択行動への影響は，上にみた以外の他の要因を考えることができないであろうか。山村人の社会的性格が，お互い熟知しあった人には開放的であっても，見知らぬ異邦人の都市人には閉鎖的であるとすれば，都市移住は移住者に緊張や不安をいだかせるものと思われる。本稿の考察対象のように，都市移住者が個人ではなく家族である場合，なおいっそうの配慮がなされたものと思われる。このように考える時，移住家族が住宅の確保に際してもつ緊張と不安はどのように軽減され解消されていくのか，検討する必要があろう。そこで以下では，移住家族の住宅・土地の取得経緯を跡づけることによって上の課題に接近してみたい。

　表3-6は，移住家族の住宅・土地の取得経緯における仲介者が誰であったか

表 3-6 住宅・土地の取得経路

		移住時	移住後	合計	
持家	親族	5	7	12	(27.9%)
	友人・知人	3	4	7	(16.3%)
	社会的機関	7	17	24	(55.8%)
	計	15	28	43	(100.0%)
借家借室	親族	10	1	11	(45.8%)
	友人・知人	6	3	9	(37.5%)
	社会的機関	2	2	4	(16.7%)
	計	18	6	24	(100.0%)
合計	親族	15	8	23	(34.3%)
	友人・知人	9	7	16	(23.9%)
	社会的機関	9	19	28	(41.8%)
	計	33	34	67	(100.0%)

注) 移住時は最初の住宅, 移住後は転居後, 調査時現在に及ぶ, 社会的機関は不動産会社, 建設会社等である。なお集計は不明を除いている。

を, 最初の住宅の場合と転居後調査時に至る場合とを時系列的に比較したものである。これによると, 最初の住宅・土地の取得は, 複数回答であるが, 34家族中約半数の15家族が親族を通じて取得していたことが注目される。これに対して, 友人・知人, 社会的機関（不動産会社・建築会社等）を介した家族はそれぞれ9家族にとどまった。親族の仲介では, 情報の提供（8家族）, 仮寓による住宅の提供（5家族）, 購入資金援助（4家族）が主な内容であった。

たとえば, ④の場合, 1961年に世帯主（1929年生）が単身で一足早く都市移住をし, すでに広島市に居住していた長兄Ｆ宅に2年間同居していた。その間, 長兄を介して広島市農協に就職すると共に, この長兄により不動産会社の紹介を受け, 現住地を選定した。そして住宅を建築した後, 妻, 養母, 就学期にある子供3人, 都合5人を改めて呼び寄せた。さらにこのＦの末弟である㉕（1934生）は, 1963年に妻, 父母, 就学前の子供2人の6人で都市移住をしたが, この場合も長兄によって土地の選定がなされた。しかもそれは, 次兄の④とは徒歩で5分以内のところである。㉕は都市移住に先立ち, すでに芸北で家の改築を予定し持ち山から木を伐採し角材にしていた。しかし, 農業の見通し

の悪さ，㉕の妻の教職による農業労働への困難さを勘案した長兄が，同じ新築をするのなら広島に家を建てればよいではないかという説得によって，急遽，都市移住の方針が決定された，という経緯があった。村議を経験しムラ総代の経験者であった当時66歳の父は，老いては子に従うと，都市移住に賛同した。

　㉕の文字通りの挙家離村による都市移住は，長姉夫婦である⑥（1922年生）の都市移住を引き起こすことになった。⑥が1964年に都市移住したのは，妻の実家の父母をはじめとする男兄弟がすべて都市移住したことに加えて，すでに長女，二女が就職のため広島市に転出していたこと，中学修了の長男と中学生の二男に教育環境を整えること，世帯主自身の腰痛と高血圧によって農業労働に耐えられないこと，これらの点を考慮してのことであった。この⑥の場合，長女，二女は妻の弟である④宅に下宿をし，そこで残留家族員の到着を待った。その後，⑥は，妻の長兄（Ｆ），二兄（④），弟（㉕）を介して土地を妻の弟㉕の一軒隣に求め家を新築した。

　1966～67年にかけて都市移住した⑦（1922年生）は，妻と就学期の子供2人の3人が，当時西区に在住していた妻の弟（①）宅に一足早く仮寓していた。その後相ついで世帯主と母（71歳）が身を寄せた。⑦の場合，都市移住の理由は，子供の教育が第一であったが，すでに前章で言及したごとく，亀山でのスキー場経営と酪農経営導入にかかわる失敗も引き金になっていた。妻の弟宅に仮寓すること1年6カ月にして，1967年，彼らは安佐南区に雄鹿原(おがはら)出身のＳらと土地を共同購入した。当時家屋がまだまばらであり，坪当り2.5万円，建坪3万円であったという。調査時点では，きわめて交通事情はよく，バス停が玄関先にあることから，地価は坪単価40万円にも高騰した。ここから芸北行きの路線バス停は徒歩で10分であった。1967年当時，当該地区に雄鹿原出身者はほとんどみられなかったが，この⑦の居住を契機として，また⑦を媒介にして同郷人に住宅・土地の紹介がなされた。たとえば，かつて同居した妻の弟（①）夫婦は，今度は逆に，⑦と徒歩3分のところに，1975年に西区より転居してきたし，遠縁の⑤の長男Ｇは，⑦の紹介により徒歩5分のところに，1969（昭和44）年に建売り住宅を購入した。さらに⑦は，調査対象ではなかったが，雄鹿原出身のＭに住宅を紹介すると共に，住宅購入の保証人になっ

た。⑦が，安古市町古市は雄鹿原のようなものであるといっているのは，このような同郷の移住者間のネットワークに裏付けられているからであろう。

　上にみたように，移住後における最初の住宅や土地の確保は，親族を媒介にして取得されるパターンがこのように支配的であった。しかし転居後，調査時点に至る期間において，住宅や土地の取得パターンをみると，大きな変化がみられた。すなわち，最初の住宅や土地の取得経緯は，34家族中15家族において親族を媒介とするものであったが，転居以降では，親族を媒介したケースは，34家族につき判明しえた36件中わずか9件と少なくなった。これに対して，不動産会社を通じて取得した家族が19件と過半数を占めた。友人・知人を通じては7件となり，これは最初の場合とあまり変化がみられなかった。住宅取得の主要なパターンが，親族仲介から社会的機関へと移行していたのである。これに伴い住宅形態も持ち家が増大した。

　一例を示すと，1968年に夫婦と就学期の子供3人の5人家族で都市移住してきた⑥（1931年生）の場合，最初の住宅は安芸区に，世帯主のイトコの紹介で借家住いをした。当時，世帯主の月収が4万円であったのに対して，家賃が1万2千円であったことから就学期の子供をかかえた家族の生活は苦しく，妻のパート収入による家計補助と共に，田舎に保管してきた収穫米を毎月定期的に取りに帰ることによって，都市生活がかろうじて支えられたという。その後，10ヵ月して，安佐南区に妻のオバの紹介で間借りをした。部屋代が6千円であったことからかなり経済的余裕ができ，そこで5年間が経過した。この期間に住宅購入の頭金が貯えられ，1975年に不動産会社を通じて，1,050万円の建売り住宅を比較的近くで購入することになった。

　このような住宅や土地の取得経緯において，注目される点をいくつか指摘しておこう。そのひとつは，対象家族に持ち家が多く，しかもこの持ち家の成立に山村社会の特徴が反映されていることである。調査時点において，28家族が持ち家であり，借家・借室は6家族であった。持ち家のうち，移住と同時に持ち家となったものは10家族であった。持ち家でない6家族のうち3家族では，いずれも持ち家の既婚子との同居が将来予定されていた。したがって将来的な同居を加味すると，持ち家はさらに多くなる。このように持ち家が多いこ

とは，すでに前章第3節でふれたごとく，都市移住に際して，田畑，山林の売却金を住宅や土地の購入資金に充当したもの，さらに建築用材を残された持ち山から活用したものが13家族あったことと無縁ではない。とくに亀山からの移住家族では，13家族中7家族までが山の売却金を住宅や土地購入に投入していた。また橋山からの移住家族では，11家族中4家族が田畑・山林の売却金を住宅や土地購入に活用していた。山村からの都市移住家族は，山村出身者であるが故に，都市社会への定着が，住宅や土地の取得経緯において，山林を媒介にして支えられていたことの一端をうかがい知ることができる。

　第2に注目されることは，次節の職業生活にもかかわるところであるが，対象移住家族では，都市移住と同時に，あるいは持ち家になった時点で，アパート経営を兼ねているものが5家族あるという点である。これら5家族のうち，㉖は都市移住前に農業の傍ら雑貨商を営みつつ資力を貯えたものであり，同時に商人としての才覚がアパート経営に着手させることになった。移住の2年前の1961年に，すでに6世帯のアパートを120万円で建築していた。土地の紹介は知人によるが，アパートの建築用材はすべて持ち山の木を利用していた。当時家賃は1室5千円であり，家賃収入のみで父母，世帯主（移住の2年前は52歳）夫婦，大学在学の二女，高校在学の三女の6人家族の生計が維持でき，移住後の就職は考えなかった，と判断させるほどであった。

　1964年に世帯主夫婦と父母，就学期の子供2人の6人家族で移住した若い㉒（1939年生）の場合，用意周到な父（移住時67歳）の意見が大きく，移住と同時に10坪145万円の建売り住宅を購入し，さらに67坪240万円余の土地を購入し，そこに8世帯のアパートを建築した。この住宅や土地の確保とアパートの建築には，当時西区で不動産業を営む父のイトコからの助言が少なくなかった。もっとも㉒は，移住前，田畑こそ72ａとさほどの経営規模ではなかったが，山林が50 ha あり，山林王国の出身集落でもトップクラスであったことから，山林の一部売却によって住宅の取得，アパートの建築が比較的容易になされた。

　橋山より1962年に，母（移住時58歳）と長女が妻のオジ宅に仮寓し，1963年の豪雪後，世帯主（1921年生）夫婦と二女が都市移住した⑱の場合，移住

前に広島市出身の小学校教師を介して27坪27万円の土地を購入していた。⑱は田畑65a, 山林20haの中規模の経営階層であった。しかし, ⑱がもともと広島市の出身であり, しかも金融機関と建設会社との掛金制度の有利な利用方法の知識をもっていたことから, その後まもなく自宅に隣接する35坪105万円の土地を購入し, 2階建てアパートを建築した。

同じ橋山から, 1962年に世帯主（1929年生）夫婦と母（移住時52歳), 就学前の3人の子供の6人家族で都市移住してきた⑰は, 田畑20a未満, 山林15haの小規模農家であった。世帯主が元村役場吏員であったことから, 住居の選択も周到であり, 仲人を介して不動産業者の紹介を受け, 中区の一等地に移住前の1961年に24坪240万円, 当時では大金を支払い土地を購入していた。購入資金の一部は, 婿養子である世帯主の実家の父と長兄からの援助によるものであった。1971年に鉄筋3階建てに新改築したことを契機にして, 3階を3世帯分に借室にした。

また, すでに言及した④は, 田1.2ha, 山林8haの比較的規模の大きい農家であったが, 世帯主が農協職員であったことから, 在職中における広島市への出張経験が, 都市的感覚を比較的早くからもたせることになり, それが自宅兼用のアパート経営に踏みきる一因になった。2階6室, 1階1室の都合7室があり, 入居者のうち5人がまかないつき月3万9千円の下宿人となっていた。下宿人の一人に雄鹿原出身者がいるのは偶然ではなく, 芸北からの照会の結果であった。

このようなアパート経営は, たしかに移住前の経済階層, 個々人の経験, 将来への確実な洞察力もさることながら, やはりなんといっても山村の共同体的性格に親しんだ芸北の人々が, 見知らぬ都市的世界で頼るべき生活保障の一つとして, 生きる手だてとして考えた結果であったと思われる。ちなみに, 先に例示した5家族は, 移住当時すべて三世代同居家族であった。夫婦家族と三世代同居家族とにおいて, 都市移住後の生活保障への願望が基本的に異なるものではないであろうが, それでもなお, 老親扶養が加わる移住家族の場合, 考慮されるべき課題は確実にひとつ多い。そのようなことがアパート経営の5家族にうかがわれた。

なお，移住後の住宅や土地の取得経緯において，親族がまったく介在していないのは6家族のみであった。これら6家族は，他の移住家族と同様に，移住時において日頃交際のある都市の親族をもっていたが，住宅や土地の取得のために，これら親族より不動産業者（3）や知人（3）が選択されていた。これは，これらの移住家族において，住宅や土地取得のために依存しうる適切な親族が欠如していたことによるものと思われる。

以上，移住家族の分布と住宅や土地の取得経緯をみてきたが，住宅の確保は都市生活の文字通りの第一歩であり，移住家族にとって基本的な欲求の一つであった。W. I. Thomas らの四つの願望のひそみにならうと，住宅の確保は安定への願望であるといってよい[6]。この願望を充足するに際して，住宅に関する種々の選択行動がなされた。住宅や土地の取得経緯を跡づけた時，芸北からの距離，移住時期，地価，旧来の往来事情，市域内における都市化の進捗状況，そして当該移住家族の他出成員，他の親族といった社会関係の存在等々が住宅取得に重要な影響を及ぼしていることが明らかになった。とくに最初の住宅の確保の大半は，同居による住宅の提供，住宅情報の提供，住宅購入資金の援助が，他出家族成員をはじめとする親族関係を通じてなされていたことから，このような第一次的社会関係の果たした役割は大きいといわざるをえない。少なくともこのような社会関係の存在と，その果たした役割が，移住家族のもつ不安と緊張を軽減していたといってよい。このことを通じて，移住家族の都市定着過程の一端が展開していたのである[7]。

しかし，分析中指摘したごとく，最初の住宅や土地の取得以降，調査時に至る転居過程では，住宅確保のために移住家族が依存する関係パターンに関して，一方で親族関係への依存パターンが減少し，他方で社会的機関との直接的な関係パターンが増大していた。熟知した人との関係に比べて，社会的機関との関係がいっそう優位してくるのである。かつて鈴木栄太郎は，都市化の一つの基準に合理性と自主性の増大をあげたが，この見解によると，ここでみた住宅や土地の取得経緯における関係パターンの変化は，移住家族の都市化を示していることになる[8]。同時に，それはまた移住家族の都市定着過程をうかがわせるものといえるであろう。次節ではこのような点をさらに掘り下げるために，移

住家族の職業生活について検討を加えることにしよう。

第3節　移住家族の職業生活

　都市移住に際して、住宅の確保と並ぶ基本的な欲求は就業である。専業・兼業の区別こそあれ、対象家族のすべてが農家であったことから、都市での非農業的職業への就業は、文字通り180度の転職であった。しかも対象家族の移住時点における世帯主の学歴は、大卒2名、旧制中・旧制商業専門学校3名、新制高校3名に対し、大多数（26名）が義務教育であったことから、都市での就職条件の一つである学歴およびそれに付随する資格、技能をもつものは少なかった。さらに、加齢という就業条件の阻害要因があった。このような前提条件をもつ都市移住家族の就業は、いかなる業種であり、どのような経緯で取得されたのか。また山村の労働に対して都市での労働と収入は、移住者にどのように受けとめられていたのか。これらの諸点を初職と転職以後との比較において明らかにしていきたい。

　まず業種内容からとりあげる。表3-7は、初職と転職―現職（調査時）を世帯主とその配偶者に限定して整理したものである。これによると製造業が26名と断然多く、これにサービス業20名、卸・小売・販売業15名、運輸・通信業10名、公務7名、建築・建設業5名が続いた。製造業では、世帯主、妻とも食品加工業務に従事しているものが多かった。しかし、芸北人は山村の労働に慣れ親しんできただけに、世帯主では、製造業のうちでも製材関係に6名、建設業に大工として2名が就職していた。また運輸・通信業には、移住当時、数少なかった運転免許資格を活用してタクシー会社・運輸会社に3名が就業していた。女性の世帯主および配偶者の妻が多いサービス業では、亀山出身の3人が芸北での民宿経営による調理師免許資格を生かして食堂関係に従事していた。移住家族の職業の主要な業種の選択では、世帯主、妻いずれにおいても、学歴という資格に依拠しない芸北での就労経験を最大限生かした、いわゆる「もと手がかからない」職業選択がなされている点が注目された。また、後に言及するごとく、芸北時代村役場吏員であった3名の場合、彼らのかつての就

表3-7 移住家族の職業

	世帯主			配偶者			合　計		
	初職	転・現職	計	初職	転・現職	計	初職	転・現職	計
製造業	12	3	15	5	6	11	17	9	26
サービス業		4	4	8	8	16	8	12	20
卸・小売・販売	3	12	15			─	3	12	15
運輸・通信	4	5	9	1		1	5	5	10
公務	6	1	7			─	6	1	7
建築・建設	4	1	5			─	4	1	5
金融・保険・不動産			─	1	3	4	1	3	4
電気・ガス・水道		1	1			─		1	1
その他	1		1	1		1	2		2
無職	4	13	17	18	22	40	22	35	57
合　計	34	40	74	34	39	73	68	79	147

注）職業は煩雑さと曖昧さを避けるために常雇について整理した。なお職業は，世帯主と配偶者の調査時点についてである。移住後の世帯主の父母の職業は集計に含んでいない。また転・現職は転職後，調査時の現職に至るまでを示す。表3-8も同様である。

労経験を通じて得られた税と経理の専門的知識が学歴を補い，移住後の就業に生かされていることも同じく注目された。これらに対して公務員は，学歴キャリアタイプが多く，7名中5名が高い学歴の持ち主であった。たとえば，市農業職員1名を除き大卒の2名が教員と国家公務員，旧商業卒の1名は食糧事務所，専門学校卒の1名は警察官，新制高卒の1名は病院事務であった。

ところで，高い学歴をもたない大多数の移住家族では，転職が多いことも特徴である。ちなみに，世帯主34名中25名が転職経験者であった。他方，転職未経験者は9名であり，このうち5名が高い学歴の持ち主であった。これら5名は，先にみたいずれも公務員であるが，残りの4名のうち3名は，県内各業界で堅実な地位にあるT工業，M会社，S運輸の勤務者であり，1名は次節で改めて言及するG輸送の役員でありアパート経営者でもあった。

転職者について，その職種を世帯主を中心にみておくと，初職において製造業に多く従事していたもののうち，転職後も，同じ製造業にとどまったものはわずか3名であった。これに対して，卸・小売・販売業が増大し12名，サービス業は4名となった。とくにサービス業は，世帯主の場合，初職ではゼロで

表 3-8 就業経路

	初　職				転職—現職				合　計			
	世	配	計		世	配	計		世	配	計	
親族	11	4	15	(36.6%)	5	4	9	(16.7%)	16	8	24	(25.3%)
友人・知人	8	5	13	(31.7%)	13	11	24	(44.4%)	21	16	37	(38.9%)
職業安定所	2	1	3	(7.3%)	6	1	7	(12.9%)	8	2	10	(10.5%)
広告	3	2	5	(12.2%)	8	3	11	(20.4%)	11	5	16	(16.8%)
学校	2		2	(4.9%)			—		2		2	(2.1%)
その他	2	1	3	(7.3%)	1	2	3	(5.6%)	3	3	6	(6.3%)
合　計	28	13	41	(100.0%)	33	21	54	(100.0%)	61	34	95	(100.0%)

注）表中，世は世帯主，配は配偶者を示す。

あり，転職後の高齢化に伴う職業選択の結果がうかがわれた。ちなみに，世帯主のサービス業は守衛，清掃業務であった。なお妻の場合，転職後も初職と同じくサービス業，製造業が多い。また妻は初職において無職であった者が多いが，転職後無職になったものも 4 名いた。これも高齢化に伴うものである。それでは，上にみたような職業に従事し，しかも転職が多い移住家族では，職業取得はどのような経緯を通じてなされたのであろうか。それを住宅・土地取得経緯と同様に，初職とその後の転職の職業とを比較しながら，就業に際して，どのような仲介がみられたのかを明らかにしたい。

表 3-8 は，世帯主と妻の就業経路である。まず初職とその後の転職とを合計し全体をみると，友人・知人の紹介によって就職した場合が 37 ケースともっとも多かった。友人・知人についで親族を介したものが，24 ケースみられた。これら 2 つのタイプが全体の 6 割を占めていた。広告，職業安定所は，それぞれ 16 ケース，10 ケースとなり，友人・知人，親族に比べて，いわゆる社会的機関の位置付けは少なかった。同じ社会的機関でも学校に至ってはわずか 2 ケースと例外的ですらあった。

移住家族の就業経緯は，このように社会的機関よりも人を仲介とするパターンが支配的なのである。このような就業経緯を今少し詳細に検討するために，初職と転職後とに分けてみると，重要なパターンの違いがみられた。すなわち，初職では，親族が 15 ケースともっとも多くなり，友人・知人を凌いでいたの

である。親族の仲介者では，世帯主の兄（3），世帯主のオジ，世帯主のイトコ（各2），世帯主の弟，世帯主の遠縁（各1）および，妻のイトコ（3），妻の父，妻のオジ，妻の弟（各1）があげられていた。

　職業のこのような仲介者として，選択された親族に関して注目されるのは，彼らには当該対象移住者より年長のものが多いこと，加えて職業上の優位な地位をもつものが多いことであった。とりわけ後者が顕著であった。たとえば，1959年に34歳で家族解体の結果，単身で移住してきた③は，弟が勤務する建設会社に就職するが，この弟はすぐ建設会社を設立した。⑤夫婦の場合，K製缶の課長である妻のイトコが当該夫婦をどちらも採用したうえ入寮させた。1961年に雄鹿原でもっとも早く移住した①は，妻の父が経営する会社に就職し，住宅もあてがわれた。もっともその後，倒産の憂き目に会い改めて自ら経営者としてO商店を経営することになった。その商店に住み込みで遠縁の⑤の長男（Ⓖ）が就職した。⑨の場合，都市移住をうながした世帯主のオジ，イトコがそれぞれ自分の勤務先であるN製パンに妻を，T工業に夫をそれぞれ紹介した。とくにオジは守衛をしていた関係で顔の広さもあり，息子の勤務するT工業に⑨の就職がダメなら，N製パンに紹介するという意向さえもっていた。㉒の場合，出版社の業務局長である世帯主のオジの推薦で就職した。

　就職の仲介者である親族は，職業上の地位をこのように活用しうる存在であった。これらの親族においてさらに注目されるのは，彼らが就職の仲介者であると共に住宅・土地の仲介者でもある場合が，決して少なくないことであった。たとえば，最初の住宅・土地，就業の確保において親族を仲介者としたものは，34家族中23家族あり，このうち，同一親族が仲介者であったのは，①③④⑤⑨⑱㉕の7家族にみられた。しかもこれらの親族は，都市移住をうながした相談相手でもあった。

　ところで，夫ないし妻の初職の仲介者が友人・知人であった場合，仲介者の友人・知人でも，親族と同様，職業上の優位な地位を有するものが多かった。夫ないし妻の初職の就業に際して，友人・知人のいずれかを仲介者としたものは9家族みられた。一例を示すと，1958年に26歳の時，妻子を置き単身で移住し，1962年に妻・長男・長女をひきとり，さらに1965年に至って父とも同

居した②の場合，アパートの家主が材木会社の専務であったことから移住と同時に同社に就職し，調査時に21年間勤務していた。もっとも②は出身集落で材木商を営んでいた経験が買われたことも否定できない。

⑧（1928年生）の場合，出身集落で酪農経営を手がけた当時，取り引き先であったG乳業会社の課長の紹介によって1963年に夫婦そろって就職し，就職と同時に借りあげ住宅に入居した。世帯主は，もともと村役場勤務の経理担当であったことから，就業に際してそのキャリアが最大限活用され，調査時に20年間在職していた。妻は，民宿経営のために取得した調理師免許を生かし，夫と同じ会社の調理を担当した。

⑰の場合，父の親しい友人であり仲人でもあった同じ集落出身のSが経営していたM会社に，1962年に就職し調査時に及んでいた。このSは，都市移住に際して，⑰の相談相手としてまず選択された人物であり，就職の世話をすると共に，すでにふれたごとく対象家族中，広島市の都心に近い最高地価の土地を取得しうるに至った不動産会社を⑰に紹介した。もっとも，⑰の場合も⑧と同様，入婿以前における村役場在勤中の経理と税の担当経験が，就労に際して生かされていたことは否定できない。調査時には，勤務会社のみならず，妻と母が経営するYパン販売所の経理も⑰の仕事であったから，そこでも⑰の芸北時代の経験が生かされていた。またすでに前章第1節で言及したごとく，出身集落の共有林が，各組合員に分割されることになった分割登記の仕事を7年間かけて行なったのもこの⑰であった。

1965年に単身移住した㉛（1937年生）も元役場職員であった。そのために，㉛は，元上司であり仲人でもある全国町村会長を長くつとめたO元村長によって，安佐郡祇園町（調査時安古市町）役場に紹介され就職した。1961年に単身移住した㉜は，芸北の診療所勤務時代の医者の紹介によってG記念病院に就職した。前節でふれた㉖は，広島市にいたオイ，そして軍隊時代の友人であり大手自動車販売メーカーの部長のFとともにG運輸を設立した。経営者の一人であるこのオイは，㉖の高校在学時の二女を一時預かり世話もしていた。なおこの㉖は，対象家族の中では，唯一の経営者であった。

このように友人・知人を仲介者とする場合においても，仲介者自身の職業上

のより優位な地位が重要な役割を果たした。他方，優位な地位になかった友人・知人を介する場合もみられた。一例をあげておくと，1962年に妻と二女で移住した㉙（1930年生）は，移住前の商売上の取引き仲間によってＨタクシー会社に，同じく㉙の妻の場合は宗教上の知人によってＸ海藻製造会社にそれぞれ紹介され就業した。1970年単身で移住してきた⑪（1923年生，女性）の場合，移住後三男と同居したが，当該地区の町内会長によってＹ清掃会社に紹介され就業した。

親族，友人・知人といった人を仲介者とした都市移住家族に比べると，職業安定所，新聞広告等の社会的機関を介したものは少なかった。それでも初職の場合，8ケースがみられた。⑫（1934年生）は，1971年に妻と就学期の2人の子供で移住しＹ運輸に，1964年に7人家族で移住した㉑（1924年生）はＯ家具製作所に，職業安定所を通じてそれぞれ就職した。1971年に単身移住した⑩（1915年生・女性）は，家政婦協会を通じて家政婦として住み込んだ。また，⑦（1922年生）が1967年にＭ造船，同年⑲（1941年生）はＭ運送会社，1963年に⑱（1930年生）及びその母（58歳）は料理店と食料製造店，同じく1963年に⑳（1924年生）の妻（38歳）はＮ製パンに，それぞれいずれも新聞広告を通じて勤務した。

上にみたことからも明らかなように，職業上の地位の優位者が親族，友人・知人に見出されない時，就業経路のいわば最後の選択肢として，社会的機関が位置付けられていたと思われるほどであった。就業に関して社会的機関という制度は，山村からの都市移住者にとって決して身近なものではなかったことがわかる。その意味でも，すでに指摘したごとく，住宅・土地，就職の両者の仲介者が同一親族であるものが7ケースみられたことは注目される。

以上が都市移住家族の初職にみられた就業経路であるが，転職後では果たしてどのような就業経路がみられたのであろうか。すでに指摘したように，転職経験者は，世帯主34名中25名を占め，高い転職率がみられた。この転職者を中心に検討を加えてみよう。表3-8に立ち帰ると，転職後の就業経路は初職に比べて明確な差がみられた。まずなんといっても，友人・知人を仲介とするものが54ケース中半数近くの24ケースを占め，親族によるものはわずか9ケー

スに過ぎなくなった。広告を介するものは11ケースと親族を上回った。職業安定所を利用したものは7ケースみられたが，このうち世帯主が6ケースを占めるのは，退職および加齢に伴う雇用条件の現われであった。このように，初職とその後の転職における就業経路では，パターンの大きな違いがみられた。それでは，転職後の就業経路における友人・知人の仲介者はどのような特徴を有するのであろうか。

　転職後の就業経路の仲介者である友人・知人が初職のそれと比較して注目されるのは，量的な増大はいうまでもないが，やはり友人・知人それ自体の特徴であった。すなわち，初職では，より優位な職業的地位にある友人・知人が多く選択されていたが，転職後においては，そうした友人・知人はわずか1ケースしかみられない。たとえば，世帯主の場合，前職の元同僚（6），同級生・知り合った友人・近所の人（5），妻においては，元の同僚，同郷人（各2），近所の人・偶然知り合った知人・保険の外交員（3）があげられた。このように転職の仲介者は，初職のそれが役職をもつ地位の優位者であるのに対して，移住者自身が移住後の都市生活の展開の中で取り結んだ対等・平等な関係にあるものが多く選択された。元の同僚が世帯主，妻ともに多いのは，そのことの端的な現われであった。

　転職にかかわる友人・知人の仲介者は初職に比べるとこのような特徴をもっていた。友人・知人を中心とする転職の仲介経路は，一方において親族仲介を減少させながら，他方において広告・職業安定所を活用しながら展開された。

　一例をあげると，すでにくり返し取りあげた④の場合，世帯主の兄の紹介により，1961年に広島市農協に最初に就職したが，給料が安いことから1964年に新聞広告をみてFベッド会社に入社した。13年間勤務し収入も安定した頃，転勤を命ぜられたことから退社し，その後，友人3人と共に情報提供のH社を設立した。しかしその会社は，過当競争により一時閉鎖をやむなくされたことから，N信販に新聞広告を通じて就業し調査時に及んでいた。⑳（1924年生）の場合，1964年，弟の紹介によって弟の勤務するDハウス関連会社にアルバイトとして入社した。1ヵ月後，新聞広告を手がかりにHガラスに就業し，1975年まで12年間勤務した。しかし，当該企業の統廃合によって広島工

場が閉鎖されることになり，転職を余儀なくされた。その後，新聞のチラシを手がかりにTプレハブに転職し調査時に至っていた。⑤（1915年生）は，妻のイトコの仲介によって妻と共に1962年K製缶に就職したが，労働争議のため1年間で転職した。失業中，友人の誘いがあってS商店に入社し，10年間勤務した。その後，仕事関係の知人を通じてK運輸，さらに新聞広告を手がかりに塩の専売・卸業のM商店に，それぞれ3年就業した。

⑨の妻（1937年生）は，1968年に世帯主のオジの紹介によりN製パンに就業したが，家賃が高かったことから転居に踏みきった。そのために7ヵ月で転職することになった。転居地は妻のオバの紹介によるが，転居と同時に，このオバの紹介で，彼女はBビニール加工会社に就職し3年6ヵ月勤務した。そこでの同僚によって，待遇のよいM集配センターを紹介され，彼女はそこに調査時において，半年勤務していた。これまでの仕事は，いずれも日曜出勤で自由がきかないことから，彼女はさらに自己の条件に合う就職先としてN装備を新聞広告を介して選択し就業した。過去の職業選択は，いずれも親族，友人・知人と慣れ親しんだ人を介してのものであったが，調査時の現職は，彼女自身による選択であり，しかも広告を通じてであった。そのために「大変，勇気がいりました」と素朴な感想をもらしていた。

都市移住者の就業経路を初職と転職後とに分けて検討した結果，初職は親族仲介パターンが，転職後では，友人・知人仲介パターンが支配的になることが明らかになった。就業経路が，親族中心から友人・知人へと変化していたのである。加えて，この変化は，新聞広告，職業安定所の活用を増大させながら展開していた。都市移住に際して，職業の世話を親族，友人が担い，彼らが移住者の都市への適応を促進する，クッションの役割を果たしているとする研究はすでにみられる[9]。たしかにここでも，移住直後の職業取得において，親族は，そうした役割を果たしていた。しかし，初職と転職後との比較においてみると，都市移住者が当該都市で新しく取り結んだ友人・知人関係，さらには社会的機関を通じて課題処理を行うという，就業経路パターンの変化がみられたのである。こうした変化は，都市移住家族の定着過程の一端を示すものであろう。従来，このような変化に注目した考察はあまりなされていないだけに，住宅・土

地の取得経緯において明らかになったことと同様に，ここでの知見は強調されてよいと思われる[10]。

　上にみた移住家族の職業，職業取得経緯に加えて，見落されてはならないのは，収入と労働に対する移住家族の受けとめ方である。すでに指摘したように，都市移住の理由に，出身地における現金収入と就業機会の少ないことをあげるものがかなりみられた。これは，際限のない過酷な山村の労働にもかかわらず，昭和30年代後半以降，都市勤労世帯との賃金格差がますます拡大したこと，農業経営と農業政策をめぐる見通しのなさ等の反映であった。このような背景の中で，移住家族の収入と労働に対する受けとめ方は，果たしてどのような傾向を示したのであろうか。以下，それを事例的にみておくことにしよう。

　1964年，㉑（1924年生）夫婦は，子供4人と世帯主の妹（23歳）の7人家族で移住した。移住前の経営規模は，田80a，畑20a，山林35haであり，出身集落では中規模層であった。当時，食料はすべて自給であったから，新聞代，電気代が毎月の現金必要経費であり，約1万円あれば山村生活は可能であったという。それでも移住前，㉑は日曜・祝日の区別なく農業労働に従事し，夜も夜なべ仕事に精を出し，農業収入の不足を補うために金魚や鯉を養殖し，緬羊を飼育し，さらに製缶製造を請負うなど，山村人の手がけなかった方策を講じていた。このような山村の労働に比較して，都市での就労生活は，勤務時間が一定であり，太陽が昇ってから出勤し，太陽の沈まない明るい時間に帰宅できることから，自由な時間を享受しうるし肉体的な負担がはるかに軽減することになった。移住直後の世帯主の収入は1万8千円であり，この収入で移住と同時に理髪店に住み込んだ長男を除く6人家族の生活が可能であった。病弱のため就業をすぐ断念せざるをえなかったが，妻の収入が7千〜8千円あったことから，当時，ささやかながら毎月千円から2千円の積立てをしていたという。移住と同時に持ち家であったために，住宅が保証されていたことも幸いした。㉑の場合，都市移住の理由が農業収入の不十分さによるものであったことを考えると，このような収入と労働から都市移住の充実を感じとっていた。

　労働と収入に対する上のような受けとめ方は，移住家族にほぼ共通してみられた。たとえば，⑫（1920年生）夫婦の場合，1971年，子供2人の4人家族

で移住した。移住前，世帯主が大工であり，田20a，畑10a，山林3haの兼業農家であったが，大工収入は毎月定期的ではなく「節季」毎であり生活が苦しかった。このような生活状態は1955年以降の10年間，克服されなかった。1967年に妻が調理師の免許を取得したことによって，冬期の民宿経営が可能になり，1泊1人当り500円〜600円の現金収入が可能になった。また冬期のスキーシーズン以外には，調理師の免許資格を生かして，学校給食に勤務し定期的に月収6千円が得られるようになった。さらに妻は，世帯主の父と兄が行う化粧品販売の代理を行うことによって副収入を得ていた。このような妻の収入を加えても，移住直前の生活費を充足することは厳しかったという。このような経済生活の苦しさは，移住後，世帯主が毎月の定収入を得ると共に，ボーナスがあることから解放された。「生活が落ち着いてくるのはいつからですか」の質問に対して，「何よりも固定給とボーナスが得られるようになってから」とする意見にそのことが端的に表現されていた。それだけに「田舎の生活と都市の生活とを比較する時，現金収入がありさえすれば，田舎の生活がのんびりしてよい」とする世帯主の心情は複雑であった。

　前節で取り上げた⑦は，出身集落では田1.2ha，畑10a，山林16haと中規模の農家でありムラ総代の経験者でもあったが，スキー場経営と酪農経営の失敗も引き金となり，「三八豪雪」後，子供の教育のためにという目的で移住した。⑦の場合にみられる労働観は，山村の労働との対比を㉑以上に顕在化していた。就職は，すでに44歳の⑦にはかなり厳しい阻害条件であったが，高度経済成長期にあたり，人員拡大を図るM造船に応募し幸いにも採用された。入社後の3年間は，造船の足場といわれるもっとも厳しい重労働に耐え抜いた。当時の労働を⑦は，山村の労働で鍛えていたので耐えることができたと述懐していた。その間，技術習得の必要性を感じとり，溶接技術を見よう見まねで体得した。その進取の気性が，その後，鉄鋼工作科への配置転属を生み，退職まで8年を過ごすことになった。退職後は，職業安定所を通じてSバス・センターの駐車場に就職した。そこでは，マイクロコンピュータによる駐車管理技術が要求されたが，⑦は，すでにM造船在職中にソフトウェアの知識をあわせて習得しており，これが生かされ，調査時に月収13万円の収入を得ていた。

「退職後も冷暖房のあるところで仕事ができるからよい」というのは，都市における労働への高い評価であった。

⑦㉑にみられたごとく，山村における労働の過酷さが都市での新しい労働に耐えさせているのは，何も世帯主ばかりではなかった。妻にも同様にあてはまる。たとえば，⑤の妻（1921年生）の場合，移住前の経済生活は，経営規模が田60a，畑10a，山林6～7haと零細であり，生活は厳しく生活費の計算すらできなかったという。1956年に彼女は，当時の出身地の集落でもっとも早く調理師の免許資格を取得し，民宿経営に着手した。それでも生活の厳しさは補いきれるものではなかった。冬季の炭焼きの仕事はマチの仕事に比べようがないほどきついものであったし，夏の草刈りはもっと大変だったという。朝4時に家を出てムラ山の草刈りに行った。食事は朝，昼，3時と3食用意していた。草刈りのために車を引いてあがる仕事の苦しさを考えると，マチの仕事は苦にならなかったという。彼女の場合，初職こそイトコの紹介で夫と共にK製缶に入社したが，2年後の退社後は，調理師の免許資格を生かすことによって，H郵政会館の調理担当者として就職し，17年間（調査時）勤務していた。

すでに言及した事例にうかがわれるように，移住家族の多くは，都市での賃労働を耐え易いものとして，また高く評価されるものとして受けとめていた。これは，移住前の山村の労働がいかに過酷であり，現金収入を求めようとしてもいかに得られにくかったかを示すものであった。換言すれば，山村生活の厳しさが，都市移住家族の職業生活を過大評価させることになり，欲求水準を超える印象さえ生みだしているように思われた。

第4節　移住家族間のネットワーク

移住家族の住宅・土地や職業の最初の取得に際して，親族を媒介とするパターンが支配的にみられた。後にみるが，対象家族のすべてが，移住時点で市内親族を有しており，このような親族のうちの特定親族が，移住家族の都市定着を促進する役割を担っていたことが明らかになった。このような親族には，やはり都市移住者や都市移住家族であったものが少なからず含まれていたことも

明らかになった。そこで本節では,移住家族相互が,移住後どのようなネットワークを有するのか,そのネットワークの特徴は何か,またそのネットワークにおける中心人物は果たしていかなる特質を有するのか,この3点を考察しておきたい[11]。これは,第1に,すでに明らかにした定着過程において,移住家族相互間に援助や相談,そして情報の伝達と交換がかなりみられたことから,この点をさらに掘り下げたいこと。第2に,対象家族は,移住家族相互間のネットワークの中に位置付けられるものと,位置付けられないものとに二分されることから,両者のタイプが果たしていかなる状況にあるかを確認しておく必要がある,と考えたからである。とくに後者は,移住家族相互間のネットワークに位置する場合とそうでない場合とによって,都市定着のあり方に特徴がうかがわれるのではないかと想定したからである。

このような意図に基づいて作成したのが図3-2である。図には,対象家族相互間のネットワークの拡がり,移住家族間における結合の強さ,ネットワークの内容,ネットワークの中心人物を記入している。これによると,対象家族のうち22家族が含まれ,ネットワークに位置しているものが6割強を占めている。このネットワークをさらに詳細にみると四つの分節があり,4人の人物を中心とした移住家族相互間のネットワークが浮かびあがる。これらはそれぞれの分節の中心人物の資質が影響する内容をもっている。ここでは,これら各分節を,便宜的にⅠ,Ⅱ,Ⅲ,Ⅳとしておく。以下,この図に依拠して都市移住家族間のネットワークを順次みていきたい。

まず,Ⅰから取りあげる。Ⅰは,戦前の農林専門学校を卒業し,郡農会,農業会に在職したⒻ(1924年生)を中心とするネットワークである。すでに言及したごとく,Ⓕは④㉕そして⑥の妻の長兄であり,彼らの都市移住に際して,住宅・土地,職業の世話をいずれもⒻが中心として果たしていた。④⑥㉕はそれぞれ近接居住であり,しかも末弟㉕には母が同居し,調査時ではその母は健在であった。彼らきょうだいは,日頃よく集まり痛飲しあっていた。正月には,家族全員がきょうだいの家をまわり参集することを慣例にしていた。これは芸北のお茶講を想起して興味深い。このような集まりは,母親の存在によるところが大きい。㉕はこの母親と同居していたことから,同じ西区にいる母の姉の

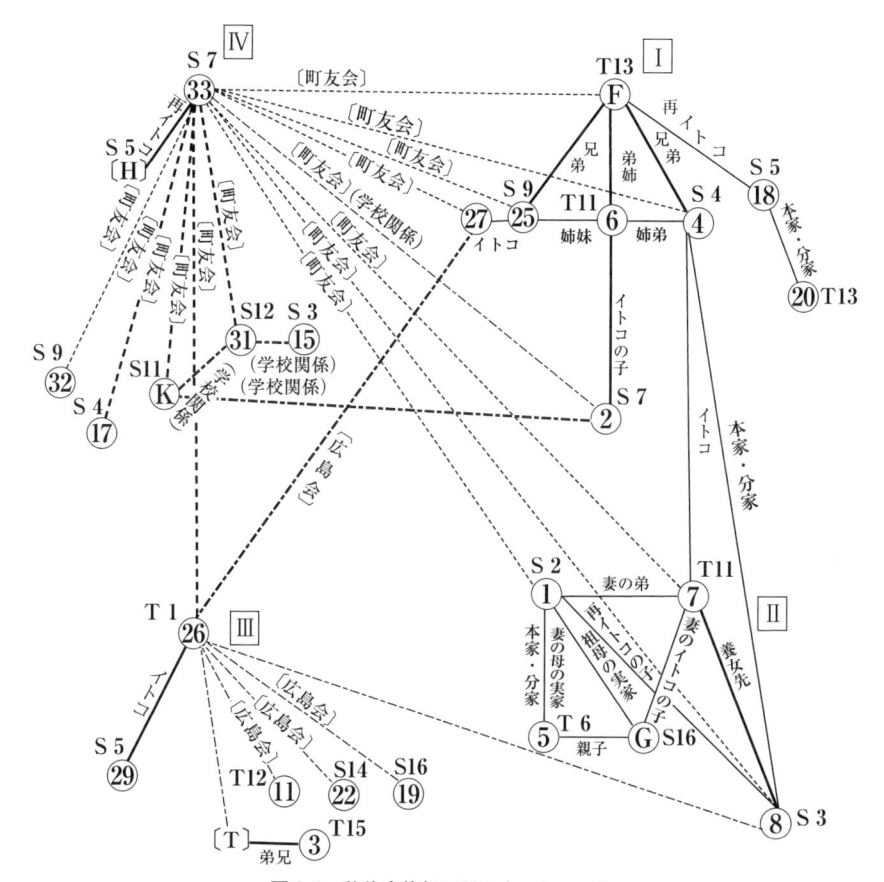

図 3-2 移住家族相互間のネットワーク
実線は親族関係，本家・分家関係，破線は同郷人会を中心とした地縁的関係，一点破線は事縁的関係を示す．太字は相互間の関係の強さ，対象番号横のS1（昭和元年），T2（大正2年）等は世帯主の生年を，〔T〕，〔H〕は他からの聞き取りによることをそれぞれ示す．

子の㉗とは日頃の往来が頻繁であり，野菜物のやりとりやおすそわけをしあっていた．㉗もこの㉕を親しい親族としてあげていた．ところが，㉗は，同じイトコでも④⑥Ｆらを日頃の親族交際にあるものとしてあげていない．そればかりか，④に対して㉗は，親戚ではないとさえいっている．このようなことを考えると，同じイトコ同士の中でも，母の存在が㉕と㉗との関係を強いものとし

ていると考えられる。もっとも，㉕と㉗は，出身集落が同じであることも親しさの一因になっているのかもしれない。

Ⅰにおける②④⑥らは，いずれも出身集落が同じであるが，②の祖母と④の養父とがきょうだいであったことから，彼らは田舎の問題をお互いよく相談しあっていた。④⑥㉕㉗の4戸は，いずれも西区在住であるが，Ⓕのみが中区であった。このⒻの近くに⑱がいる。Ⓕの父と⑱の父とはイトコ同士であったから，彼らは再イトコの間柄であった。④⑥㉕も⑱とは同じ再イトコであるが，⑱が日頃行き来しあう親族としてあげたのは，徒歩で10分前後にいるこのⒻのみであった。近接居住が相互の往来を頻繁にしているといってよい。この⑱から祖父の弟が分家したのが安佐北区の⑳である。⑱は，すでに1978年に夫をなくしていたが，夫の母が同居していた。この母は暇があると山の手入れのために芸北に帰っていた。この時，山の手入れに熱心な分家の⑳が本家の母を車で芸北に送迎していた。そのため電話の交信は両者によくなされていた。

Ⅰは，このようにⒻを中心とした文字通りの親族ネットワークである。このタイプに類似したのがⅡである。Ⅱは①（1927年生）と⑦（1922年生）を中心としたネットワークである。Ⅰに類似した親族ネットワークといっても，ⅠがⒻ中心の単一型であるのに対して，Ⅱは①と⑦との複数型である。

まず，都市移住の古さにより，その後の移住者のベースキャンプとなってきた①から取り上げる。O商店を営む①は，雄鹿原全地区出身者の中でも数少ない旧制中学卒業者であった。県職員であった父は，長男である①に教職を勧めていた。しかし教職に対する抵抗と，農作業経験の浅いこと，父が分家し，田70a，畑10a，山林約4haと経営基盤がさほど大きくなかったこと，加えて体調が思わしくなかったことから，①はオジを頼って広島市に1951年に移住した。翌1952年にこのオジの子であるイトコと結婚した。この①の姉が，Ⅱにおけるもう一人の中心人物⑦の妻である。第2節で言及したように，移住に際して，⑦の家族5人が仮寓したのは，この①であった。その後①は，西区から⑦がいる安佐南区に転居してきた。両者は徒歩3分の近接居住である。

ところで，この①の商店に①のイトコの子（Ⓖ）がかつて住み込みの就職をしていた。しかもこのⒼの妻は，①の商店に就職中のⒼの元の同僚であり，結

婚後も①に同居していた。またⓖは，①がかつて手がけたボーイスカウトの世話を引き受けて地区世話人となった。このような関係から①とⓖとは，親子関係に近いものがある。ⓖは①ばかりではなく⑦とも密接な関係がみられた。これも，すでにふれたが，ⓖは⑦の紹介によって，1969年に①より一足早く⑦の近くに新築し，西区より移り住んだからである。それだけではなく，⑦とⓖとは再イトコの関係に加えて，⑦の妻が自分の職場にⓖの妻を紹介していた。

　①とⓖの父⑤とは，出身地で本家・分家の関係であったことに加えてイトコ同士であり，さらに①とⓖとおいて，上にみたような密接な関係がみられたことから両者の接触は多かった。それに⑤が移住する時の相談者は，本家である①の父（⑤の妻のオジ）であった。親子である⑤とⓖとは，⑤が年金生活者であるとはいえ，夫婦健在であることから，調査時では別居していた。⑤は安佐北区可部町にいたことから，ⓖとは訪問より電話による接触が多かった。⑧は安佐北区のしかも太田川東岸の高陽町にいることもあって，Ⅱの他の者とは接触が少ない。それでも⑧と①とは世帯主同士が再イトコであり，①の妻が日本舞踊の名取り，⑧が詩吟の師範ということで両者の趣味があうことから，電話の接触は多くみられた。さらに⑧と⑦とは，⑦が⑧の妹をかつて養女にしていた関係がある。両者にはその後，養子縁組上のトラブルがあったことから，あまり親しい交際はみられない。それでも，年賀状のやりとりは確認された。なお，ⅡとⅠとの連結にかかわるが，⑧とⅠの④とは芸北での古い本家・分家関係であったけれども，日頃の交際はみられず，年賀状のやりとりもしていなかった。しかし，⑦はⅠの④とはイトコ関係であることに加えて，⑦の妻が④の妻を仕出しのH会社に就職の世話をした関係から，両者には電話による日頃の接触がみられた。

　上のようなⅡで注目されるのは，近接居住の①⑦ⓖ，そしてやはり近接する①の二男夫婦に①の妻の妹夫婦を加えた5家族が，調査時点では，過去15年間，年末にもち搗き会を恒例として行なってきたことである。①が転居してくるまでもち搗きは⑦のところで行なっていたが，①の転居後，①の家敷地が広いことから1975年より①が会場となった。①が，かつてボーイスカウトの地区世話人であり，調査時ではⓖが世話人であることから，ボーイスカウト関係

の友人・知人が加わることもあり，もち搗きは，実ににぎやかで盛大な年末行事となった。近接居住の親族が年末にこのようなもち搗き会を行い，一同が会することは，都市の親族結合の内容としては，むしろ数少ないことであろう。それだけに，Ⅱにおける①⑦を中心としたネットワークは，結合のシンボルをもっているといってよい。このような親族結合は，都市の親族の集団化を示すものであり，しかもその集団化が，義務的な内容というよりは，むしろ集まることを楽しむ余暇的な内容をもっていることが強調されてよいと思われる[12]。この点，Ⅰにおける④⑥㉕Ｆらの正月の年始回りも同様である。近縁者を中心としたこのような親族結合は，移住家族相互間のネットワークにおける四つの分節のうち，ⅠⅡにもっとも特徴的にみられた。その意味で，都市移住家族相互間にみられるⅠⅡのネットワークは，親族中心の血縁型といえるであろう。これらに対してⅢは事縁型の性格をもっている。

　Ⅲは㉖（1926年生）を中心としたネットワークである。㉖は1937（昭和12）年に旧芸北町の隣接地区より荒神に入婿後，同年ハルピンに出兵し輸送班に所属した。4年間の兵役中，㉖はハルピンの夜間の経理学校に通学し専門的知識を修得していた。1943年に体調をくずし除隊した後，兄が株主であったことからこの兄の紹介によって，㉖はＨ県貨物に入社した。終戦まで広島市で生活したが，養父母から農業継承のため帰村が要請された。しかし本来，体があまり丈夫でなく，農作業経験も少なかったから，帰村後，農業の傍ら日用雑貨店を経営した。軍隊時代の経理知識の修得が，雑貨店経営に生かされると共に，自営業の商業経営における経験が実業家的資質を備えさせることになった。しかも，商業経営で培った人当りのよさと人の世話に労をいとわない態度とが，移住後のネットワーク形成に大きな影響を及ぼした。さらに㉖をとりまく親族・友人に会社経営者・管理者がいたことから，㉖は移住後，アパート経営と共にＧ輸送を設立し，社名変更後，社長に就任した。この地位も㉖がネットワークの中心人物となる要素の一つであった。

　㉖は，Ⅲにおける㉙とは，㉖の妻と㉙の母とがイトコ同士であり，しかも㉖の養父が㉙の仲人であったことから，㉙の相談相手に常になってきた。たとえば，すでに前章3節で言及したが，1962年の㉙の都市移住に際して，彼らの

父母の強い反対をとりまとめたのは㉖の妻であり，さらに㉙の父亡きあと，1971年に芸北での一人暮らしの母をひきとり，同居することをとりまとめたのも㉖の妻であった。㉖は移住家族相互間のネットワークのうち，親族関係は㉙だけであり，むしろ職業と宗教とを関係成立の契機としたものが多い。たとえば，㉖は，③の弟のTが建築会社（③とTとは共同経営者である）を設立する際，もっとも頼りにされる相談相手になっていたし，200坪の土地購入資金8千万円の銀行融資の仲介を③にした。Ⅱとの連結になるが，㉖はⅡの⑧を，自ら経営するG会社系列のS輸送に就職の仲介をした。さらに，㉖は，自らの会社の共同経営者であり，軍隊時代の友人W氏が経営するガソリンスタンドに雄鹿原の出身地からの子弟を紹介のうえ就職させた。

㉖は，このような就職の仲介者としての役割を担うと共に，広島市における同じ師匠寺の檀家を組織した。師匠寺は島根県市木にある浄土真宗浄泉寺である。浄泉寺門徒は広島市内に約150戸ある。㉖の養父が芸北で門徒総代をしていたこと，さらにこの父が移住後，亡くなったことが契機となり，1973年に門徒組織「広島会」を発足させた。㉖は当初副会長であったが，調査時点において，過去7年間会長をつとめてきた。この会が設立されたことによって，広島別院で合同の報恩講が行われるようになり，その案内活動を「広島会」が担当するようになった。毎年10月3日に報恩講が開催され，調査時の年は27人の参会者があり，このうち半分は雄鹿原地区出身者であった。

㉖を中心としたこの「広島会」の活動によって，⑪は欠かさず報恩講に参加し，同郷人と会うことが楽しみになったという。これに対して，⑲は田舎の人にはあまり会いたくないといいながら，移住後ひきとった養母と養母の姉が，1976～78年にかけて相ついで死去したことから，㉖より「広島会」の行事案内をいつも受けとることになった。⑲と同様，移住後，父母を亡くした㉒は，㉖とは比較的近くに居住しているけれども「広島会」の行事以外，日頃の接触は少ない。なおⅠとの関連になるが，㉖はⅠの㉗とは，㉗が調査時点において「広島会」の責任役となっていたことから，両者には接触が多い。

㉖を中心とするⅢは，ⅠⅡが親族中心の血縁型のネットワークであるのに対して，㉖のもつ職業的キャリア，さらに門徒会という宗教組織を内容とした事

縁型のネットワークといえる。とくに「広島会」の存在は，信仰心に篤いといわれる安芸門徒の特徴がうかがわれて興味深い。都市移住家族のうち，移住後に高齢者の不幸が漸次みられたり，移住時点では40代前後であった人々も，調査時点では宗教への関心をより強める年齢となった。それだけに「広島会」は本来の宗教的役割にとどまらず，同郷人の情報の場を提供すると共に旧交を温める役割を今後いっそう増大させていくものと思われた。

　最後にⅣであるが，このタイプは他に比べて性格をやや異にし，同郷人会「芸北町友会」(以下，「町友会」と略す)の存在が大きく影響している。後にみるようにこのⅣは，㉝を中心人物とするが，Ⅲと同じ事縁型ともいえる。しかし，結合の契機に注目する時，同郷であるという地縁性の要素が大きいことから，ここでは一応地縁型のネットワークとしておきたい。

　「町友会」の設立経緯は，およそ次のごとくである。すでに戦前設立されていた「郡友会」を復興・再編強化し，同郷人の親睦を図ることが1955年頃より企画されていた。ところが，「郡友会」の組織化は郡を単位とすることから，各集落レベルでの組織化につながらなかった。そのために町村単位の同郷人会の組織化が必要とされた。折しも1963年の豪雪を契機として，「町友会」は郷里に関する情報の入手，郷里との交流，郷里の発展，会員相互の親睦を図ることを目的として形成された。Ⓕ①らは設立時に積極的に参画していた。「在広芸北町友会規約（案）」によると「第１条　目的　この会は芸北町出身者で広島市とその近隣在住者をもって組織し，郷土と連絡を密にし，会員相互の発展と親睦を図ることを目的とする。第３条　事業　この会は第１条の目的遂行のため，つぎの事業を行なう。１通常総会，２会員名簿の作成，３会旗の無料貸出し，４その他の目的遂行のため必要な事業」とある[13]。「三八豪雪」時には，広島市およびその周辺在住の芸北町出身者132名より，18万5千7百円の寄附が集まり，1963年3月10日，その募金を芸北町に見舞金として送っていた。この時，すでにⒻ①④⑰㉖㉙㉜㉝らが寄附者としてみられた。1973年に会のシンボルとして会旗を製作し，広島市及びその周辺在住の同郷人，そしてまた芸北町での不幸の際には，「町友会」はこの会旗を持参のうえ葬儀に参列することになった。

「町友会」への参加状況を1983年3月6日に行われた「第9回在広芸北町友会総会」を例にとってみると、この時、107名の会員参加がみられた。このうち雄鹿原地区出身者は32名であり、対象移住家族から次の9名が参加していた。すなわち、それはⅠの②④㉕、Ⅱの⑤⑧、Ⅲの㉖、Ⅳの⑰㉛㉝であった。彼らはいずれも図3-2のネットワークに位置していた。

Ⅳの中心人物は㉝（1932年生）である。㉝がⅣの中心人物として位置付けられるのは、㉝が「芸北町友会」の事務局長に1978年に就任し、会員をはじめ同郷人の動向をもっとも熟知していたこと、雄鹿原出身者のうち数少ない大卒者であり、エリート国家公務員であるというキャリアをもっていたこと、芸北に在住する元町長Yとは、㉝がYからの祖父の代の分家であったことから、出身地との太いパイプがみられたこと、これらが主要な要因になっていた。

しかし、この㉝を中心としたⅣは、ⅠⅡⅢにおいて、移住家族相互間に緊密な結合がみられたのに比べると、かなりルーズな結合にとどまっていた。たとえば、Ⅳでは、中心人物である㉝が他の移住家族に住宅・土地、就職の世話をしたというわけではなかった。また、Ⅳに位置する⑰㉛は、元村役場吏員であったために「町友会」との結びつきは強いが、彼ら相互間の日頃の交際はみられなかった。この点、㉜も似かよっており、元村営の診療所の職員であったから「町友会」にはできるだけ参加するといっているが、移住家族間に親しいものはいなかった。こうした中で、同窓関係にあるものは、相互に親しい間柄にあるものとして指摘していた。たとえば、小・中学校の同窓関係を通じて、㉛㉝Ⓚ〔H〕そしてⅠの②らはお互いを親しい友人であるとしていた。もっとも、②㉛Ⓚらは不動産会社に勤務した経験があり、共通する話題があったことから相互の接触が多いものと思われた。同窓関係に関連して、㉛は芸北時代の恩師である⑮（「町友会」の会員ではない）とは何かと接触がみられた。なお、Ⅳの中で唯一の親族関係は、㉝と先にふれた元町長Yの長男である〔H〕とにみられた。両親が若死したことから、㉝は芸北時代、Yに何かと世話になった。〔H〕とは再イトコでありながら、きょうだい同様に育てられた。そのためか、最低年3回の帰郷時には、㉝は本家に挨拶を兼ねて必ず立寄り宿泊していた。Ⅳを理解し、㉝を位置付ける時、欠くことのできない人物であるために

〔H〕にふれたが，〔H〕については，調査の直接対象にならなかったので指摘するにとどめたい。

上にみたようにⅣは，Ⅲと共に，ⅠⅡに比べて親族関係にあるものが少ない。しかも同じ親族関係の少ないⅢに比べると，中心人物の仲介者的性格は弱い[14]。このようなことから，Ⅳは，ⅠⅡⅢに比較する時，当該都市移住家族の定着を促進する役割は小さいように思われた。しかしⅣは，同郷人会をコアとし，その加入者にⅠⅡⅢの中心人物がすべて含まれていたことから，他のネットワークを相互に連結する位置にあった。さらにⅣは，出身地域との接触のためのフォーマルな窓口的性格をもっていた。したがって，移住家族の定着過程を促進する役割が小さいにしても，そこには「町友会」を通じて同郷人という一体感をもつことは十分にあったし，情報の交換もみられた。こうしたことから，Ⅳの動向いかんが，都市移住家族間の結合に少なからず影響を及ぼすものと思われた[15]。

以上，移住家族相互間のネットワークを四つの分節に分け，それぞれのタイプの特徴をみた時，ⅠⅡが親族中心の血縁型，Ⅲが職業と宗教とを主な契機とする事縁型，Ⅳが同郷人会をコアとした地縁型，とそれぞれの性格が浮きぼりにされた。これらのネットワークを通じて，都市移住家族はその定着を，程度の差こそあれ促進していることが明らかになった。このようなネットワークに，対象移住家族のうち22家族が位置付けられたからである。しかし他方で，図3-2に示されたネットワークに位置しない12家族が存在した。これらの家族はすべて，「町友会」の会合に参加しないという共通点がみられた。「町友会」の存在を知らないものが3家族あったが，他の9家族は「町友会」の存在を知っていたが加入していなかった。

「町友会」の性格，またその評価によって「町友会」への参加状況は異なるから，移住家族相互間の結合を町友会の参加状況のみではかることは無理があると思われる。しかし，本節で明らかにしたように，移住家族相互間のネットワークに位置しないものは，位置するものに比べて，都市社会への定着を促進する一つの外的条件を欠如していることになるのではないかと思われた。それでは，このような条件を欠如する都市移住家族は，どのような定着過程を示し

たのであろうか。その点を確認するためにも，次節で移住家族の地域生活を取り上げたい。

第5節　移住家族の地域生活

　移住家族の定着過程の重要な側面として，地域生活の展開の問題がある。いうまでもなく，都市社会は，高い移動性という性格を有している。それだけに，都市定着過程は，文字通り，当該地域生活へのコミットメントいかんによって計られるといっても決して過言ではない。移住家族の地域生活に関しては，すでに，住宅・土地の取得，職業生活，移住家族相互間のネットワークを取り上げた諸節において一部，論及してきた。本節では，そうした点との重複を避けつつ，移住家族の地域生活について，当該移住家族の日常的な町内会活動への参加と近隣交際の状況を分析の中心に据えて検討し，あわせて，都市移住に伴う不安意識，山村生活と都市生活に関する意識，定住意識にふれて定着過程の掘り下げをはかることにしたい。

　さて，地域生活の展開をみようとする時，当該地域での居住年数の長短が一つのめやすになるであろう。現住地居住経過年数を確認しておくと，対象家族34家族のうち，19家族が10年以上，5〜9年が7家族，3〜5年は3家族，3年未満は5家族となり，10年以上の定住傾向の強い家族が5割強を占めた。こうした居住動向を背景として，日頃の町内会活動への参加状況を概括的にみると，「町内会の行事と会合にはいつも参加する」(15)と「つきあい程度に参加する」(15)とにほぼ二分され，これらが大半を占めた。「あまり参加しない」(4)は少なく，「全然参加しない」とするものはいなかった。「いつも町内会活動に参加する」と答えたものには，10年以上の居住家族が13家族含まれ，居住年数の長いことから町内会活動への積極的な参加がうかがわれた。

　いつも町内会活動に参加する家族では，町内会長ないし副会長の経験者を家族成員に有している家族が8家族含まれていた。これらの家族は，いずれも10年以上の居住家族であった。町内会の役職経験を班長・組長まで拡大すると，10年以上の居住家族19家族中16家族が含まれた。「つきあい程度の参加

をしている」とする15家族のうちでも9家族が班長，組長の経験者であった。

町内会の役職は，順番制をとる場合があるから，役職就任はつきあいの義理によることもある。しかし班長，組長はともかくとして，町内会長，副会長は単なる義理にとどまらないのが現実かと思われる。たとえば，⑦は1976年に町内会長に就任し，路線バスのバス停を町内会内に確保した。⑰は芸北時代の役場勤務による経理の経験と，在職するM会社の総務課長といったキャリアから都心の町内会の会計を1965年より16年間担当すると共に，1981年より副会長に就任した。㉖は，移動的な単身のアパート居住者と借家が多い町内会にあって，持ち家4家族のみの持ち廻り世話役に長年従事していた。㉗は元警部として地域住民の信頼も厚く，何かと相談相手として選択されることが多く，地域内「T町懇親会」の会長を務めていた。また㉙は，新市内の流動的な町内会の代表として，国勢調査の調査員となったことから町内を熟知しており，移住後における父母の不幸の経験もあって，町内の不幸に際し，当該家の住宅の手狭を考慮して，㉙の自宅にて葬儀を行うほどであった。

このような町内会行事・会合への参加状況と，町内会の主要な役職就任状況にみられる移住家族の地域社会へのコミットメントには，芸北人の山村における共同体的生活経験が，都市社会でむしろ生かされているようにも思われた。改めて言及するが，移住家族の多くが「都市の近隣交際は山村の場合に比べてあっさりしているからよい」と答えており，町内会活動への参加が，移動的な都市人について，概していわれるほど否定的でないものとして受けとめられていたからである。しかし，こうした町内会活動に，このようにコミットした家族に対して，他方で「町内会の行事とか会合にはあまり参加しない」とする4家族がいた。このうち2家族は10年以上の居住家族であって，以前はほとんどいつも参加していたが，妻が病気のためつきあいを控えているとした1家族と，他は夫が死亡し寡婦が就労しているという事情があった。残りの2家族は，居住年数はいずれも5年以下であった。そのうち1家族は持ち家を転売のうえ新しく転居してきたことに加えて，家族全成員が就労していたものであり，他は，高齢により長男夫婦と改めて同居したものであった。地域生活へのコミットメントが低いこれら4家族を考慮しても，対象移住家族の日頃の町内会活動

への参加状況は，総じてかなり高いといってよいであろう。

ところで，近隣との交際について，日頃行き来する近隣の有無を尋ねたところ，曖昧な2家族を除き，29家族がそうした近隣がいるとし，3家族のみがいなかった。日頃行き来する近隣がいるとするものが約8割を占めるから，この点でも，町内会活動の参加状況にみられたのと同様，地域生活にコミットした傾向がみられたといえよう。移住家族のこのような近隣交際に関して次の点が注目された。

第1は，近隣を芸北における場合と同一視し，「雄鹿原にいるようなもの，雄鹿原の人のよう」と表現する場合があったということである。これは，対象家族中，当該対象家族の文字通り隣に親族がいるもの（9），徒歩3分〜5分のところに親族がいるもの（4），親族ではないが同じ移住家族，同郷人が隣り近所にいるもの（3），が都合13家族と3分の1以上を占めていたことによる。すでに前節で分析した移住家族相互間のネットワーク（図3-2）におけるⅠⅡはその代表例である。都市の村人 Urban villagers と形容されるような近隣の性格がうかがわれて興味深い[16]。

第2に，対象移住家族では，移住後，老親を中心とした家族成員の不幸を経験したものが半数近くにのぼることから，葬式の際における近隣交際が重要となっていたということである。たしかに，葬式は日頃の近隣交際とはいえないが，それが近隣交際の重要なめやすであることはいうまでもない。このことを考えあわせると，近隣との不幸音信の経験が，先に示した行き来する近隣の存在をいっそう明確にしているように思われた。すでに町内会活動における役職就任状況に関して言及した㉙の場合はその代表例であった。

第3に，近隣意識について「都市の近所つきあいは芸北の場合に比べて，わずらわしくなく，人から干渉されることが少ない」(15) と，都市の近隣交際をプラスに評価する見解が多いということである。もっとも，これは山村生活と都市生活に関する一般的な意識を尋ねた結果の一部であるから，必ずしも厳密ではないが，それでも移住家族の近隣意識の一端を如実に示しているように思われた。これに対して少数ではあるが「親しく話しあえる近隣がいないから淋しい」(3) とするものもいた。たとえば，既婚子と同居した老親の場合にそ

うした意見がみられた。若い世代と異なり老親の都市移住は，地域生活へのとけこみは容易ではないことがうかがわれた。そのために老親には，最寄りの寺院への寺参りを楽しみにするものがいた。都市における老人の宗教生活のもつ一つの意味が，都市移住者においてもみられるように思われた。

以上のような近隣交際と，先にみた町内会活動とを考えあわせる時，移住家族の地域生活へのコミットメントに関して，なお次の点が考えられなければならない。それは，前節で注意を喚起しておいた，移住家族相互間のネットワークに位置しない家族には，三世代同居家族が多くみられるということであった。ちなみに，移住家族相互間のネットワークに位置しない12家族のうち，三世代同居家族は7家族であるのに対して，ネットワークに位置している22家族では，7家族が三世代同居家族であった。

そこで，移住家族相互間のネットワークに位置しない12家族（⑨⑩⑫⑬⑭⑯㉑㉓㉔㉘㉚㉞）の地域生活をその家族形態に注目しながらみておくと，これらのうち6家族（⑨⑫⑭⑯㉘㉞）が町内会への活動につきあい程度に参加し，日頃行き来する近隣をもっていた。これに対して残りの6家族のうち3家族（⑩㉓㉚）は，いずれも日頃行き来する近隣はいないとしながらも，⑩㉓は老人会の友人との交際があったし，㉚はゲートボールに毎日参加していた。しかも，これら3家族はいずれも三世代同居家族であった。こうしてみると，町内会活動に参加しないし，日頃行き来する近隣もいないものは，⑬㉑㉔の3家族にすぎなかった。移住家族間のネットワークに位置しないものは，地域社会へのコミットメントも低いという図式が成立するとすれば，それに該当するのはこの3家族になるといってよいであろう。しかし，これら3家族のうち2家族が三世代同居家族であった。

移住家族相互間のネットワークに位置しない家族に，三世代同居家族がこのように多くみられたことは，たとえ，ネットワークに位置しなかったにしても，そのことによる地域社会からのひとつの孤立化の側面を，三世代同居家族のもつ家族結合と親族結合がカバーしていたと考えられないであろうか。たとえば，三世代同居家族の場合，父母がいるから他出した既婚子が参集してくる。母が同居しているから，この母を中心として親族交際が維持されるということがみ

表 3-9 広島市における交際親族

	夫方							妻方						合 計	
	I	II	III	IV	V	VI	計	I	II	III	IV	V	計		
移住時	20	14	5	1	1		41 (75.9%)	1		5	5	2	13 (24.1%)	54	(100.0%)
調査時	21	35	17	14	8	2	97 (66.0%)		22	11	15	2	50 (34.0%)	147	(100.0%)

注）夫方，妻方は対象家族の世帯主夫婦を中心とする。表 3-10, 3-12 も同様である。広島市内における日頃の交際親族についてのみ整理。ローマ数字 I, II……は親等を示す。

られたからである[17]。母と同居する⑯，父母がいる㉓㉚はその好例であった。すでに言及した移住家族のネットワークに位置し母のいる㉕も同様であった。このような三世代同居家族の存在と共に，移住家族相互間のネットワークに位置するとしないとにかかわらず，移住家族はすべてが，市内に日頃交際する親族をもっていたことに注目しておきたい。ちなみに，移住時と調査時における1家族当りの日頃の交際市内親族数は，1.6世帯から4.4世帯に増大していた（表3-9）。こうした市内親族の存在は，移住家族の地域社会からの孤立化を回避する一因となっているといってよい[18]。

以上のことから，移住家族は地域社会から孤立するどころか，むしろ地域社会へのコミットメントを示す家族が多く見られた[19]。それでは，彼らの都市移住に際しての不安，移住後の都市生活と移住前の山村生活に対する意識，そして定住意識は果たしてどのように位置付けられるのであろうか。

まず移住時点での不安意識をみると，曖昧なものを除き，「不安は感じなかった」(22) が「不安を感じた」(11) よりはるかに多かった。予想された以上に「不安は感じなかった」ものが多いように思われた。こうした結果は，前章第3節，移住の意思決定，本章第2節，第3節，第4節，つまり移住後の住宅・土地の取得，職業生活，移住家族相互間のネットワークにおいて明らかにしたように，他出家族成員をはじめとする親族ネットワーク，同郷人相互の地縁ネットワークや事縁によるネットワークを通じて，都市移住に伴う基本的なニーズを充足するものが半数以上みられたことから，不安が最小限にとどめられたといえないか。

「不安を感じていた」ものには，「子供が小さいし，自分の収入だけで家族の者が食べていけるだろうか」「知らない人が多いし，田舎者だから心細かった」「一家をあげて出てきたから田舎に頼ってはいけない」といった素朴な不安意識がみられた。このような不安を示すものには，親族に住宅・職業の紹介と世話を受けたものも含まれ，都市移住の家族に及ぼす影響の大きさがうかがわれた。しかし，「不安をいだいた」家族につき，そうした不安を調査時において尋ねた結果，後にみる芸北への帰郷を願望するものはあっても，不安をあげるものはまったくみられなかった。移住に伴う不安意識が軽減し解消してきていたと思われた。このような不安の軽減と解消の過程は，表現を変えると，移住家族の都市での定着がいっそう進展したものといえるであろう。

上にみたような不安意識の解消は，山村生活と都市生活に関する意識，広島市での定住意識に顕著に反映している。生活意識の比較に関してみると，「都市生活がよい」(29) とするものが圧倒的に多い。これに対して「山村生活がよい」(5) とするものは少なかった。都市生活へのこのような明確なプラス評価は次のごとき内容であった。「都市生活は山村生活に対してつき合いがわずらわしくなく，人から干渉されることがない」(15) という，先に指摘した近隣交際にかかわる内容をあげるものがもっとも多かった。中には「田舎のわずらわしい習慣から逃げだしたかった」という意見もみられた。このような山村の生活習慣への否定的態度は，ユーゴスラヴィアの都市移住者にもみられたところである[20]。ついで「都市では収入が多いからよい」(7)，「気候が温暖だから健康によい」(6)，「通院と買物が便利」(4) とする意見があげられた。さらにすでに第3節において言及したことに関連して，「農業労働に比べて都市の仕事は体が楽」(3)，「就職先が多い」(2) といったことがあげられた。これらを見る限り，都市移住者にとって，都市社会において，移住理由に関して示した願望が意識面においても達成されていることとなり，移住後の都市生活に対する望ましい評価が多いこともうなずけられた。

ところが，これに対して，数少ないとはいえ，山村の住みよさを訴え，山村生活のプラス評価もみられた。とくにそれは，老親に当てはまる。慣れ親しんだ世界から見知らぬ世界への生活環境の変化は，たとえ既婚子との同居であっ

ても,「親しく話しあえる近隣がいない都市生活の淋しさ」「山村のしのぎやすい夏の涼しさ」「のんびりした田舎の生活」，といった老齢者なるが故の感情は赤裸々であった。このような山村生活への郷愁を帯びた意識は，移住時において30歳代～40歳代の移住者が，調査時では，すでに50歳代後半から60歳代に至っていることから，今後はもう少し増大するかもしれない。そこで，広島市での今後の定住意識を尋ねたところ，「広島市にずっと住む」(29)が圧倒的であり，他は「わからない」(4),「転居する」(1)であった。文字通り，都市移住を永久的なものとして位置付けるものが大多数となった[21]。

　移住に伴う不安意識が解消し，都市生活へのプラス評価が支配的であり，加えて定住志向が顕著であることが明らかとなった。これらを広い意味での生活意識とするならば，都市移住家族の生活意識は確実な定着過程を表しているといってよいであろう。このような生活意識は，いうまでもなく，すでに考察してきた移住後の家族生活の行動レベルにおける定着過程の反映であり，またそれに裏付けられていた。本節で明らかにした町内会活動に積極的に参加し，日頃交際のある近隣を有するものが多いことをはじめとして，都市移住の周到な準備，段階的な移住，厳しい山村労働で培われた忍耐力，都市における他出家族成員をはじめとする親族と同郷人の存在という関係セット，そして三世代同居家族を維持し拡大再生産する家族内結合の強さ，などによって定着過程は支えられつつ進展してきていた。

　しかしなお，ここで見落されてはならない点がある。そのひとつは，移住後の定着過程をさらに解明しようとする時，出身地域の芸北山村に関係付けられる必要があること。これは，対象移住家族にいわゆる相続世帯が多く，その内容をなす墓，山林，田畑を出身地に残すものがかなりみられたこと，したがって，いわゆる家の継承にかかわる内容を多く有するものが多いことから，今後の移住家族の動向を問う意味においても，出身地との関連が問われる必要があると思われたからである。いまひとつは，三世代同居家族であるものと，近い将来に三世代同居家族の形態をとるものとが，あわせて約3分の2にも及ぶことから，相続と継承にかかわる内容が，移住家族の構造に関係づけられる必要があることである。これらは，いずれも移住家族の世代間関係を問う意味があ

るように思われたからである。そこで以下の二つの節では，上の2点を取り上げ都市移住家族の定着過程をさらに解明するとともに，移住家族の今後の動向の一端にふれたい。

第6節　移住家族と出身地域との交流

　考察の対象となった都市移住家族は，相続世帯が大多数を占め，出身地に墓，山林，田畑を残すものが多くみられた。本節では，こうしたことを念頭におきながら，移住家族と出身地域との交流を社会関係のレベルで検討したい。
　このように考える時，当該家族の社会関係の全体の中で，出身地域との社会関係は，果たしてどのような位置付けにあるのかをまず明らかにしておく必要があろう。そこで，資料的制約があり必ずしも十分とはいえないが，社会関係の広がりの相対的な目安として，収集し得た5家族の年賀状を活用したい。
　表3-10のごとく，移住家族の社会関係は，いずれも市内居住者がもっとも多く，全体の4割から6割近くを占めていた。それに対して，出身地の雄鹿原居住者は，④のように27％とかなり多い場合，逆に㉛のように8％と少ない場合とがあった。これは前者に雄鹿原に親族が多いこと，後者に移住経緯における家族離散ということがそれぞれ影響していた。④⑨㉖では，雄鹿原居住者の占める割合はそれぞれ18％，18％，19％となり，これら3家族にみられる比率がほぼ平均的かと思われた。したがって，出身地域との交流の範囲は，事例的に取上げた年賀状にみられる社会関係からするならば，移住家族の社会関係のおおよそ2割前後を占めるのではないかと思われた。
　出身地域との社会関係は，当該家族の婚姻圏に関連するところが大きいと想定される。次にそれを確認しておこう。調査時の世帯主夫婦について，夫婦とも雄鹿原出身は53％，夫が雄鹿原出身であるものは69％，妻は37％であった。旧芸北町（調査時）出身であるか否かでいえば，それぞれ65％，78％，50％となり，山村からの都市移住家族であることを反映して，婚姻圏に偏りがみられた（表3-11）。このような婚姻圏に対応して，当該出身集落に日頃交際のある親族がいたのは25家族，雄鹿原地区にいたのは29家族となった。さらに旧

表3-10 年賀状にみられる社会関係の地域的範域

		④	⑦	⑨	㉖	㉛
市内		65 (46.4%)	52 (43.3%)	23 (41.8%)	74 (40.4%)	56 (57.7%)
県内	雄鹿原	38 (27.1%)	22 (18.3%)	10 (18.2%)	36 (19.7%)	8 (8.2%)
	芸北町	4 (2.9%)	2 (1.7%)	2 (3.6%)	18 (9.8%)	8 (8.2%)
	その他	17 (12.1%)	22 (18.3%)	15 (27.3%)	31 (16.9%)	16 (16.5%)
県外		8 (5.7%)	21 (17.5%)	5 (9.1%)	24 (13.1%)	9 (9.3%)
不明		8 (5.7%)	1 (0.8%)	—	—	—
合計		140 (100.0%)	120 (100.0%)	55 (100.0%)	183 (100.0%)	97 (100.0%)

注）④⑦⑨㉖㉛は調査対象家族番号。表中，芸北町は旧町である。表3-11も同様。

表3-11 移住家族の婚姻圏

	世帯主	配偶者	合計	
出身集落	18	6	24 (38.7%)	
雄鹿原	4	5	9 (14.5%)	(64.5%)
芸北町	3	4	7 (11.3%)	
隣接町村	2	3	5 (8.1%)	
県内	4	8	12 (19.3%)	
県外	1	4	5 (8.1%)	
合計	32	30	62 (100.0%)	

注）回答を得たもののみを示す。世帯主，配偶者は表3-8の注と同じ，再婚の場合は調査時現在で集計。隣接町村は旧芸北町の隣接町村を示す。

芸北町にまで拡げると33家族に親族がいることになった。旧芸北町に日頃交際のある親族がいない家族は，わずか1家族にすぎなかった。これらの親族は，結論を先取りする形になるが，移住家族と出身地域との交際内容の大半を担うものであったから，以下の分析は親族関係を中心とした交流として位置付けることができる。しかし，少数ながら，田畑の耕作を親族以外のムラ人に依頼する場合がみられたり，葬式の行き来，山林の地籍調査，基盤整備事業にかかわる処理・処分の問題は，親族以外とのかかわりもあったから，そうした特定の内容については親族外の関係にも留意したい。

出身地との交流が親族関係を中心として考察される時，対象家族が日頃交際しあう山村の親族とはどのような親族であるのかを把握しておく必要がある。

表 3-12 旧芸北町における交際親族

夫 方								妻 方							合 計
I	II	III	IV	V	VI	遠縁	計	I	II	III	IV	V	遠縁	計	
4	18	13	11	4	2	8	60 (72.3%)	—	4	4	8	1	6	23 (27.7%)	83 (100.0%)

注）日頃行き来しあう親族について集計。

表 3-12 は，山村の親族を親等別にみたものである。出身地域の雄鹿原地区に交際する親族がいるとしたものは 29 家族であり，これらにつき 83 世帯の親族があげられた。1 家族当り 2.9 世帯の親族数である。そのうち夫方親族が 7 割を占め，夫方への偏りがみられた。続柄ではきょうだい，いとこが多いが，遠縁の親族も交際親族としてあげられていた。この山村の親族を，表 3-9 に示した日頃交際のある都市の親族と比較すると，親等の遠い親族を含む交際範囲がみられた。伝統的な山村の親族交際の一端がそこにうかがわれた。

このような親族の存在を背景に，移住家族は表 3-13 にみられる交際領域の交流を展開していた。交際領域は対象者の自由回答から整理したが，通信と訪問とに大別することができる。

まず，通信は年賀状と電話のやりとりであり，いずれも 32 家族が山村親族といつも年賀状のやりとりをし，日頃電話による交信をしていた。慶弔の連絡はもとより，家屋，山林，田畑の管理に関する相談は，専ら電話が活用されていた。たとえば，⑫は残した家屋を小学校教諭に貸していたが，その家賃の徴収や固定資産税の手続きは，出身集落の夫の兄嫁の実家がしていた。⑧の場合，移住後，同居した父の死亡に際して，雄鹿原地区から多くの不幸音信を受けていたために，出身地の動向に気を配っていた。⑧の妹が隣接集落に嫁していたことから，この妹を通じて連絡がなされた。この妹は，⑦の養女となっていたから，⑦の連絡者でもあった。⑦は，この養女の嫁ぎ先と 1 週間に 2〜3 度の電話のやりとりをしており，交際頻度はかなり高かった。出身地の親族による連絡と情報は重大な出来事に限られなかった。芸北に頻繁に電話交信する⑩の場合，残した家屋の電球がきれていることの連絡も親族がしていた。㉗は，父の死亡後，高齢の母が再度帰郷し母の妹宅に仮寓していたことから，この母と

表 3-13　出身地域との交流機会

通信	電話	32
	年賀状	32
訪問	葬式	31
	盆・墓参り	27
	法事	6
	祭	6
	暮・正月	4
	彼岸	4
	結婚式	4
	山の世話	3
	農作業の手伝い	3
	その他　余暇・遊び	14
	その他	4

の電話による接触は定期的にしかも頻繁にみられた。母が弟と同居している③の場合も同様に，何かと電話による交信が多くみられた。移住者相互の情報よりも，出身地域からの情報の方が正確に，しかも早く掌握される場合があるのは，山村親族が上のような積極的な情報提供者であり連絡者となっていたからである。そこには，山村社会の動向に常に気配りがなされ，ある種の緊張感さえいだく都市移住家族と出身地との断ちがたい結びつきがうかがわれた。

　なお，親族以外の連絡者はほぼ地区総代であり，連絡の内容は，1972年以降，漸次行われた基盤整備事業，そして1980年に行われた山林の地籍調査に立合いを要請する場合がもっとも多かった。ちなみに，基盤整備，地籍調査に関する連絡を出身集落の総代から受けたものは9戸家族であった。したがって，移住家族においては，親族以外の出身地域の人との交流は，日常的な場合は少なかった。

　次に，訪問についてみると，なんといっても葬式がもっとも多く，31家族が必ず行くとしていた。行かないものは「親族がいないから」2家族，「親族がいるが香典ですませるから」1家族となった。いうまでもなく不幸音信は，当該個人はもとより，当該家族と相手方の社会関係の存続をはかる機会であった。それだけに義務や義理が要求された。移住家族においても，出身地との交流は，訪問の中でもこの葬式の際の行き来がもっとも多くみられた。対象家族

の場合，移住後，実に半数の17家族に不幸があった。移住家族におけるこのような不幸の時，出身地域から少なくとも当該地区の総代ないし3役が出身集落を代表して弔問に訪れた。中には，出身地からマイクロ・バスを利用して多くの弔問客を迎えた場合が3家族にみられた。信仰に篤いといわれる安芸門徒が多く，一村一門徒の出身集落が大半であることからも，このような葬式の交際は欠かせぬものとなっていた。しかし自分の代はともかく，お互い世代が変わり，顔はもとより名前さえわかりにくくなってきていると指摘した2家族があったことから，今後世代交替に伴い，義務と義理がもっとも要求される不幸音信の交際においても変化がみられるものと思われた。葬式についで義務と義理が要求される法事がそれほど顕著な訪問機会になっていないことに，その一端がすでにうかがわれているといってよい。それだけに，出身地における親族の存在いかんが，このような動向を左右するものと思われた。

　葬式についで盆・墓参りの機会が多く，これらは24家族にみられた。すでに前章第2節で言及したごとく，出身集落に墓を残しているものが24家族あった。墓が出身地にあるか否かは，盆・墓参りを決定的に規定していた。葬式とは異なり，盆・墓参りは定期的になされることが多い。墓を出身地域に残すものの多くが，「墓を移すと郷里とのつながりをなくす」といって，残すことに積極的な態度を示していた。それだけに，出身地域との交流は，墓があることによって維持されるといっても過言ではない。しかし対象家族では，墓を残していながら，改めて広島市およびその周辺地域に新しく墓を建立したものが9家族みられた。墓の移設ならびに新しい墓の建立については，「こちらでなくなった家族の者がいる」(3)，「墓参りが遠くて大変」，「墓・墓所が雪でいたむ，墓所の周囲が荒廃している」(各2)，「こちらで永住する」，「親戚がみんなこちらにいる」(各1) といった理由があげられた。

　墓の処理と処分は，出身地との結合の重要な象徴的エレメントの一つを断ちきることになる。このことは，一方において，山村社会との紐帯の脆弱化につながり，他方において，移住家族の都市社会への定着をそれだけいっそう志向させることにつながるのではないかと思われた。少なくとも墓をなんらかの形で処分した移住家族は，家族のもつ宗教的機能の意味からしても，山村家族か

ら都市家族へと一歩，歩み寄ったことになりはしないだろうか。墓の処理をめぐるこのような経緯は，移住家族が都市家族に変容する過程を見極めるうえでも今後いっそう注目されてよい課題であろう。

　葬式・盆・墓参りの交際に比べると，他の交際領域はいずれも少なかった。かつては，祭りは他出した親類縁者を呼び集める求心的・統合的機能をもっていたが，移住家族にとってはそうした意味合いは少ない。門徒王国の雄鹿原地区では，春秋の彼岸には御法事，報恩講が重要なムラ行事，イエ行事として行われているが，この機会に参集するものも少ない。空城（そらじょう）集落にみられるごとく，山間集落の全住民が，雪害回避のために，国道沿いの町営住宅に冬期12月より春3月まで仮住まいをしたり，温暖な広島市の既婚子と同居するといったことが残留老齢世帯にはみられたことから，暮れ，正月における帰郷の機会は乏しい。移住直後は，農作業の手伝い，山林の下草刈り，植林に帰るものが調査時より多くみられたが，それも少なくなった。しかし，数は少ないけれども，出身地は車を利用すると十分日帰り可能であることから，暇があれば山林の下草刈りや植林に帰るものが4家族にみられた。これらの家族は，山仕事が実に楽しい，木が大きくなるのを見ることが楽しみであり，都会のことを忘れさせてくれるといっていた。

　以上のように，訪問では，葬式・盆・墓参りが主要な交際であり，これに比べるとその他の交際機会は少なかった。その少ない交際機会において，なお見落されない内容がみられた。それは，出身地域との交流機会に余暇的・娯楽的内容をあげるものが少なくない，ということであった。その他の交際があるとしたのは18家族であったが，それらのうち，曖昧な意見を除くと，「芸北山村の美味といわれるコウタケをはじめとする春の山菜とり，秋の栗拾い」，「クーラーも扇風機も不必要な避暑」，県内でも有数のスキー場が集まる雄鹿原地区であるために「子供と孫を伴ってのスキー」（各3），「都市の生活と共に山村の生活を送ることが，生活にバランスを維持することになるから帰郷する」，「家の風通しのために定期的に帰る」，清流の川魚で有名な「やまめつり」（各2），「ボーイスカウトの研修」（1）といった機会があげられていた。これらの交流機会では，家の管理を除く14ケースは，すべて余暇と娯楽を内容とする

ものであった。

　先の訪問でふれた交際内容は，葬式・法事・盆・墓参りといった，主としてフォーマルで儀礼的性格のものであるか，田畑・山林の経営や管理・労働に関するものであったが，その他の交際は，都市移住者が自らの出身地域を余暇と娯楽の対象として位置付ける内容であった。すでに言及した祭りを余暇的として加えるとすれば，葬式・盆・墓参りについで余暇と娯楽を楽しむために出身地域に帰るものが多いことになる。しかもこの余暇的・娯楽的内容は，年に数回をあげるものが圧倒的であった。中には，「週末ごとに帰る」「暇があるといつも帰る」といった頻度の高いものがいた。車をもつ家族が大多数であることから，現代の「車家族」がこのような交際を可能にした[22]。いわゆる「三八豪雪」を大きな引き金とした山村社会の変動のうねりの中で押しだされ，都市移住を選択した山村家族が，今は，出身地の山村社会を余暇と娯楽を味わう対象として位置付けるようになったのである。都市移住時点においては，借財をかかえるものがあっても，貯えをもつものは移住家族の中では少なかった。そうした家族が，このように，その他の交際内容にみられる生活を享受しえていることは，世代交替があるにせよ，移住家族における都市的生活様式の一班をうかがうことができて興味深い。

　移住家族と出身地域との交流を訪問についてみた時，通信に負けず劣らず山村親族の存在は大きい。雄鹿原地区に親族がいた移住家族では，すべてが，訪問は親族訪問であり，親族に立ち寄っていたからである。これらの親族は，通信にみられた情報の伝達者であり，移住家族が残している田畑，家屋，墓の管理者であり，帰郷する移住者の宿の提供者であった。加えて，先にふれたように余暇と娯楽の対象者でもあった。移住家族にとってこのような山村親族は，前章第3節で明らかにしたように，かつてのごとく都市移住を思いとどまらせようとした親族ではなく，今や都市移住者の帰郷機会の提供者であった。山村親族の果たす役割が，移住時と調査時とで質的に変容したのである。山村親族の果たす役割が，移住時における「押しとどめる役割」から「つなぐ役割」へと変化したのである。従来，山村の親族に関する考察は多くなされているが，都市移住にかかわるこのような役割変化の跡付けに関するものはみられないだ

けに，ここでみた山村の親族の果たす役割の変容は注目されてよい[23]。

　ところで，いま一つ，移住家族と出身地域との交流において注目されなければならないことは，都市移住家族の二重役割の問題である。二重役割とは，都市住民でありながら，なおかつ山村住民としての役割をも果たしていることを意味する[24]。すでに指摘したごとく，田畑の基盤整備，山林の地籍調査に際して，移住家族は立合いを求められていた。都市住民であるが，山村住民の権利と義務を放棄していないのである。それゆえ，都市住民であっても，山村住民としての役割が，出身集落におけるムラ事業の意思決定には必要であった。雄鹿原地区では，雲耕(うずのう)集落に代表されるごとく，ムラの中核的集団として重要な機能をもつ報徳社が，その成員資格をムラ内居住者に限ると明文化していた。したがって，移住家族は報徳社の社員としての権利と義務は放棄した。同様に，かつては山林王国を誇った橋山でも，相つぐ挙家離村によって，残留成員は共有林の利用資格を集落成員に限定した。しかし，このような移住家族に対する権利と義務の排除は，いずれも集落内の特定の社会集団に関するものであって，当該移住家族が個別に所有する不動産にまでは及ばない。その意味において，都市住民であるとはいえ，山村住民としての権利と義務は保持され，果たさなければならない役割が残存し持続したのである。

　このような役割は，何も田畑，山林，屋敷地といった不動産のみにとどまらない。たとえば，不幸音信は，単に個人にとどまらず，世代を超えるタイム・スパンの長い性格をもつ，一種の互酬的交換とみなされる。それだけに，移住者は，義務や義理を欠くことがないように細心の注意を払う。「何かあればすぐ知らせてほしい」「何かあれば知らせてくれるし，知らせることになっている」という時，そのもっとも重要な内容の一つは不幸音信とみてよい。それゆえ，山村親族による情報伝達を通じて，移住者は，不幸音信に参画するという役割を果たすのであった[25]。

　都市住民でありながら山村住民の役割をあわせもつ，その意味での二重役割は，対象家族の大半が相続世帯であることによるところが大きかった。次節で改めて言及するが，相続世帯であるが故に，次世代への継承を重要な社会化の役割としてあげるものがかなりみられたのも，こうした経緯を有するからであ

ろう。都市移住家族が，二重役割を顕在的にしろ潜在的にしろ，縮小し消失する過程は，山村家族から都市家族への変容を物語るように思われた。出身地域との交流に余暇的・娯楽的な交際内容が増大することが，都市的な行動様式の浸透であるように，二重役割の縮小と消失は，都市的な性格の増大を漸次示すことに連なるのではないだろうか。移住家族と出身地域との交流は，このような課題を我々に提示しているといえる。

第7節　移住家族の形態変化

　これまで述べてきた諸節は，移住家族とそれをとりまく外社会との関係に分析の主眼があった。移住家族が外社会とどのような関係において定着していくのかを明らかにしようと努めてきた。このような定着過程と共に，いま一つ考えられなければならないことは，移住家族それ自体の構造にかかわる問題である。これは第2章において，都市移住家族の成立過程を，移住家族の出身地域の社会構造と並んで，移住家族の存在形態，移住家族の意思決定との関連において取り上げたことと同様の意味を持っている。移住家族の都市定着過程においても，これら両面の考察が必要かと思われる。しかし，移住家族の構造といっても，網羅的な分析は無理があるし，資料的制約もあることから，本節では，移住家族の構造について，これまで縷々指摘してきた三世代同居家族の動向に注目しつつ，移住後の家族形態の変化を手がかりにして取り上げることにしたい。そしてこの形態変化を定着過程にできるだけ関係づけてみたい。

　すでに言及したごとく，対象家族のうち古いものは，移住後すでに20年余を経過していた。この間，家族発達に伴う成員の変動がみられた。たとえば，移住後，同居した老親を失った場合が15家族，移住時において就学期であった子供が成長し既婚者となった場合は20家族みられた。さらに家族解体に伴う単身移住から既婚者となった場合が4家族あった。こうした家族成員の変化と新しい家族の形成は，いうまでもなく移住家族の主要な形態変化の内容をなす。そのような家族形態の変化を，移住直前と調査時点とにおいて簡略に示したものが図3-3である。図中，A型，B型，C型の三つの家族形態の設定は，

図3-3 移住家族の形態変化

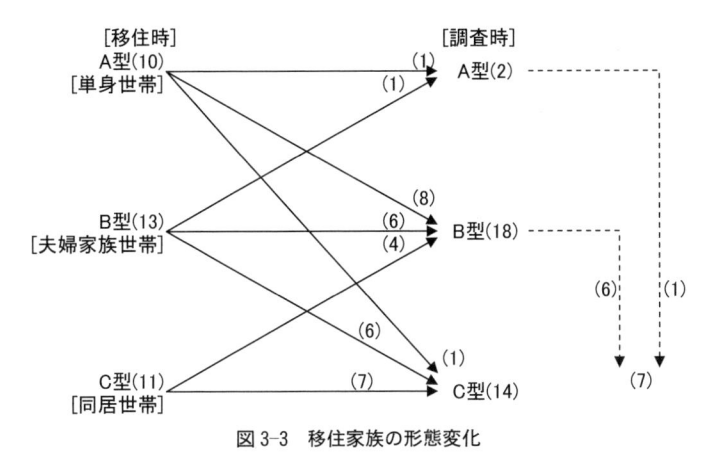

「同居世帯」とは，ここでは親世代ないし既婚子世代の少なくともどちらかを含む三世代ないし四世代の家族を指す。破線の矢印はA型，B型からC型への移行予定を示す。

すでに前章第2節でふれたとおりである。移住時における三つの形態は，可能性として各々が3通りの計九つのパターンに変化しうるが，ここでは八つの変容パターンがみられた。図に依拠して，家族形態の変化を跡付けてみよう。

まず，A型（単身世帯）から取りあげると，このタイプはわずか2家族であり，移住時にA型が10家族あったことを考えると8家族も減少していた。このタイプに該当する⑪（1923年生），㉞（1915年生）は，いずれも寡婦であった。前者は，A型→A型の唯一の形態維持世帯であり，調査時，公営アパートで一人暮らしをしていた。幸い健康であり就業者であることから，経済的に自立した生活を送っていた。彼女には，すでに東広島市に新築をし母との同居を待つ長男（1943年生）夫婦がおり，彼女自身もこの長男との同居を希望していた。若くして寡婦となり，長男に人一倍苦労させたからといって，彼女は，長男夫婦に内密に保険をかけることと，長男の子供たちに毎月小使いを手渡すこととが楽しみであると回答していた。さらに，芸北に残した田30a，畑13a，山林5haはそっくり長男に譲るといっていた。長男との強いこのような親子結合は他の既婚子，未婚子たちとの間にはみられない。

B型→A型の㉞は，対象家族の中では，移住後唯一，家族解体を経験して

いた。彼女は独居老人であるが，隣接居住する養女夫婦の所有するアパートに入居していたことに加えて，将来の生活は，この夫婦によって保障されていたから，家敷内別居の形態とみなすこともできた。したがって，㉞の家族解体は，この養女夫婦との結合によって最小限にとどめられていた。

B型の夫婦家族は18家族であった。このタイプは移住時の13家族より5家族増加した。このタイプへの形態変化のうち，もっとも多いのはA型→B型であった。これには②③⑧㉘㉙㉛㉜㉝の8家族が含まれた。この形態変化は，②⑧㉘㉙㉜のように移住後，老親との同居を経験したものと，そうでない③㉛㉝とに分かれた。

前者からふれると，㉘（1914年生）夫婦は1972年に母と同居したが，1979年に母の死別があり，その間に，全子婚出していた。彼らは，大阪に在住する銀行員の長男（1947年生）夫婦から新築により同居が可能になったから，早く来るようにと催促されていた。そのために，借家住まいには，身の回りのものを除いて，ほとんどすべての荷物がすでに送りだされていた。長男夫婦との同居が時間の問題となっていた。㉙（1930年生）夫婦も㉘と同様，1971年に母と同居したが，1982年にこの母を亡くしていた。その間に，長女（1951年生）二女（1955年生）が，いずれも市内に婚出していた。長女夫婦は，徒歩10分の近接居住であることから，接触は頻繁であった。

⑧（1933年生），②（1932年生）の2家族は，いずれも老父との同居経験者であり，他出既婚子と未婚子がそれぞれいる夫婦家族であった。⑧の場合，2年前に購入した建売り住宅は2人の息子のためであるとしながら，既婚子との同居は彼らに経済的負担をかけさせることになるから，できるだけ別居生活をしたいといっていた。婚出した長男（1954年生）は，車で5分程度の公営アパートに居住しており，食事に来訪することが多かった。この長男が結婚する時，入婿したいという長男に対し，⑧は長男を芸北に同行させ，残された家屋，田畑，山林を示し，「あととり」の地位を確認させていた。このことを契機に，長男は入婿の意思を撤回した。いわゆる「家」の継承と相続をめぐる世代間結合の重要性がそこにうかがわれて興味深い。②は，既婚の長男（1955年生）が県内福山市で就業中であることから，この長男夫婦との同居は流動的であっ

た。㉜は，移住時点において別居中であった母（1913年生）と結婚後一時期同居の経験があった。この母は，調査時では，市内にいる弟夫婦と同居していた。長男である㉜と再度，同居するかどうかは未定であった。

　後者の③（1926年生），㉝（1933年生），㉛（1937年生）は，いずれも親との同居経験はなく，しかも移住後，結婚し家族を形成した。このうち③のみ子供がいない。子供がいない身軽さがあり，食堂経営を妻にまかせていることもあって，夫は，母と弟夫婦がいる芸北に頻繁に帰郷していた。健康な時には，芸北に帰るといっていたが，1980年に脳血栓を患い身体が不自由になったことから，彼は温暖な広島市に定住する意向をかためていた。

　B型→B型は，①⑨⑫⑬⑮㉗の6家族であった。これらのうち，⑮（1913年生），①（1928年生），㉗（1933年生）は移住後，老親と同居していたが，老親の死去ないし老親との別居により夫婦家族となったものである。⑮は未婚子のいる夫婦家族であるが，①㉗は夫婦のみであった。くり返しになるが，㉗は1964年に両親をひきとったが，1967年父の死去後，田舎に帰りたいという母（1899年生）の希望が強く，再度別居した。この母は，芸北の家屋がすでに処分済みであったために，母の妹宅に仮寓することになった。母は㉗の送り迎えにより広島と芸北とを往来しているが，高齢であることから，体が不自由になるといつでも同居できるように，広島市の新築の住宅に母の部屋が確保されていた。加えて，㉗夫婦は，子供がいないことから，近接居住のオイ（妻の弟の子）を養子に迎えることになっている。この養子が結婚すると同時に，彼らには同居することが約束されていた。①の場合，長男（1953年生）の結婚に際して，増改築をし，長男夫婦との同居を準備したが，同居に至っていなかった。二男（1957年生）夫婦は徒歩10分程度のところに分家していた。この二男とは，近いこともあって日頃の接触は密接であった。それでも①夫婦は，あとつぎである長男夫婦との同居を希望していた。

　親との同居経験のない⑬（1920年生），⑨（1931年生），⑫（1934年生）のうち⑨⑬は未婚子の長男と同居しているが，⑫は夫婦のみであった。⑬は一人息子（1949年生）が結婚すると同居しないと明言しているが，⑨は長女，二女が相ついで婚出したことから，長男（1956年生）との同居を将来的にも希

望していた。そのために⑨は，この長男には，折にふれて芸北の話を伝えると共に帰郷の機会を作らせようと努めてきた。⑫夫婦の場合，長男（1956年生）は1982（昭和57）年に結婚し，調査時には，転勤により東京に在住していた。彼ら夫婦は，2人の子供が自立すると，芸北に帰り余生を送ることが夢であったという。しかし彼らは，長男の結婚数ヵ月前に思いがけず長女を亡くしたことから，そのショックはおおいがたく，住宅の近くに長女のための墓苑を購入することになった。それだけに一人息子に寄せる期待は大きく，勤務先の本社が広島にある長男夫婦との同居が実現することを望んでいた。

C型→B型は⑤⑲㉒㉖の4家族であった。いずれもが老親との同居を経験していたが，4家族ともすでに老親を亡くしていた。このうち㉖（1912年生），⑤（1917年生）は全子婚出の夫婦のみであり，㉒（1939年生）と⑲（1941年生）は未婚子のみの夫婦家族であった。㉖夫婦の場合，娘3人とも東京に婚出したが，最近，長女（1939年生）が広島市内に別居してきた。㉖は，3人の既婚子がすべて娘であることから，将来的には，別居中の長女の子供（男子—孫）と養子縁組し，同居する意向をもっていた。長女たちは幸い近接居住したことから，孫の日常的な世話を㉖夫婦がしていた。公営住宅に入居する⑤は，長男（1941年生）夫婦と別居していた。⑤夫婦は，将来，長男（G）との同居はないというが，長男はいずれ老親の面倒をみなければならないといい，意見のくい違いがみられた。長男夫婦との同居は流動的であった。

C型の親世代ないし既婚子世代との同居家族は14家族みられた。移住時のこのタイプは11家族であったが3家族増大した。このタイプへの形態変化は，A型→C型が1家族，B型→C型が6家族，C型→C型が7家族であった。A型→C型を示す唯一の事例である⑩（1915年生）は，寡婦として移住し，住み込みの家政婦を勤めた後，1976年，一人息子の結婚を契機に建売り住宅を購入し，結婚と同時に同居した。長男夫婦は共働きであることから，孫2人の世話は彼女の役割となった。芸北への帰郷機会をできるだけ作ろうとする⑩の場合，いつも長男が送迎していた。

B型→C型の㉔（1902年生），㉚（1903年生），㉓（1912年生），⑥（1922年生），㉑（1924年生），⑳（1924年生）では，㉓㉔㉚の3家族は，移住それ

自体がいずれも先に都市移住していた既婚子との同居であるのに対して，⑥⑳㉑は移住後の家族発達に伴う既婚子との同居であった。これらのうち㉚のみ二女（1946年生）との同居であり，他はすべて長男との同居であった。㉚の夫婦の場合，芸北の冬は腰痛という持病をもつ高齢者には厳しいことと，二女夫婦の子供の世話をすることとが同居につながった。市内に二男夫婦，隣接地域に長男夫婦もいることから，最終的にどの既婚子と同居することになるかは未定であるが，二女夫婦との同居はすでに4年余が経過していた。既婚子たちとの相談のうえ，近くの墓苑で墓地を購入していることから，広島市での彼らの定住は確実となっていた。㉔は長男（1932年生）夫婦と同居しているが，同居は対象家族の中でも文字通り段階的であった。すなわち，同居に先だつ数年間，冬期間（12月〜3月），温暖な広島市の長男宅で同居し，4月〜11月までは芸北で生活するという二重生活をくり返していたからである。㉓の場合，同じく長男夫婦（1950年生）と同居しているが，この同居は彼らの移住後8年経過してからであり，老齢に伴う㉓の体調に加えて，長男夫婦の共働きによる寿司店の開店という事情が同居を決定させた。

　移住時に夫婦と未婚の子女から成る夫婦家族が，移住後家族発達に伴い同居世帯となった3家族についてみると，⑥は西区に住宅があるが，既婚の長男（1949年生）夫婦が安佐南区に新築後，まもなくして彼らが別居するという事態に直面して同居が成立した。㉑は，妻が病弱であったことから，長男（1948年生）の結婚と同時に同居した。これに対して⑳の場合，既婚の長男（1951年生）の転勤によって同居が成立した。しかし，⑳夫婦と長男夫婦との同居は周到であった。長男との将来的同居を考慮して，移住後の転居に際して広い敷地を確保すると共に，長男の結婚時に，住宅の増改築がなされていた。しかも長男の配偶者は，同居がスムーズに達成されることを念頭に置き，芸北の遠縁から選択された。さらに世代間の継承が意図的に配慮されており，生来の山好きな⑳は，長男の仕事の合間をみて芸北に同行させ，山の境界を示し，山仕事の内容を長男に伝えていた。⑳におけるこのような世代間の継承のあり方は，都市移住という出来事に伴う世代間継承の意図的な社会化の表われとみてよい。その意味で，すでに指摘した㉓の事例も同じ内容をもっていた。

最後にC型→C型の7家族についてふれよう。このタイプは，移住時と調査時の両時点とも老親と同居する④（1929年生），⑰（1929年生），⑱（1930年生），㉕（1934年生）と，調査時に既婚子と同居する⑭（1925年生），老親と同居する⑯（1920年生），そして老親と既婚子と同居する⑦（1922年生）とに分けられた。

　まず，移住時，調査時点とも老親と同居する4家族について取り上げる。⑱は移住後の1978年に夫をなくし，しかも娘2人がいずれも婚出したことから，調査時では，夫の母（1906年生）と2人世帯となった。長女（1949年生）は倉敷市に婚出しているので，訪問による接触は年に一度くらいであった。しかし二女（1952年生）は，⑱が所有する隣接のアパートに居住することから，この二女夫婦との日頃の接触は大変多くみられた。⑱の場合，サービス業に従事しかつアパート経営の収入もあることから，経済的にはかなり自立的であった。既婚子との同居は未定であるけれども，二女夫婦の存在が老後を心強いものにしていた。加えて，倉敷市に婚出している長女の夫は雄鹿原地区の出身であるから，山林15 haを残す郷里との交流は，長女夫婦を通じて維持しやすい条件がみられた。

　⑰の夫婦は，母（1911年生）との3人世帯であった。とはいっても，婚出した長女（1956年生）夫婦が，⑰の経営する同じビルの3階のアパートに居住することから，この長女との結合は強かった。長男（1960年生）は，東京の大学に在学しており，東京での就職を希望していた。このため，彼らは，将来長男との同居は難しいといっていた。しかし⑰は，この長男に芸北の山の境界を教え込んでいた。④の夫婦も，⑰⑱同様，子供がすべて離家し母（1896年生）との3人世帯であった。長女，二女はいずれも市内に婚出し，長男（1957年生）は東京で就職していた。④は長男との同居は，難しいとしながらも，芸北の墓守りと山守りをこの長男にさせたいといっていた。そのため，彼らはせめて年に1度，長男との帰郷を希望していた。㉕は，未婚子2人と母（1901年生）の5人世帯であった。彼らの場合，すでに第4節，第5節で指摘したごとく，この母の存在が親族結合の中核になり，きょうだい，いとことの統合的役割を担っていた。

第 3 章　都市移住家族の定着過程　127

　婿養子の⑯は，もともと 1953 年に家族 4 人で移住した。かつて同居していた妻の母と妹（1939 年生）夫婦は芸北に残留していたが，妹夫婦が，1965 年に広島市に移住することになった。そのため，母（1899 年生）の処遇が問題となり，母の意向によって妻（1924 年生）が長女であることから同居が成立したものである。⑭夫婦の場合，同じ同居でも，既婚子との同居であった。彼らは，1981 年に母を亡くしたが，翌年，一人息子（1954 年生）の結婚と同時にこの長男夫婦と同居した。⑭は，生来の器用さから，芸北に残した山林に 1977 年頃，山荘を一人で建築した。この山荘は，⑭自身の山の下草刈り，美容院を経営する妻の休養，美容院の顧客への開放，長男たちのキャンプにと幅広く活用されることになった。前節でふれなかったが，⑭の場合，この山荘が芸北との交流機会を保証すると共に，次世代への相続と継承のためのシンボルとなった。⑦も⑭と同様に，一人息子（1954 年生）夫婦との同居世帯であり，かつ移住時以降，調査時においても母（1897 年生）と同居していたから，対象家族中唯一の四世代同居家族を形成していた。⑦の場合，都市移住の最大の理由に子供の教育があった。長男はこれに応えて大学卒業後，地元の大手電力会社に就職したこともあって，同居はスムースに行われていた。

　以上，移住家族の形態変化を跡づけてきた。形態変化は，家族の分離・結合・拡大・縮小という文字通りダイナミックな変化を示していた。これらの形態変化から次の諸点が導かれるように思われる。

　第 1 に，都市移住によって家族解体が必ずしも生じるわけではない。対象家族では，1 家族が家族解体したにすぎなかったし，その解体は，最小限度にとどめられていた[26]。また，たとえ家族解体の結果としての移住であったとしても，都市での結婚による新しい家族形成がみられたからである。第 2 に，親世代ないし既婚の子世代との同居という家族形態の存在は，都市移住が三世代同居家族を生みだす阻害要因に必ずしもなっていない[27]。分析中に示したように，移住時に 11 家族の C 型の同居家族がみられたが，調査時にはそれが 14 家族となり，しかも近い将来に同居を予定している 7 家族を加えると，対象家族の 8 割近くが三世代同居家族を形成することになるからであった。第 3 に，いわゆる「あととり」としての長男の地位は，都市移住によっても，必ずしも

容易に変容するものではない。三世代同居家族における既婚同居子ならびに同居予定者が，圧倒的に長男であり，しかもこの長男との強い結合が他の子供に比べてみられたからである。第4に，対象家族の大半が相続世帯であったことから，次世代への相続と継承の伝達にかかわる社会化が意図的になされていた[28]。とくに長男に対してそうした配慮がなされていた。

これらの諸点は，山村からの都市移住家族が，都市移住という人生上の出来事によって急激な変容をきたし，家族内に断層を生むというよりは，むしろ「連続と変化」に柔軟な対応を示しているように思われた。もちろんひずみが皆無というわけではないが，それは最小限度にとどめられている。すでにこれまで，移住家族が外社会との関係において弾力性のある柔軟な定着過程を示していることを明らかにしてきたが，本節で考察した移住家族それ自体の構造においても，同様のことが明らかにされたといえる。

むすび

都市移住家族の定着過程は，その成立過程を踏まえながら，六つの側面において考察が加えられた。定着過程の諸相は，各節ごとにできるだけ要約することに努めてきたが，明らかになった主要な点を，再度指摘すると，次のごとくである。

第1に，移住家族にとって基本的な欲求の一つである住宅・土地の取得は，移住直後の場合，主として他出家族成員をはじめとした親族を介して確保されたが，転居後は社会的機関を媒介とするものが支配的となり，住宅・土地の取得パターンの変容がみられた。これに対応して住宅形態は，借家・借室から持ち家へと移行した。

第2に，移住家族にとってこれも基本的な欲求の一つであるが，職業取得は，初職の場合，住宅・土地の取得と同様に，主として親族を中心として確保された。ところが，転職後は移住後取り結んだ友人・知人関係，社会的機関を媒介とする場合が多くなり，職業取得の媒介パターンが変容した。職業生活では，初職・転職を問わず，山村の経済生活に比較して，移住後の収入と労働に対し

て高い評価がなされた。

　第3に，移住家族は移住家族相互間における重層した血縁，地縁，事縁の結合原理に基づくネットワークを通じて，援助，相談，情報の伝達と交換をしあっていた。

　第4に，移住家族の都市における地域生活へのコミットメントは高い。これは，居住地域に親族ないし同郷人を有するものが多いこと，町内会における主要な役職就任経験者が多いこと，さらには山村の近隣生活に比較して，都市の淡白な近隣生活をよしとする意識が多いこと，などにうかがわれた。

　第5に，移住家族は出身地との交流を依然として保持し，山村人と都市人との二重役割を有するものが多くみられた。この二重役割は，出身地に残していた墓，山林，田畑，家屋を媒介すると共に，出身地における親族の存在によるところが大きかった。

　第6に，移住家族の形態変化は，移住後，家族解体を示すものがわずか1事例のみであることから，統合された家族結合が保持されていた。対象家族の半数近い三世代同居家族形態の維持，拡大，再生産は，何よりも家族結合の強さを示していた。このような家族結合の強さは，出身地に残している墓，山林の管理を「あとつぎ」に意図的に役割継承させようとする配慮にもうかがわれた。

　以上の結果は，移住家族が無防備に都市移住するのではなく，可能な手だてを講じつつ，とりわけ第一次的関係を活用しつつ，またインフォーマルな社会的ネットワークの広がりを通じて都市移住することを示すと共に，当該家族の結合によって，移住に伴う衝撃を最小限にくいとめていることを示している。こうしたことによって，移住家族は新しい都市社会への適応を可能にしてきた。

　このような結果は，かつてL.Wirthのアーバニズム論に示された，移住によって家族解体のような病理的現象が生ずるという通説に，わが国の事例を通じて反証を提示するものであった。さらにまた，国際間の移住についての考察ではあるが，V.Yans-Maclaughlin, T.K.Harevenらのアメリカ家族史研究の示す結果にも通じるものがみられた[29]。ここでみた都市移住家族の事例が示すように，緊張と危機を克服する家族の結合と家族のもつ柔軟な構造は，強調されてよいのではなかろうか。このような柔軟性をもつ家族構造に関連して，

すでに言及したように，三世代家族の維持，拡大・再生産の存在は，産業化された都市社会では夫婦家族が適合的形態であるとする通説を，なお検討する必要があることを示している。夫婦家族が支配的な都市社会においても，老人世帯の約4割が三世代同居家族の形態を有すること，さらに農山漁村における多くの高齢者世帯の存在というわが国の現実を考えあわせる時，本稿でみた都市移住家族の成立過程と定着過程とは，いわゆる三世代同居家族の問題を考察しうる一つの視点を提示するものといえるであろう。

また，これまで述べてきた都市移住家族の考察は，文字通りダイナミックな内容において，わが国における家族変動の論議に，いまひとつの視点と領域を加えたことになるであろう。本稿はそうした課題に接近したつもりである。しかし，家族構造と都市移住というテーマは，前章の冒頭で指摘したごとく，わが国の家族研究において従来看過されてきただけに，なお検討されるべき多くの課題が残されている。今後はこうした点を見極わめつつ研鑽に努めたいと思う。そのための資料収集はなお継続中であるが，ひとまず稿をとじたい[30]。

注

1) 広島市統計書によると，広島市は昭和30年代に安芸郡戸坂村，同郡中山村，佐伯郡井口村，昭和40年代に安佐郡沼田町，同郡安佐町，可部町，祇園町，安古市町，佐東町，高陽町，安芸郡瀬野川町，同郡安芸町，熊野跡村，高田郡白木町，昭和50年代に安芸郡船越町，同郡矢野町との合併がなされたとある．その後，1980（昭和55）年4月に政令指定都市となった．さらに広島市は1985年4月に佐伯郡五日市町，2005（平成17）年4月に同郡湯木町をそれぞれ合併し，人口115万人となった．
2) 老年化指数とは（65歳以上の人口）÷（0〜14歳の人口）×100で示される．
3) 国立国会図書館調査立法考査局『人口移動と地域課題』1969, 52-105頁.
4) 北川健次『広域中心地の研究』大明堂，1976, 第4章都市機能を参照.
5) 第2章，注18）を参照.
6) Thomas, W. I. & Znaniecki, F., 1958, *The Polish Peasant in Europe and America*, Dover Pub., Inc. pp. 73-74, において，周知の四つの願望——新しい経験と刺激，評価，支配，安定——があげられている.
7) Schwarzweller, H. K. *et al.*, 1977, *Mountain Families in Transition*, The Pennsylvania State U. P., p. 83, 93-94, 123, 128, 200, では，親族が移住者の都市適応をスムースにする「安全な避難所」として機能し，保護的援助的役割を果たしているといっている．また，Tilly, C. & Brown, C. H., 1974, On uprooting, kinship, and auspices of migration, In

Tilly, C. ed. *An Urban World*, Little, Brown and Company, p. 115, において, (親族関係を) 絶ち (他の関係との) 緊密なネットワーク rupturing close-knit networks と, (親族関係を) 保持した緊密なネットワーク not rupturing close-knit networks とを区別し, 後者が都市移住に際して親族に援助と情報を求めるタイプとしている. Roberts, B., 1973, *Organizing Strangers*, University of Texas, pp. 77-87, では, 都市移住に際して親族, 友人から援助を受けるものを関係セットの継続的タイプ continuous type と呼び, 受けないものを非継続的タイプ discontinuous type として区別している.

8) 鈴木栄太郎『都市社会学原理』(鈴木栄太郎著作集Ⅵ), 未来社, 1969, 511-523頁.

9) 前掲注7) を参照. とくに Tilly, C. & Brown, C. H., 1974, *op. cit.*, pp. 111-112, における, 技術をもたない移住者は親族に依存しがちであるという指摘は, 本稿でみた移住家族の就業経緯においてもあてはまる.

10) きわめて興味深い論考は, Graves, T. D. & Graves, N. B., 1980, Kinship ties and the preferred adaptive strategies of urban migrants, In Cordell, L. S. & Beckerman, S. eds., *The Versality of Kinship*, Academic Press, pp. 195-249, である. そこでは都市移住者の適応の戦略形態として, 親族依存 kin-reliance, 同輩依存 peer-reliance, 自己依存 self-reliance に分け, 移住後の初職から転職する過程において第1および第2のタイプから第3のタイプへと変化することを明らかにしている.

11) ネットワークの概念は本来, 個人を中心とする関係概念であるが, ここでは移住家族という集団レベルに援用している. なぜなら, 行動は究極, 個人を単位とするが, 家族間の関係性, さらにはわが国の世代を超える家的関係も個人の行動に影響を及ぼすことが少なくないことから, 個人のみに限定することはなかなか容易ではない. 都市移住家族間の関係を把握しようとする時, いっそうこのことが言えるように思われる. ただ, ここでのネットワークに位置する家族は, 相互関係をお互いが確認しあった場合に限定して整理した.

12) 拙稿「都市の親族」『北海道大学文学部社会学研究報告』9, 1983, 18-19頁, において, 都市の親族関係について注目される内容として余暇的・娯楽的な生活領域の重要性を明らかにすると共に, それが当事者間の恣意的なセンチメントによるところが大きく, しかも集団化の契機を有することを強調しておいた.

13) 「町友会」は個人単位の任意加入であるが, 実質的には世帯単位に近い. というのも, 入会への呼びかけに複数の世帯員が応ずることは少なく, ほぼ世帯主が代表として加入しているし, 会合への参加も世帯主が中心となっているからである.

14) ネットワークの中心人物が, 仲介者的性格をもつことは, Boissevain, J., 1978 (reprinted), *Friends of Friends*, Basic Blackwell, Chap. 6, に興味深い指摘がある.

15) Lloyd, P. C., 1973, The Yoruba: An urban people, In Southall, A. ed. *Urban Anthropology*, Oxford U. P., p. 121, では, ヨルバ族の都市移住者が作るアソシエーションは, 出身地に対する窓口であると共に, 都市移住に対して援助や情報の伝達を図ることから, 二重機能 dual function をもつといっている. また, ギリシアの都市移住者の場合, 都市移住者が経営するコーヒー店は出身地の名をもち, そこに同郷人がたえず出入りすることから情報の交換がなされること, また同郷人の作るアソシエーションが新聞を発行し情報交換をする

ということが報告されている．Sutton, S.B., 1983, Rural-urban migration in Greece, In Kenny, M. & Kertzer, D. I. ed., *Urban Life in Mediterranean Europe*, University of Illinois Press, pp. 225-249.
16) Gans, H., 1962, *Urban Villagers*, Free Press.
17) 西欧社会における親族交際が女性，とくに母親を中心として展開されることは，多くの研究が示すところである．Michael, Y. & Peter, W., 1957, *The Family and Kinship in East London*, Free Press, pp. 54-55. Adams, B. N., 1968, *Kinship in Urban Setting*, Murkham, p. 4.
18) Parsons の核家族孤立化論批判，Wirth のアーバニズム論批判を想起されたい．
19) 都市移住に際して親族関係をはじめ友人関係，同郷人という関係セットを活用するものは，たしかに一方では，移住の衝撃を小さくし適応を促進しがちであるが，他方において，そうした関係セットにとどまり社会参加が限定されるという指摘がある．たとえば，Brown, J. S., Schwarzweller, H. K. & Mangalam, J. J., 1963, Kentucky mountain migration and the stem-family: An American variation on a theme by Le Play, *Rural Sociology* 28, pp. 119-120, では，親族構造が都市移住者の早急な同化を妨げることにもなるといっている．同様の指摘は，Tilly, C. & Brown, C. H., 1974, *op. cit.*, p. 129, にもみられる．
20) Simić, A., 1973, *The Peasant Urbanities*, Seminar Press, Chap. 4.
21) アフリカの場合では，逆に，退職すると出身地の田舎に帰るという帰還移住 return migration の意向をもつものが多い．Caldwall, J. C., 1969, *African Rural-Urban Migration*, Columbia U. P., Chap. 8.
22) Rosser, C. & Harris, C., 1965, *The Family and Social Change: A study of Family and Kinship in a South Wales Town*, Routledge & Kegan Poul, p. 222.
23) Brandes, S. H., 1975, *Migration, Kinship and Community*, Academic Press, p. 126, において，「親族関係は構造的に村落と都市とをつなぐ幹線道路である」というのは，単に親族関係が都市移住者の適応を促進する役割を果たしていることを指摘するにとどまらず，その質的変化を明らかにすることを求めている．
24) Mayer, P., 1962, Migrancy and the study of Africans in towns, *American Anthropologist* 64, p. 579, では，平日は都市人であるが，週末は部族人に戻る．帰郷時には部族人として立ち振るまう．極端にいえば日中の職場では都市人であるが，帰宅後は部族人の世界に住むような人たちを「二重役割 the double roles」をもつ人々としている．このような見解を援用した．
25) 対象家族にはみられなかったが，聞き取り調査では，秋祭りの恒例の神楽に参加する都市移住者が少なくない．そのために祭りに先立ち，週末ごとに帰郷し練習に参加するものがある．これも二重役割の例といえるであろう．
26) Lewis, O., 1952, Urbanization without breakdown: A case study, *Scientific Monthly* 75, pp. 31-41, の主張はここでも支持される．直接調査しえなかった他の都市移住家族についても，間接的な聞取りにより補充したところでは，家族解体の例は確認しえていない．

27) Goode, W. J., 1970, *World Revolution and Family Patterns*, Free Press, pp. 10-18, にみるように，現代産業社会に適合的な家族形態は夫婦家族であるという主張が支配的であるが，ここで明らかにしたような都市移住に伴う三世代同居家族の維持，拡大，再生産は，果たして逸脱 deviance として位置付けうるものかどうか検討されるべき課題である．
28) 家族の機能として社会化をあげるのは，いうまでもなく，Parsons, T. & Bales, R. F., 1956, *Family Socialization and Interaction Process*, Routledge & Kegan Paul, pp. 16-22, である．しかし，社会化は Parsons のいう父―息子，母―娘という一般化された関係に加えて，息子の中でも長男と長男以外，子供の中でも特定のあととりといった特定化された関係をもあわせて考慮する必要があるのではないかと思われる．わが国の山村からの移住家族の場合，こうしたことがとくに重要であると思われた．
29) Yans-Maclaughlin, V., 1977, *Family and Community: Italian Immigrants in Buffalo, 1880-1930*, Cornell University Press. Hareven, T. K, 1982, *Family Time and Industrial Time*, University Press of America.
30) 2001年～2003年に都市移住家族のパネル調査を行い，現在，20家族についての事例を整理中である．

第4章

親族関係と都市移住の意思決定

はじめに

　いうまでもなく都市移住現象は，近代化・産業化・都市化といった社会変動を論じる際，見逃しえない内容をなしている。この都市移住現象を捉えようとする時，都市移住の方向性，移住距離，移住者の諸属性，移住単位等に関連した都市移住パターンが，まず確認される必要があろう。これを踏まえつつ，都市移住がなぜ生じるのかという都市移住の原因と，都市移住者が移住後の移住先でどのように適応する（している）かという移住結果に着目することは，都市移住研究における重要な課題である。都市移住パターンが，センサスによる集合的データの利用によってマクロ的に考察される傾向があるのに対して，都市移住の原因や移住後の適応に関する問題は，当該移住者の移住に対する意味が基本的に問われるから，センサス的な集合的データのみによって捉えることは難しい。そのためにこうした課題では，個々の移住者自身に関するミクロ的データによる考察がつけ加えられなければならない。
　ところで，都市移住の原因に関する論議は，大別して二つの方向性があるように思われる。一方は，出身地および移住先の両地域社会における就業・就学の機会，所得ないし賃金格差，社会的文化的サービスを提供しうる諸制度・諸機関の存在状況，そして社会階層といった諸側面を移住行動に関連づけ，両者の関係をマクロ的に分析する「構造モデル」の立場である。このモデルでは，当該両地域社会の構造がそれぞれ基本的に問題とされるのに対して，移住者は従属的である。いわゆるプッシュ・プル（push-pull）仮説は，この「構造モ

デル」の代表的な見解である。こうしたモデルの場合，センサス・データの分析が有効である。この際の移住行動は，集合的データとして把握される。

　他方は，都市移住を個々人の移住行動として捉え，移住に伴うコストと報酬，移住のもつ価値，移住に対する期待や評価，さらには移住に対するモチベーション，移住に伴う緊張・葛藤といった心理的側面などをミクロ的に分析する「意思決定モデル」の立場である[1]。このモデルでは，個々の移住行動に主眼が置かれ，移住行動の意味の解明が求められる。こうした視点は，1960年代以降における人的資本論，コスト・報酬モデルの隆盛に伴って進展してきたように思われる。

　標題の示すごとく，本稿は都市移住の原因に着目する「意思決定モデル」の文脈に位置づけられる。しかし，断るまでもなく，先に示した都市移住パターンや「構造モデル」の観点を軽視することはできないし，ましてや看過することはできない。こうした視点からの考察は，本稿で取り扱う対象者および彼らの出身地域を素材にして改めて別途報告の機会を設定したいと考えている。したがってここでは，上に述べた位置づけと断りに依拠して標題を設定している[2]。ところで，都市移住の意思決定に関する論議は，それ自体多様化しており，方法論的に統一することは必ずしも容易ではない。それは，ひとつに，都市移住現象が経済学，人口学，地理学，社会学，政治学，さらには人類学といった多くの分野に関連し合う内容を有すること[3]。さらに，移住行動について，集合的なセンサス・データに依拠しないで移住者自身の地域移動歴を収集するには，調査法上の問題が少なくないし，しかも一定レベルの質を備えたデータを量的にも確保することはかなり厄介である，ということがある[4]。

　こうした課題を抱えているにせよ，社会学の領域において，都市移住の原因に着目する意思決定の論議に関して，従来，比較的多く言及されてきているのは，標題にかかわるテーマではないかと思われる。このテーマに関しては，これまで二つに大別される見解がある。ひとつは，G.J. Hugo や P. Uhlenberg がいうように，出身地における親族結合が都市移住を押しとどめるという見解である[5]。これに対して，H.K. Schwartzweller, E. Lee, P.A. Morrison らが指摘するように，移住先の親族が移住の流れと方向性を規定しつつ「踏みな

図4-1 赤井川村の位置

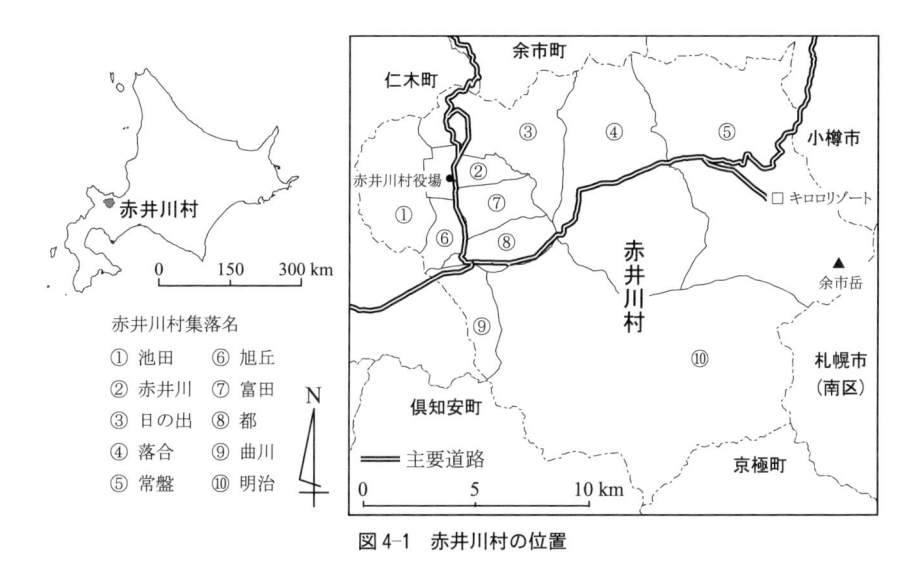

赤井川村集落名
① 池田 ⑥ 旭丘
② 赤井川 ⑦ 富田
③ 日の出 ⑧ 都
④ 落合 ⑨ 曲川
⑤ 常盤 ⑩ 明治

らされた道」を形成し，後続者の都市移住を促進するという見解である[6]。前者は「親和性仮説 the affinity hypothesis」と呼ばれ，後者は「促進仮説 the facilitating hypothesis」と言われる[7]。都市移住の意思決定に対する親族関係のこのような両義性は，いずれの見解がより妥当するのか，妥当するとすれば，それはどのような内容においてであるのかをデータに即して検討することが必要である。というのも，これまで上の仮説に関する考察は少なくないにもかかわらず，出身地と移住先の親族が都市移住の意思決定に実際にどのように介在したのかについて──例えば，出身地における親族が移住に反対したのか否か，移住先の親族存在の有無と都市選択との関係，さらには移住に際して親族の有無と，それら親族を実際にどのように活用したかの関係，といったこと──は，意外とルーズな考察にとどまっているように思われるからである。

そこで本稿では，上に述べた意味での親族関係のもつ両義性に注目して，これを都市移住の意思決定における「親族『介在』説」としてひとまず広義に捉えておきたい。これに依拠して，小稿では，北海道の1山村（余市郡赤井川村）（図4-1）から，距離と人口規模を異にする1町2市（余市町，小樽市，札幌市）への都市移住者について，都市移住行動における親族存在のもつ意味，

親族の果たす機能について若干の考察を試みたい。具体的には、次の四つの課題の解明が目的である。第1に、出身地における親族の都市移住者に対する対応を確認すること。第2に、移住先の親族存在の有無は、都市移住パターンといかなる関係にあるか。第3に、移住先の親族存在の有無によって、移住者が都市移住に際して、いかなる生活領域において、実際どのように親族を活用しているか。第4は、第1〜第3を踏まえて、都市移住の意思決定に関する論議において、従来指摘されている「親和性仮説」と「促進仮説」のいずれがより説得的であるのか、を見極めることである。

第1節　対象設定と対象地域

　本稿で考察する対象は、役場資料として保管された「除住民票」(1952年4月〜1984年3月)および出身村内3小学校の「同窓会名簿」を手がかりにして得られた。調査に先だち、対象者の移住先の住所に関する最終的な確認に際して、予想された以上に2度3度の転居者が多かったことから、対象者の選定は大変困難であることが明らかとなった。役場資料と同窓会名簿とによってサンプル台帳を作成しえても、実際それに依拠したランダムサンプルは難しいものとなり、結局は余市町、小樽市、札幌市における赤井川村出身者のうち、インタビューが可能な者に対する悉皆調査に踏みきらざるをえなかった。こうした調査法上の制約のもとで、1町2市への移住者中より205名の面接調査を完了することができた。内訳は、余市町57名、小樽市60名、札幌市88名である。データ収集は1983年から1986年にかけて行なった[8]。この間、出身地域に関する資料収集も合わせて行なったが、これについては冒頭で断ったごとく「山村社会の変動と都市移住」(仮題)を設定し、都市移住の意思決定に関するテーマの一環として改めて別稿を用意したい。

　上の手続きにより得られた移住者の離村年を、移住先別にみたのが表4-1である。離村年は、表にみられるように、古い者は昭和戦前期であるから、かなりの幅があるが、高度経済成長期の昭和30年代〜40年代にやはり集中している。移住先別にみると、余市町では、昭和30年代に離村した者の比率が高く

表 4-1 離村年別移住先

	昭和戦前期	昭和20〜29年	昭和30〜34年	昭和35〜39年	昭和40〜49年	昭和50年〜	合計
余市	1 (1.7)	12 (21.1)	16 (28.1)	16 (28.1)	11 (19.3)	1 (1.7)	57 (100.0%)
小樽	9 (15.3)	6 (10.2)	14 (23.7)	8 (13.6)	17 (28.8)	5 (8.5)	59 (100.0%)
札幌	22 (25.3)	13 (14.9)	12 (13.8)	20 (23.0)	17 (19.5)	3 (3.4)	87 (100.0%)
合計	32 (15.8)	31 (15.3)	42 (20.7)	44 (21.7)	45 (22.2)	9 (4.4)	203 (100.0%)

$x^2=26.0$ (df=10) $p<0.01$

注）離村年が曖昧な2名を除き集計（欠損値扱いとする）。したがって合計が205名にならないことがある。以下の表も同じである。

みられた。小樽市では，昭和30年代前半と昭和40年代において，札幌市の場合は，戦前期と昭和30年代後半の両時期において，離村者の占める比率が高くなっていた。このような離村年次の対象者について，本節では，面接調査によって得られた①調査時点における諸属性，②主な離村理由，③出身地，と移住先（1町2市）との布置関係についてそれぞれふれておきたい。

1 対象者の諸属性

調査時点と離村時点とにおいて属性上の変化がみられる点を念頭におき，ここではまず調査時点の主要な属性について指摘しておこう。表4-2にみるように，性別では男性が62.4%，女性が37.6%であった。性別をさらに地域別にみると，小樽市では男性と女性とがほぼ同数であるが，余市町の場合，男性がかなり多い。札幌市では，得られた全対象者における性別比とほぼ同じ割合がみられた。

年齢層では，40歳代〜60歳代の中高年齢層が全体の78%を占めていた（表4-3）。家族発達の段階についていえば，単身期の未婚者はわずか4名であり，既婚者（離・死別を含む）が98%と圧倒的であった。対象者の年齢層とも相まって，末子成年〜全子婚出の段階がもっとも多く，全体の約30%を占めた

表 4-2 性別移住先（調査時）

	余 市	小 樽	札 幌	合 計
男	42 (73.7)	31 (51.7)	55 (62.5)	128 (62.4)
女	15 (26.3)	29 (48.3)	33 (37.5)	77 (37.6)
合 計	57 (100.0%)	60 (100.0%)	88 (100.0%)	205 (100.0%)

表 4-3 調査時の年齢

21～29歳	9 (4.4%)
30～39歳	29 (14.1%)
40～49歳	53 (25.9%)
50～59歳	63 (30.7%)
60～69歳	44 (21.5%)
70～85歳	7 (3.4%)
合 計	205 (100.0%)

表 4-4 家族発達の段階（調査時）

1	若い夫婦のみ	4 (2.0%)
2	第一子出生～第一子小学校入学まで	6 (2.9%)
3	第一子小学校入学～第一子小学校卒業	24 (11.7%)
4	第一子中学校入学～第一子高校卒業まで	33 (16.1%)
5	第一子高校卒業～末子成年まで	28 (13.7%)
6	末子成年～全子婚出	60 (29.2%)
7	夫が65歳まで	23 (11.2%)
8	夫が65歳以上	23 (11.2%)
	未婚の単身期	4 (2.0%)
	合 計	205 (100.0%)

（表 4-4）。なお，表に示していないが，家族形態では夫婦家族が 71.1% と圧倒的に多いものの，三世代同居家族も 24.9% みられた。

都市移住者にとって，当該移住先の居住経過年数が定着ないし定住を測るめやすであることはいうまでもない。対象者の場合，20 年以上の居住者が 56.6% と過半数を占めた。これに 10 年以上の 26.8% を加えると，8 割強の者が 10 年以上の居住者となった（表 4-5）。変動の激しい現代社会を考える時，対象者に中高年齢者が多く，しかも 20 年以上の居住者の高い比率は，都市的地域への定住層が多いものと判断された。実際，現在地に将来，定住するか否かの定住意識に関する質問項目では，91% が「定住する」と答えていた。このように高い定住志向は，住宅の所有形態において持ち家が 73.6% を占めることにもうかがわれた（表 4-6）。

次に，対象者の就業状況についてみると，現在就業中の者（パート就業者を

表4-5 移住先居住年数

10年未満	17	(8.3%)
10年以上	55	(26.8%)
20年以上	116	(56.6%)
不　明	17	(8.3%)
合　計	205	(100.0%)

表4-6 住宅の所有形態

持ち家	151	(73.6%)
借家・借室	44	(21.5%)
その他	2	(1.0%)
不　明	8	(3.9%)
合　計	205	(100.0%)

表4-7 学歴

旧制尋常小学校	24	(11.7%)
旧制尋常高等小学校	51	(24.9%)
旧制中学校・実業学校	7	(3.4%)
新制中学	77	(37.6%)
新制高校	25	(12.2%)
新制大学	5	(2.4%)
不　明	16	(7.8%)
合　計	205	(100.0%)

含む）は66.2％であり，無職が33.8％いた。先にみた60歳以上の年齢層が26.3％を占めることから，後者には退職者・年金生活者が多く含まれていた。なお有職者の職種は，自営業が28名ともっとも多く，これに運輸・通信業21名，製造業16名，公務12名，そしてサービス業，建設業がそれぞれ11名と続いた[9]。

　学歴は，30歳代以下の若い年齢層に新制高校以上の学歴の者が多くなるが，40歳代から50歳代の中高年齢層には新制中学が，60歳代以上では旧制尋常（高等）小学校が多かった。総じて対象者には，比較的学歴の低い者が多く含まれていた（表4-7）。なお収入は，直接金額を調査していないので表にしていないが，調査時における収入に関する意識を尋ねた質問（無職の者を除く）を参考にすると，「大変満足」16.3％，「少し満足」38.0％，「どちらともいえない」26.4％，「不満足」19.4％となり，収入に関しては満足と回答した者が過半数を占めた。

2　主な離村理由

　離村理由は単一理由にとどまらず複数理由であることが少なくないから，こ

表4-8 離村形態別主な離村理由

挙家離村	就業（就職・転職）	29	(14.1%)
	農業経営（見通しのなさ・行きづまり・不安）	17	(8.3%)
	家族成員の離・死別，引きとり・同居	12	(5.9%)
	経済的困窮	5	(2.4%)
	健康（入院を含む）	3	(1.5%)
	就　学	3	(1.5%)
	小　計	69	(33.7%)
非挙家離村	結　婚	38	(18.5%)
	就業（就職・転職）	31	(15.1%)
	「家」のあととりではない	16	(7.8%)
	就　学	15	(7.3%)
	農業経営（見通しのなさ・行きづまり・不安）	9	(4.4%)
	健康（入院を含む）	4	(1.9%)
	転　勤	4	(1.9%)
	その他	19	(9.3%)
	小　計	136	(66.3%)
	合　計	205	(100.0%)

こでは主な理由としてあげられたものに限定して整理した。また離村理由は，離村の単位が家族ないし世帯全員のいわゆる「挙家離村」であるのか否かによって異なるものと思われるし，たとえ同じ理由であるにしてもウェイトに違いがあるのではないかと考え，一応分けて整理してみた（表4-8）。表にみられるごとく，挙家離村と非挙家離村の両タイプとも，就業上の理由（就職・転職）が離村理由として多くあげられた。これらの理由を示す者は，出身家族の主な生業が非農家である者に多かった。また，札幌市に都市移住した者において，この理由をあげる者が多くみられた。

他の離村理由として，いくつか注目される点を指摘しておくと，挙家離村の場合，第1に，農業経営の行きづまり，見通しのなさをあげる者が17名いた。これらの回答者では，離村時に農業従事者でしかも男性が多かった。第2に，配偶者・父母の離死別，家族の離散，都市移住した既婚子との同居といった家族内的理由をあげる者が12名いた。非挙家離村の場合，第1に注目されるのは結婚による離村であった。この理由は，当該タイプの離村理由の中でもっと

も多く38名を数えた。この離村理由は女性に集中し（36名），しかも小樽市に婚出した者（21名）に多くみられた。第3に，「家を継ぐことができない」という地位継承にかかわる理由をあげた者が16名いた。これは男性に多く（15名），しかも出身家族の主な生業が専業農家（16名）であり，長男子以外の続柄（16名）にある者に集中していた。また，この離村理由をあげた者の約半数が札幌市へ都市移住していた。

3　出身地と移住先

　対象者の出身地は山村であり，調査時において道内最少人口規模の自治体であった。表4-9にみるように，高度経済成長期の赤井川村は，わが国の他の山村の多くが経験したのと同様，急激な人口減少による過疎化の波にもまれた。1955年の3,045人から1985年の1,460人へと，30年間に人口は半減した。先に指摘した役場資料によると，1952年4月から1984年3月までの30年間余に4,716人の離村者がみられた[10]。これを年次別に整理したのが表4-10である。1960年代の10年間における人口移動は大変ドラスティックであった。

　調査対象者の出身地を赤井川村内の個別集落レベルでいえば，回答が得られた者についてみると，日の出17名，中央11名，母沢10名，共栄13名，町内（市街地）31名，富田5名，旭丘6名，池田16名，曲川13名，都13名，明治14名，落合15名，常盤13名，その他16名となった。出身集落は全村内すべての集落にわたり，しかも特定集落への偏りはみられなかった。

　赤井川村からの離村者の最初の移住先は，全村レベルでは表4-11に示すように，出身地に隣接する余市町，小樽市，札幌市がもっとも多く，これら1町2市で全体の60.1％を占めた。対象者の移住先として余市町，小樽市，札幌市が多く選択されたことについて，次の諸点に注目しておきたい。まず第1に，昭和20年代後半から高度経済成長期を経た同村の戦後史において，これらの都市的地域への離村者がもっとも多くみられるという人口移動の状況があり，これらの地域に都市移住の流れと方向性とが顕著に見出された。

　第2に，これらの移住先は，赤井川村役場からそれぞれ約16km（余市町），約35km（小樽市），約71km（札幌市）の距離にあり，比率にしてほぼ等倍

表 4-9　調査対象地域の年次別人口推移

	赤井川村	余市町	小樽市	札幌市
1950 年	3,024	26,396	178,330	313,850
1955 年	3,045	28,591	196,833	436,620
1960 年	2,793	28,659	198,511	601,151
1965 年	2,357	26,154	196,771	821,217
1970 年	2,085	25,339	191,856	1,010,123
1975 年	1,734	25,816	184,406	1,240,613
1980 年	1,485	26,632	180,728	1,401,757
1985 年	1,460	26,213	172,486	1,542,979

注）国勢調査により整理。

表 4-10　年次別離村者（全村）

1952〜55 年	533	(11.3%)
1956〜60 年	784	(16.6%)
1961〜65 年	1,020	(21.6%)
1966〜70 年	951	(20.2%)
1971〜75 年	670	(14.2%)
1976〜80 年	547	(11.6%)
1981〜84 年	211	(4.5%)
合　計	4,716	(100.0%)

注）不明は除く。表4-11，表4-12(b)も同様。

表 4-11　移動先別離村者（全村）

余　市	880	(19.8%)
小　樽	959	(21.6%)
札　幌	831	(18.7%)
後志管内	719	(16.2%)
道内（市部）	471	(10.6%)
道内（郡部）	165	(3.7%)
道　外	409	(9.2%)
合　計	4,434	(100.0%)

注）ここでの後志管内とは，同管内のうち余市町，小樽市を除く町村をさす。

の関係がみられた。しかもこれらの1町2市は，いずれも赤井川村と背中合わせにあり，道内の幹線交通路のひとつである函館本線およびこれに並走する国道5号線に相互に連檐し合うという地理的位置にあった。都市移住の意思決定に関する考察には，出身地と移住先におけるこのような布置関係は重要である。

　第3に，小・中・大の都市的規模（表4-9）とその性格を異にする移住先は，山村からの都市移住現象に関する社会学的考察には格好の対象地域と思われた。すなわち，余市町はニッカウィスキー，リンゴとブドウ，そして漁港の町として知られる人口3万人弱（調査時）の田舎町である。小樽市は，北海道の明治・大正・昭和戦前期を彩る歴史と港湾を特徴とする人口16万人強の地方中都市である。両者に対して札幌市は，昭和戦後期に急成長し，今日も発展し続

ける人口167万人（諸都市の人口は1990年4月現在）の地方大都市である。

　移住先をこれら1町2市に限定し，出身地域との関係を考えるのは，調査時間と調査労力の現実的限界もさることながら，主として上にあげた諸点によるところが大きい。さらにいささかの思い入れを付け加えると，かつて都鄙連続体説を説いたR. Readfieldが取り上げた4地域は，本稿の関連しあう4地域の布置関係とイメージが重なるところがあった。これも先の諸地域に限定しようとするこだわりのひとつであった[11]。一山村から都市的状況を異にする3地域への移住に関して，本章の標題である課題設定をし考察することは，従来，わが国では類似の社会学的研究の蓄積が意外なほど少ないことから，当該領域の埋め合わせが多少なりともできるのではないかと思われた。

第2節　都市移住パターン

　都市移住の意思決定において，親族の介在がどのようにみられるのかという課題に接近するための具体的な考察の一つは，すでに冒頭で指摘したように，都市移住パターンとの関連において親族存在の意味を明らかにすることである。本節ではこのための前提をなす対象者の都市移住パターンをまず確認したい。

　都市移住パターンは，従来，主として次の諸側面において捉えられてきたように思われる。すなわち，①移住者の属性，②出身地における就学・就業・各種サービスの機会，収入と賃金，③出身地と移住先との距離，④移住先の人口規模，⑤移住先における就学・就業・各種サービスの機会，収入と賃金等々である。これらの側面は個人レベル，集団レベル，地域レベルというレベルの違いを含むことはいうまでもないが，いずれもマクロ的に，しかも客観的に都市移住パターンを解明する傾向がある。いわゆる移住パターンの決定因は何かが論じられる場合，上の諸側面からの接近は有効である[12]。

　しかし，都市移住の意思決定に関する考察では，すでに冒頭において指摘したように，マクロ的で客観的な解明に加えて，都市移住行動のミクロ的で主観的な側面の解明が必要とされる。移住行動を意思表示のない，たんにセンサス的な集合体として捉えるのではなく，移住者個々人の意思表示，すなわち移住

者のもつ移住行動の意味を明らかにする視点が重視される[13]。この視点に依拠すると，移住者自身の移動キャリアの再構成が可能である。けれども，この移動キャリアの再構成は，個々人の過去の記憶に頼ることが多いため，曖昧さを伴うことがある。このような課題をもつとはいえ，回顧的手法に依拠した都市移住パターンの解明は，標題の接近には欠かすことができない[14]。都市移住パターンの解明に際して，親族存在の検討が必要とされるのは，上に指摘するような視点の一環として，親族の介在の問題が位置づけられうるからである。この点の考察は次節において改めて検討することにしたい。

そこで本節では，まず回顧的手法によって得られた離村時点に関する情報に依拠して，対象者の離村時の主な属性による都市移住パターンを指摘しておこう。この場合，直接の対象は限定されたデータであるから，必要に応じて，赤井川村全体のマクロ的な離村パターンに照らし合わせることにしたい[15]。

確認しえた離村時における対象者の属性は，①年齢，②婚姻上の地位，③職業上の地位，④出身家族の形態，⑤家族発達の段階，⑥続柄，⑦出身家族の主な生業形態，⑧出身家族の社会階層，の8項目である。

まず，①離村時の年齢からみておこう。表4-12(a)にみるように，都市移住者の離村時の年齢は，義務教育修了後の年齢層，15歳～19歳が31.0%ともっとも多く，これに20歳～24歳の25.6%が続く。10代後半から20代の若い年齢層が過半数を占め，いわゆる「若年齢層型」の都市移住パターンが支配的であった。ちなみに，赤井川村全村の年齢別離村パターンをみると，1952年～1984年にかけて15歳～19歳の離村者は18.5%，20～24歳は17.6%であった（表4-12(b)）。ところで，対象者の離村時の年齢に関して，後に改めて言及するが，注目される点をいくつか指摘しておきたい。それは，30歳代以降の中高年齢層が20%いたこと，9歳～14歳の就学期の年齢層が7.9%いたこと，そして，20代には女性が多く含まれていたことである。

②婚姻上の地位について。離村時に未婚であった者は74.4%と圧倒的に多いが，既婚者も25.6%いた。全村レベルでは，未婚者が68%であるのに対して，既婚者は32%となり，対象者の場合に比べて既婚者の割合が若干高い。かくして婚姻上の地位項目によると，「未婚者型」の都市移住パターンが顕著

表 4-12(a)　年齢別都市移住（離村時）

14歳以下	16	(7.9%)
15～19歳	63	(31.0%)
20～24歳	52	(25.6%)
25～29歳	31	(15.3%)
30～39歳	23	(11.3%)
40～49歳	12	(5.9%)
50歳以上	6	(3.0%)
合　計	203	(100.0%)

表 4-12(b)　年齢別離村者（全村）

14歳以下	965	(20.5%)
15～19歳	870	(18.5%)
20～24歳	830	(17.6%)
25～29歳	568	(12.0%)
30～39歳	524	(11.1%)
40～49歳	343	(7.3%)
50～59歳	252	(5.3%)
60歳以上	363	(7.7%)
合　計	4,715	(100.0%)

である。この点は先の年齢別パターンに相即する。しかし注目されるのは，「既婚者型」の都市移住パターンが4名に1名の割合でいたことである。これは男性の場合に顕著であって，36.2%（127名中46名）を占め，女性の7.9%（76名中6名）より断然多い。つまり対象者には，男性の既婚者型の都市移住パターンが多いということになる。なお以下のクロス集計による分析では，項目によって曖昧なケースがある時，除いて集計している。そのためトータルケース数に変動がみられることを予め断っておきたい。

　③職業上の地位についてみると，離村時に無職であった者は40.5%，有職者は59.5%であった。前者には，14歳以下の就学期の子供と，結婚のために離村した女性とが主に含まれた。後者について職種をみると，農業が81名（66.4%）と圧倒的に多い。農業につぐ主要な職業は公務（営林署勤務者・教員・役場職員）が9名，自営業7名，鉱山労務者5名となった。かくして，対象者には，「有職型」の都市移住パターンが過半数を占めると共に，そうした者の中では「離農者型」が大変多くみられた。

　④出身家族の形態と⑤家族発達の段階について。まず対象者が離村時に既婚か否かを基準にして家族形態を整理すると，両者あわせて夫婦家族が55.6%，三世代同居のいわゆる直系家族は30.2%，そして他の形態が14.1%であった。家族発達の段階では，当該出身家族の世帯主夫婦を中心とし，曖昧な場合を除いて整理すると，第一子高卒～末子成年の段階が61.3%となり，他の発達段階を凌駕していた。

　⑥続柄別にみた都市移住パターンでは，表4-13にみるように，当該世帯の

表4-13 続柄別都市移住者

世帯主	40	(19.5%)
世帯主の配偶者	7	(3.4%)
長男	27	(13.2%)
長男以外の男子	55	(26.8%)
長女	26	(12.7%)
長女以外の女子	42	(20.5%)
その他	8	(3.9%)
合計	205	(100.0%)

表4-14 移住前における経営規模

300a未満	24	(19.5%)
300〜500	30	(24.4%)
500〜1,000	44	(35.8%)
1,000a以上	25	(20.3%)
合計	123	(100.0%)

継承的地位に位置しない成員が支配的であり，長男以外の成員は60%強を占めた。つまり「非あととり（非あととり予定）型」が多くみられた。しかし世帯主（および世帯主の配偶者）・長男といった地位継承者ないしその予定者が約3分の1を占めることは，高度経済成長期における続柄別の移住パターンの特徴を示しているように思われた。このように「あととり（あととり予定）型」の都市移住パターンが少なくない点は，前述の「既婚者型」「離農者型」が多いことに対応するし，次節で改めて指摘する「挙家離村型」のパターンが多いことにも関連する。全村レベルでは，ここでいう「あととり（あととり予定）型」は，対象者の場合よりもさらに多く42.1%となった。

⑦出身家族の主な生業形態は，対象者の出身家族における主な生計維持者の職業に即して捉えたものである。これによると，農林業と答えた者が66.3%と断然多い。これにつぐのは公務（9.3%），自営業（6.8%）であり，他の職業は数ケースにすぎない。ちなみに，農林業の場合，専業農家が98名，第一種兼業農家は22名，第二種兼業農家は少なくとも15名が確認された。なお農家の場合，経営内容では「水田作プラス畑作」が52.1%と過半数を占めた。ついで「畑作」が8.5%となった。他は個々のケースが少なく，むしろ二つ以上の経営内容を組み合わせた生業形態が多くみられた。

⑧出身家族の社会階層を一つの基準で把捉するには無理がある。対象者の場合，離村年次にかなりの幅があるし，出身家族の生業形態についても，農林業が多いといえども，農家と非農家とを単純に階層化することはむずかしい。そこでここでは，対象者自身に離村時点における出身家族の社会階層を自己評価

してもらい，それを採択することにした。得られた193名の回答結果は，上層10.4％，中層57.0％，下層32.6％となった。なお農家の場合，経営規模は確認しえたから，参考のために表4-14を作成した。表にみられるごとく，5ha以上層が約半数を占めていた。このような出身家族の社会階層を手がかりにすると，低い出身階層に都市移住パターンが多いとは一概に言えず，むしろ全階層に及ぶ移住パターンがみられた。

第3節　都市移住パターンと親族存在

都市移住パターンと親族存在の有無とがどのように関連しているかを考察することに先だって，対象者の離村時における，①離村についての相談の有無，②相談相手，③離村の反対者の有無，の3点についてふれておきたい。これらの諸点は，本節で検討すべき内容に関連することが少なくないと思われたし，本稿のテーマそれ自体が，こうした諸点を踏まえて展開するのではないかと考えられたからである。

そこでまず，これらの諸項目において親族にかかわる内容がどのようにみられたのかを確かめておこう。

①離村についての相談の有無では，「離村について誰かに相談した」と回答した者が47.5％あり，「誰にも相談しなかった」者は52.5％となった。後者についていえば，結婚・就学・転勤のため，離村それ自体について相談しなかったという，厳密には，「非該当」に相当する回答が多く含まれていた。

②相談相手は，①の「離村について相談した」と回答した者について尋ねた。相談相手として選択されたのは，「家族の者（他出家族成員を含む）」が断然多く97名中83名となった。他は，数は少なく，「知人」5名，「他の親族」3名，「友人」2名，「その他」4名であった。

③離村の反対者の有無について。「離村することに反対があった」と回答した者は，わずか13名にとどまった。この回答には，農業後継者でありながら，農業をやめたり他の職業に就職するために離村した者が6名含まれていた。なお挙家離村のため反対された場合は，意外なことにゼロであった。

以上のことからも，都市移住の意思決定に関して，出身地の家族成員を含む親族が，移住を押しとどめる存在として果たす機能は大変小さいように思われた。したがって，以下では，移住先における他出した家族成員や他の親族成員の存在と，彼らの果たす機能に集中して考察することにしたい。

　改めて本節の課題を考える時，前節で言及しなかった都市移住パターンとして，①「単独移住」か「挙家移住」か，②「直接移住」か「経由移住」か，の二つの移住形態に着目して検討したい。前者の移住形態①についていえば，挙家移住者（「挙家離村型」による都市移住）は，単独移住者（「非挙家離村型」の個人による都市移住）に比べて，移住先の確実な情報，移住後の生活準備がより必要とされ，そのために移住先の親族存在がいっそう重要視されるのではないかと想定された。これは，親族が都市移住に伴う緊張・葛藤を軽減するバッファーの役割を果たしている，とする移住促進仮説にかかわる。後者の②についても，直接移住の場合，挙家移住と同様のことが想定された。すなわち，直接移住（赤井川村より直接移住先に移住した）者は経由移住（他地域を経由して移住先に移住した）者に比べて移住経験が少ないことから，新しい移住先への不安や抵抗をより多く持つのではないかと思われた。そのために直接移住者は，経由移住者に比べて，親族存在の必要性がいっそう多くなるのではないかと想定された。

　いうまでもなく，①②の両移住形態では，①が移住単位にかかわり，②は移住の経験と時間の経緯を含むことから，力点の置きどころが異なる。しかし両者とも，上に指摘した意味において，都市移住パターンと親族存在との関連を問う時，重要な移住形態ではないかと思われた。そこでこれらのタイプを確認すると，①「単独移住型（単独移住者，以下「単独型」と略す）」が128名（63.1％），「挙家移住型（挙家移住者，以下「挙家型」と略す）」が69名（34.0％），その他が6名（2.9％）となった（曖昧な場合は除く）。②「直接移住型」の移住者（以下「直接型」と略す）は115名（56.1％），「経由移住型」の移住者（以下「経由型」と略す）は90名（43.9％）であった。なお，両者を移住先別にみたのが表4-15(a)・(b)である。先に注目した「挙家型」は余市町への移住者に，「単独型」は小樽市に多いが，これらには有意差がみら

表 4-15 (a) 移住形態別移住先

	余　市	小　樽	札　幌	計
挙家移住	24 (44.4)	16 (28.6)	29 (33.3)	69 (35.0%)
単独移住	30 (55.6)	40 (71.4)	58 (66.7)	128 (65.0%)
計	54 (100.0)	56 (100.0)	87 (100.0)	197 (100.0%)

表 4-15 (b) 移住形態別移住先

	余　市	小　樽	札　幌	計
直接移住	41 (71.9)	37 (61.7)	37 (42.1)	115 (56.1%)
経由移住	16 (28.1)	23 (38.3)	51 (57.9)	90 (43.9%)
計	57 (100.0)	60 (100.0)	88 (100.0)	205 (100.0%)

$x^2=13.6$ $(df=2)$ $p<0.01$

れなかった。これに対して,「直接型」は余市町と小樽市への移住者に多くみられ,「経由型」は札幌市への移住者に多くなり,これらの移住形態と移住先との間には有意な関係がみられた。

次に,移住先である余市町,小樽市,札幌市に対象者が離村した時点において,当該地に親族が存在したか否かをみておこう。表4-16は,離村年次別に移住先の1町2市に親族がいたかどうかをみたものである。全体では,親族がいた者は71.6%であり,親族がいない者は28.4%であった。興味深いのは,昭和20年代から40年代にかけて離村年次が新しくなるに伴い,都市的地域に親族がいたと回答する者の比率が高くなっていることであった。しかし,余市,小樽,札幌の移住先別に親族存在の有無をみると有意差はみられなかった(表4-17)。都市の人口規模,都市への距離,都市的機能といった移住先の都市的状況の差異にもかかわらず,親族存在の有無に関して有意差はみられず,親族がいたとする者が1町2市とも圧倒的に多かった。

表 4-16　離村年別親族の有無

	昭和戦前期	昭和20〜29年	昭和30〜34年	昭和35〜39年	昭和40〜49年	昭和50〜56年	計
親族有	18 (58.1)	15 (50.0)	29 (69.0)	33 (75.0)	41 (91.1)	8 (88.9)	144 (71.6%)
親族無	13 (41.9)	15 (50.0)	13 (31.0)	11 (25.0)	4 (8.9)	1 (11.1)	57 (28.4%)
計	31 (100.0)	30 (100.0)	42 (100.0)	44 (100.0)	45 (100.0)	9 (100.0)	201 (100.0%)

$x^2=19.8$ $(df=5)$ $p<0.01$

表 4-17　移住先別親族の有無（離村時）

	親族有	親族無	計
余　市	45 (79.0)	12 (21.0)	57 (100.0%)
小　樽	45 (75.0)	15 (25.0)	60 (100.0%)
札　幌	56 (65.1)	30 (34.9)	86 (100.0%)
計	146 (71.9)	57 (28.1)	203 (100.0%)

表 4-18　移住先における親族（離村時）

配偶者の親族	本人							
	父母	子供	きょうだい	祖父母	オジ・オバ	オイ・メイ	イトコ	その他
12	7	6	71	6	62	1	23	12

　ところで，ここでいう親族とはいったいどのような親族であるのか，それをさらに確かめておこう。手続きとしては，対象者自身が日頃交際のある親族として認知し，そうした認知にもとづいてあげられた親族に依拠した。親族の存在は，少ない者で1人，もっとも多い者で11人となり，かなり幅があった。そうした親族存在について，1人だけをあげた者が67名ともっとも多かった。ついで2人の親族をあげた者は37名，3人19名，4人以上23名となった。こうした親族をカテゴリー別に整理したのが表4-18である。表からも明らかなごとく，主な親族としてもっとも多くあげられたのは本人のきょうだい，オジ・オバである。これらについでイトコが多くあげられた。

　離村時における移住先でのこうした親族存在を，先に指摘した移住形態に関係づけて検討してみよう。まず当該移住者が「単独型」か「挙家型」かという

第4章 親族関係と都市移住の意思決定　153

表4-19(a)　移住形態別親族の有無

	親族有	親族無	計
挙家移住	38 (59.4)	26 (40.6)	64 (100.0%)
単独移住	57 (50.4)	56 (49.6)	113 (100.0%)
計	95 (53.7)	82 (46.3)	177 (100.0%)

表4-19(b)　移住形態別親族の有無

	親族有	親族無	計
直接移住	94 (81.7)	21 (18.3)	115 (100.0%)
経由移住	52 (59.1)	36 (40.9)	88 (100.0%)
計	146 (71.9)	57 (28.1)	203 (100.0%)

$x^2 = 12.7$ $(df=1)$ $p<0.001$

　移住単位に注目した形態と親族存在の有無との関係は，有意差を示さなかった（表4-19(a)）。これに対して，移住経験と時間の経緯という視点にたつ移住形態である「直接型」か「経由型」かによると，表4-19(b)に示したように，親族の有無との関係は有意な関係となった。すなわち，「直接型」は，「経由型」に比べて移住先に親族がいたとする者が多い傾向にあった。直接当該都市に移住してきた者では，81.7％が移住先に親族がいたのに対して，他地域を経由して移住してきた者では，それが59.1％であった。こうした結果をさらに余市，小樽，札幌の移住先別に整理したのが表4-20である。これによると，余市町と札幌市への移住者の場合，「経由型」に比べて，「直接型」において親族が当該地域に存在したと回答する者の比率が高い。これらの移住先に比べると，小樽市では，「直接型」と「経由型」において親族の有無の占める割合に差がほとんどみられなかった。

　都市移住パターンと親族存在との関連について，いまひとつ移住先の都市選

表 4-20　移住先別移住形態別親族の有無

		親族有	親族無	計
余市	直接移住	34 (82.9)	7 (17.1)	41 (100.0%)
	経由移住	11 (68.7)	5 (31.3)	16 (100.0%)
小樽	直接移住	28 (75.7)	9 (24.3)	37 (100.0%)
	経由移住	17 (73.9)	6 (26.1)	23 (100.0%)
札幌	直接移住	32 (86.5)	5 (13.5)	37 (100.0%)
	経由移住	24 (49.0)	25 (51.0)	49 (100.0%)
	計	146 (71.9)	57 (28.1)	203 (100.0%)

$x^2=19.5$ $(df=6)$ $p<0.01$

択の理由を通じて検討しておこう。表 4-21 (a)(b)は，当該移住先の都市選択理由を「挙家型」と「単独型」，「直接型」と「経由型」の両移住パターンによって整理したものである。前者の「挙家型」か「単独型」かという移住単位に注目して都市選択の理由をみると（表 21 (a)），「単独型」の場合，「挙家型」に比べて，「仕事があった，仕事がありそう」という就業に関する理由と「進学」，「結婚」による理由が多くみられた。とくに「結婚」をあげた者では，女性がすべてであり，いわゆる「結婚移住型」の都市移住パターンが顕著であった。また「単独型」では，「他出家族成員を含む親族がいた」（以下では「家族・親族」と略す）ことを都市選択の理由としてあげる者の割合は少なかった。

これに対して，「挙家型」では「家族・親族」を都市選択理由としてあげる者が大変多かった。「単独型」におけるこの理由の占める割合に比較する時，「挙家型」におけるこの選択理由は大変高い比率であることがわかる。すでに表 4-19 (a)に関して言及したように，「単独型」と「挙家型」の両タイプは，移住先における親族存在の有無との関係に有意差がみられなかった。しかし，た

第4章 親族関係と都市移住の意思決定　155

表 4-21 (a)　移住形態別都市選択理由

	家族・親族	友人・知人	仕事があった・ありそう	転勤	進学	結婚	近い	その他	計
挙家移住	29 (42.0)	7 (10.1)	12 (17.4)	7 (10.1)	2 (2.9)	—	3 (4.4)	9 (13.0)	69 (100.0%)
単独移住	19 (14.8)	11 (8.6)	36 (28.1)	11 (8.6)	7 (5.5)	32 (25.0)	3 (2.3)	9 (7.0)	128 (100.0%)
計	48 (24.4)	18 (9.1)	48 (24.4)	18 (9.1)	9 (4.6)	32 (16.2)	6 (3.0)	18 (9.1)	197 (100.0%)

$x^2=36.2$ $(df=7)$ $p<0.001$

表 4-21 (b)　移住形態別都市選択理由

	家族・親族	友人・知人	仕事があった・ありそう	転勤	進学	結婚	近い	その他	計
直接移住	29 (25.2)	11 (9.6)	23 (20.0)	2 (1.7)	6 (5.2)	25 (21.7)	7 (6.1)	12 (10.4)	115 (100.0%)
経由移住	21 (23.3)	7 (7.8)	27 (30.0)	17 (18.9)	3 (3.3)	7 (7.8)	1 (1.1)	7 (7.8)	90 (100.0%)
計	50 (24.4)	18 (8.8)	50 (24.4)	19 (9.3)	9 (4.4)	32 (15.6)	8 (3.9)	19 (9.3)	205 (100.0%)

$x^2=28.6$ $(df=7)$ $p<0.001$

んに一般的な親族存在の有無という設問ではなく，このように移住先の都市選択の理由として特定化し関係づけてみた時，上にみたような有意な関係が改めて確認された。

そこでさらに，「直接型」か「経由型」かによって都市選択の理由をみると，「経由型」は「直接型」に比べて，「転勤のため」「仕事があった・仕事がありそう」といういずれも就業に関する理由の占める割合が高い（表 4-21 (b)）。これに対して，「直接型」において注目されるのは，「家族・親族」と「結婚」を都市選択の理由としてあげる者の絶対数が多く，しかもそれらの占める割合が高いことであった。

以上のことから，移住先の都市選択の理由を通じて親族の存在を考察した結果，「単独型」より「挙家型」の移住パターンにおいて，また「経由型」より「直接型」の移住パターンにおいてそれぞれ，親族存在の機能的意味がよりい

っそううかがわれることが確認された。こうした結果をふまえて、次節では、都市移住パターンにおける親族存在の問題をさらに掘り下げるために、都市移住過程における親族の果たす機能的意味を明らかにしたい。

第4節　都市移住過程における親族機能

　都市移住に際して、都市に居住する親族が後続の新しい移住者に都市移住を促す、あるいは都市移住を容易にする役割を果たすことがしばしば指摘される。移住先に関する情報の提供、移住先における住宅および職業の紹介や確保を親族が担うといわれるのは、その代表的な内容である。冒頭で位置づけた促進仮説はこうしたことにかかわる。前節で考察した都市移住パターンと親族存在の有無との関連が、従来の研究において検討されてこなかったことに比べると、情報・住宅・就業等の生活の具体的な内容にかかわる親族機能の存在は、解明されてきている。

　しかし、従来、諸外国において取り上げられてきているといっても、移住先に親族が存在し、そうした親族を実際に活用したのか、それとも存在しても活用しなかったのか、あるいは存在しなかったので活用できなかったのか、さらには存在しなかったのであれば他のいかなる手段を活用したのか、そしてまた他の手段は親族の活用にどのように関連したのか、といった諸相が明確にされずルーズにされてきたように思われる。

　そこで本節では、当該移住先における親族存在の有無とかかわって、移住者が都市移住過程において、こうした親族を実際どのように介在させたのか、その点を移住時点における①不安意識の有無、②就職の世話、③住宅の世話の側面、において明らかにしたい。なおここでいう都市移住過程とは、単に都市的地域に移住するのか否かということではなく、移住に伴う生活環境の変化に対する適応の過程を意味している。したがって、本節のねらいは、こうした広義の生活環境への適応過程に親族がどのように介在するのかという課題にかかわる。都市移住の意思決定には、前提としてこのような内容が伴うと考える[16]。

　まず、①不安意識の有無についてみてみよう。表4-22は、移住時における

表 4-22 親族の有無と不安意識

	不安有	不安無	計
親族有	37 (26.6)	102 (73.4)	139 (100.0%)
親族無	24 (46.2)	28 (53.8)	52 (100.0%)
計	61 (31.9)	130 (68.1)	191 (100.0%)

$x^2=6.6\ (df=1)\ p<0.05$

不安意識の有無を，当該移住先に親族が存在したか否かに関係づけて整理したものである。不安意識の有無は，対象者の主要な属性である性別，移住時における年齢，学歴，婚姻上の地位，出身家族の階層，出身家族における主な生業，移住前の職業の有無，離村年，単独移住か挙家移住か，直接移住か経由移住かの諸項目とも関連づけて考察してみた。その結果，出身家族における主な生業と移住先における親族の有無の2項目に有意な関係が見出された。前者の項目に関していえば，出身家族の生業が専業農家であった場合，移住に不安を感じた者の比率が高く，逆に非農家の場合，移住に不安を感じなかった者の比率が高くなっていた。なお，出身家族の生業が兼業農家であった者は，非農家の傾向に大変類似していた（$p<.01$）。

　親族の有無の項目では，表からも明らかなごとく，移住先に親族がいた者には，不安がなかったと回答する率が高く，これに対して移住先に親族がいなかった者は，不安があったと回答する率が高くなっていた。ところで，移住先における親族の有無および単独移住か挙家移住かを組み合わせた4タイプと，不安意識の有無との関係をみると有意差はみられなかった。しかし，同様の手続きによって，親族の有無と直接移住か経由移住かを組み合わせた4タイプ（「親族有直接移住型」，「親族有経由移住型」，「親族無直接移住型」，「親族無経由移住型」）と不安意識の有無との関係では，有意差がみられた（表4-23）。すなわち，4タイプのうち，「親族有」の二つのタイプは，「親族無」の二つのタイプに比べて不安意識をもった者の比率が少なかった。とくに「親族有経由移住型」に不安意識をもった者の比率がもっとも低く，逆に「親族無直接移住

表 4-23　親族有無別移住形態別不安意識

		不安有	不安無	計
親族有	直接移住	30 (32.6)	62 (67.4)	92 (100.0%)
親族有	経由移住	7 (14.9)	40 (85.1)	47 (100.0%)
親族無	直接移住	9 (47.4)	10 (52.6)	19 (100.0%)
親族無	経由移住	15 (45.5)	18 (54.5)	33 (100.0%)
計		61 (31.9)	130 (68.1)	191 (100.0%)

$x^2=11.1$ $(df=3)$ $p<0.01$

型」に不安意識があったとする者の比率がもっとも高かった。移住先における親族存在の有無と不安意識の有無に関するこのような関係は，親族の存在が移住者のもつ不安を軽減させる機能を果たしていたものと受けとめられた。

②初職の紹介について。ここでいう初職とは，移住前に無職であった者および，移住前に有職であったが，移住に際して転職した者について，両者の移住後の初職を指している[17]。彼らの初職の紹介が主にどのようなチャンネルを通じてなされたのかを，移住時における移住先の親族の有無によって整理したのが表 4-24 である。表から，移住先に親族がいて，移住に伴う初職の紹介に際して，こうした親族を実際に活用したのか否かがわかる。同時に，親族がいても他のチャンネルをどのように活用したのかも明らかである。

表によりまず確認しうることとして，親族が存在した場合，初職の紹介ルートとしてもっとも多い選択肢は「友人・知人」であり，ついで「家族・親族（他出家族成員を含む親族）」「自分でみつける」となっていた。これに対して，親族がいなかった場合，「友人・知人」がやはりもっとも多く，これに「自分」が続く。これら二つの選択肢に比べると，比率的にはかなり少なくなるが，移住先以外の「家族・親族」と「学校や職業安定所等の機関」が同じ比率で続いていた。いずれにしても，初職の紹介は，「友人・知人型」と「家族・親族型」

表 4-24 親族の有無と初職の紹介

	家族・親族	友人・知人	学校・職安等	自 分	計
親族有	36 (29.5)	46 (37.7)	15 (12.3)	25 (20.5)	122 (100.0%)
親族無	7 (15.9)	18 (40.9)	7 (15.9)	12 (27.3)	44 (100.0%)
計	43 (25.9)	64 (38.5)	22 (13.3)	37 (22.3)	166 (100.0%)

の両タイプが全体として64.4％を占めていたことから，いわゆる第一次的関係が都市移住者にとって主要な就業回路であることがわかる。学校やその他の社会的諸機関を通じてという「機関型」は少なかった。むしろ自分でみつける「自立型」が意外に多いように思われた。

初職の紹介を「家族・親族」に求めた者についていえば，当該移住先に親族がいて，実際にそうした親族を活用した者が83.7％いた。これは大変高い活用比率といえる。ちなみに，当該都市移住後における転職の有無および転職に際しての職業紹介者をさらに確認してみたところ，非該当・無回答を除く185名につき98名（53％）に転職経験者がいた。こうした転職者の職業紹介ルートをみると，「自立型」が42名，「友人・知人型」が25名となり，「自立型」が圧倒的に多くなっていた。これらのタイプに対して「家族・親族型」はわずか14名にすぎず，初職の紹介に比べると転職の場合，「家族・親族型」の占めるウェイトがかなり小さくなった。

移住に伴う「職業紹介」のチャンネルとしての親族の重要性は，初職と転職において，このようなちがいがみられたことから，移住先での初職の就業回路における親族介在機能は，たんなる親族存在にとどまらず，移住者にとって職業生活の領域における実質的な援助的意味，つまり適応促進的な機能を有することが理解される。

③移住に伴う新しい住宅の確保は，就業以上に緊急性と確実性とが要求される。先にふれた①②の側面は，この住宅取得の側面に基礎づけられるといってよい。この住宅取得をやはり移住時の最初の住宅について，主にどのような経

表 4-25 親族の有無と最初の住宅取得経路

	紹 介				同 居				計
	家族・親族	友人・知人	不動産業者等	自分	家族・親族	友人・知人	婚入	寮・社宅等	
親族有	26 (18.2)	23 (16.1)	7 (4.9)	10 (7.0)	36 (25.2)	4 (2.8)	10 (7.0)	27 (18.9)	143 (100.0%)
親族無	2 (3.6)	12 (21.8)	1 (1.8)	6 (10.9)	—	4 (7.3)	9 (16.4)	21 (38.2)	55 (100.0%)
計	28 (14.1)	35 (17.7)	8 (4.0)	16 (8.1)	36 (18.2)	8 (4.0)	19 (9.6)	48 (24.2)	198 (100.0%)

$x^2=33.9$ $(df=7)$ $p<0.001$

表 4-26 諸項目と住宅取得経路との関係

項目	有意差	x^2	(df)
性	$p<0.001$	37.3	(5)
年齢	ns	—	—
学歴	ns	—	—
婚姻上の地位	ns	—	—
階層の自己評価	ns	—	—
主な生業	ns	—	—
職業の有無	ns	—	—
離村年	ns	—	—
挙家移住か否か	$p<0.001$	43.8	(7)
直接移住か否か	$p<0.001$	27.9	(7)
親族の有無	$p<0.001$	33.9	(7)

路を通じて確保したかを，親族の有無との関連においてまとめたのが表 4-25 である。この住宅取得については，不安意識の場合と同様，他の諸項目との関係も合わせて検討したところ，表 4-26 のように，性別，単独移住か挙家移住か，直接移住か経由移住か，そして親族存在の有無の 4 項目において有意差がみられた。親族との関係に関する言及に先だち，他の諸項目との関連にひとまずふれておこう。なお，移住時点における最初の住宅の所有形態は，寮・社宅・寄宿舎 89 名，持ち家 43 名，借家 38 名，借室 33 名（不明は除く）であった。

まず性別をみると，男性では住宅の取得経路は所与的な「寮・社宅・寄宿舎」がもっとも多く，これについで「友人・知人」の紹介，そして「家族・親

族」との同居ないし紹介となっていた。これに対して女性の場合，「婚入（嫁入り）」と「家族・親族との同居」がもっとも多く，これについで「寮・社宅・寄宿舎」となった。

　移住形態でみると，単独移住の場合，「寮・社宅・寄宿舎」（127名中35名，27.6%），「家族・親族との同居」（127名中27名，21.3%）が主要な選択肢であった。これに対して，挙家移住では，「家族・親族」（66名中21名，31.8%）を介してがもっとも多く，これに「友人・知人」（66名中18名，27.3%）の紹介が続いた。いまひとつの移住パターンである直接移住と経由移住についていえば，前者では，「家族・親族との同居」（114名中25名，21.9%），「家族・親族」の紹介（114名中21名，18.4%），後者では，「寮・社宅・寄宿舎」（86名中32名，37.2%），「友人・知人の紹介」（86名中16名，18.6%）が，それぞれ主要な選択肢となった。

　親族存在の有無の項目については，上の他の諸項目よりもいっそう興味深い傾向がみられる。そこで，改めて表4-25に即してその点を指摘したい。すなわち，移住先に親族がいた場合，同居か紹介かのいずれにおいても，「家族・親族」をあげる者がもっとも多く，しかも「家族・親族」を選択した者は，移住先の親族を活用する比率が高いということであった。移住後の最初の住宅確保が「家族・親族」との同居による場合，移住先に親族がいたとする者は，いうまでもなく100%であったし，住宅の紹介では92.9%であった。

　このような住宅取得経路における親族介在の重要性は，これまで言及してきた，①不安意識，②職業の紹介に関する親族介在のそれよりもさらに大きいように思われた。そこでさらに，就業の場合と同様に，最初の住宅取得経路と，移住後における転居の際の住宅取得経路とを比較しておきたい。移住後に転居しなかった者は45名であり，転居者は159名いた。後者について，転居の際の住宅取得経路を尋ねたところ，複数回答の結果ではあるが，紹介の場合，「自立型」が71名と圧倒的であり，ついで「友人・知人型」43名，「家族・親族型」29名となった。同居の場合では，「機関型（寮・社宅・寄宿舎）」がもっとも多く22名となり，これについで「家族・親族型」13名，「婚入（嫁入り）型」10名，「友人・知人型」5名となった。転職の場合と同様，転居後の

住宅取得経路においても,「家族・親族型」より「自立型」や「友人・知人型」,「機関型」が多く選択され,前者から後者への選択肢パターンの変化がみられた。この点からも,移住時の最初の住宅確保において果たす親族の役割は大きいといわなければならない。都市移住者の最初の停泊港は「家族・親族」といわれるゆえんである。かくして都市移住過程における移住先の親族は,就業回路,住宅取得経路の主要な担い手であり,このことが都市移住者の不安意識の軽減につながっていたといえる。

むすび

　一山村からの都市移住者を対象に,彼らの都市移住行動の一端を解明するために小稿の標題が設定された。かなり限定したテーマではあるが,考察の結果,従来,曖昧にされていた諸点が明らかになった。以下,主要な知見を指摘し,あわせて冒頭において提示した本稿の具体的な課題にたちかえり,むすびにかえたい。

　(1)どの離村年代においても,移住先に親族がいたとする回答者が過半数を占めた。とくに高度経済成長期において,移住先に親族がいたとする者の割合は増加した。

　(2)移住先の1町2市のうち,札幌市は小樽市,余市町に比べて,離村時点において,当該移住先に親族がいたとする者の割合がもっとも少なかった。しかし有意差はみられなかった。

　(3)移住形態として,当該都市に家族ないし世帯単位で移住した「挙家移住型」と個人単位で移住した「単独移住型」の両タイプと,移住先の親族存在の有無との関係には有意差がみられなかった。

　(4)しかし,当該都市に直接移住した「直接移住型」と他地域（大部分は他都市）を経由し移住してきた「経由移住型」の両タイプと,移住先の親族存在の有無との関係では有意差がみられた。

　(5)小樽市への移住者では,「直接移住型」と「経由移住型」のタイプによって,親族存在の有無の占める割合に差がなかった。これに対して,余市町と札

幌市への移住者の場合,「直接移住型」は「経由移住型」に比べて,当該移住先に親族が存在した者の割合が高かった。

(6)移住先の都市選択理由と親族存在との関係を,「挙家移住型」と「単独移住型」,「直接移住型」と「経由移住型」の両移住形態に関連させてみたところ,いずれの形態においても有意な関係がみられた。

(7)「挙家移住型」および「直接移住型」において,移住先の都市選択理由として「他出家族成員を含む親族成員」の存在をあげる者の割合が高かった。

(8)移住先に親族がいた者は,いなかった者に比べて,移住時に「不安を感じない」者の割合が高かった。この両者には有意な関係がみられた。

(9)移住後の初職(はじめての就業者・転職者の初職について)の紹介に親族および他の選択肢がどのように活用されたかについて,親族存在の有無との関係をみたところ有意差がみられなかった。

(10)移住先における住宅の紹介や同居に関しては,当該移住先に親族がいたと答えた者において,実際そうした親族を活用した者の割合が大変高かった。住宅取得経路と親族存在の有無との両者には,有意な関係が見出された。

移住先における親族存在の有無は,従来,都市移住パターンの解明に際して,直接明らかにされてこなかったが,以上に指摘した諸点から,「直接移住型」「経由移住型」,そして都市選択理由において明確となった「挙家移住型」「単独移住型」の諸タイプとの関連において,都市移住パターン解明のための有効な視点であることが明らかにされた。さらに移住先における親族存在の有無が,都市移住者にとって移住時の生活領域においてどのような機能的意味をもつかについては,親族が職業や住宅の取得過程で実際に活用され,そのことが不安意識の軽減につながっていることが確認された。

こうした都市移住パターンおよび移住後の生活領域において果たす親族の機能的意味を考える時,出身地域における親族(家族成員間の結合を含む)結合が都市移住を押しとどめるという見解よりはむしろ,移住先における親族(他出家族成員を含む)の存在が都市移住を促進するという見解の方が説得的であるように思われる。というのも,本文中において指摘したように,都市移住に際して,出身地の家族成員や親族成員の反対が皆無というわけではないが,予

想された以上に少数にとどまっていたからである。したがって，都市移住の意思決定に関する論議における親族「介在」説のうち，都市移住促進仮説は，小稿で取り上げたデータに即していえば支持しうる。しかし，残留者についていえば，親和性仮説がより説得的であるかもしれない。この点の検討は，残された課題の一つである[18]。

小稿は，1989年度日本社会学会報告に依拠している。大会当日貴重なコメントをいくつかいただいたが，それらをここでは必ずしも十分に組み入れていない。それらの課題は少なくとも次の方向で補うことにしたい。その一つは，本文中で断ったように，都市移住の意思決定に関しては，高度経済成長期を含む戦後史における当該出身地域の社会構造とその変動を解明するという方向においてである。この点は改めて課題設定をし直し，展開したい[19]。いまひとつは，都市移住者にとって本来のテーマである移住後の当該社会への適応過程を解明することである。この点もすでに収集し終えたデータに即してその結果を別途用意したい[20]。このような課題の解明を通じて，本稿の位置づけとその意味合いとがいっそう明らかになるであろう。

注

1) De Jong, G.F. & Gardner, R.W. eds., 1981, *Migration Decision Making: Multidisciplinary Approaches to Microlevel Studies in Developed and Developing Countries*, Pergamon Press, は，従来，支配的であった構造モデルに対する意思決定モデルに依拠した諸論文を収録している。

2) ここでいう都市移住とは，J.A. Jackson の「(地域)移動とは，個人ないし集団が一時的にしろ，恒久的にしろ，あとにした社会と新しい社会との間における空間的移動である」とする地域移動の一形態と考える (Jackson, J.A., 1986, *Migration*, Longman, p. 8)。表現の問題として，「都市移住」は「都市移動」に比べて時間的恒久性・永続性が強いニュアンスをもつものと考える。都市への移動後，当該地域での永住性が高い場合を厳密には「都市移住」と表現したい。しかし「都市移住」は，わが国では，なじんだ表現としてまだ必ずしも定着していないように思われる。また「意思決定」の使用に関しては，都市移住が個人にとって，あるいは家族ないし世帯にとっても，重要な人生の出来事であり，そのために主体的な決定が求められると考えられるから，「意志決定」を採択したいが，ここでは一般的な「意思決定」という表現を用いることにした。

3) これは J.S. Berliner が国内の地域移動一般に関して指摘したことと一致する。とくにそ

れは都市移住にあてはまる. Berliner, J.S., 1977, Internal migration: A comparative disciplinary view, In Brown, A.A. & Neuberger, E. ed., *Internal Migration: A Comparative Perspective*, Academic press, p. 443.

4) DaVanzo, J., 1981, Microeconomic approaches to studying migration decisions, In De Jong, G.F. & Gardner, R.W. eds., *Migration Decision Making: Multidisciplinary Approaches to Micro level Studies in Developed and Developing Countries*, Pergamon Press, pp. 120–123.

5) Hugo, G.J., 1981, Village-community ties, village norms, and ethnic and social networks: A review of evidence from the third world, In De Jong, G.F. & Gardner, R.W. eds., *Migration Decision Making: Multidisciplinary Approaches to Micro level Studies in Developed and Developed Countries*, Pergamon Press, pp. 186–224. Uhlenberg, P., 1973, Noneconomic determinants of nonmigration: Sociological considerations for migration theory, *Rural Sociology* 38, pp. 296–311.

6) Schwarzweller, H.K. & Seggar, J.F., 1967, Kinship involvement: A fact in the adjustment of rural migrants, *Journal of Marriage and the Family* 29, pp. 662–671. Lee, E.S., 1966, A theory of migration, *Demography* 3(1), pp. 47–57. Morrison, P.A., 1977, The functions and dynamics of the migration process, In Brown, A.A. & Neuberger, E. eds., *Internal Migration: A Comparative Perspective*, Academic Press, pp. 64–65.

7) Ritchey, P.N., 1976, Explanations of migration, *Annual Review of Sociology* 2, p. 389.

8) 本稿のデータ収集は, 1983年度(当時)社会行動学専攻学生との社会調査基礎実習に端を発している. 当該年度は札幌市東区, 北区の居住者を主な対象者とした. 1984年から86年にかけてゼミ生の協力参加を得て札幌市の他の行政区のデータ収集を試みた. 小樽市は1984年～86年にかけて同市より通学していたゼミ生斉藤恭正君の献身的な協力を得てデータ収集を行った. 余市町では, 文部省科学研究費の援助のもとに, 1986年に調査を行った.

9) 配偶者の就業状況について参考のために言及しておくと, 有職者(パートを含む)は132名, 無職は73名であった. 有識者について主な職種をあげておくと, 自営業24名, 公務12名, 製造業, 運輸・通信, 農林業が各6名であった.

10) この離村者の数は, 当該村の人口の自然増, 社会増の結果である. 小規模な山村とはいえ, 轟鉱山, 明治鉱山の存在, 営林署の在置による職業従事者, およびこれらに関わる渡り労働者の数は決して少なくない。また引揚げによる戦後入植者も少なくなかった. さらに村役場を中心とした市街地には, 非農業的職業従事者が意外に多くみられた. こうした人々の移動が多くみられた.

11) Readfield, R., 1941/1951, *The Folk Culture of Yucatan*, Univ. of Chicago Press.

12) Shaw, R.P., 1975, *Migration Theory and Fact*, Regional Science Research Institute.

13) De Jong, G.F. & Fawcett, J.T., 1981, Motivations for migration: An assessment and a value-expectancy research model, In De Jong, G.F. & Gardner, R.W. eds., *Migration Decision Making: Multidisciplinary Approaches to Micro level Studies in Developed and*

Developing Countries, Pergamon Press, pp. 13-58.
14) Hugo, G.J., 1981, *op. cit.*, pp. 220-222.
15) 赤井川村全村の離村者の離村年次は，1954年4月～1984年3月までであり，本稿の調査対象者は昭和戦前期まで含むから，比較の基準は必ずしも一致しない．しかも離村イコール都市移住にならない場合がある．しかし，ここでは，昭和戦後史のうちで，高度経済成長期を含む時期に主要な関心があるから，この観点からすると全村レベルの離村状況はマクロ的な動きを示してくれる．
16) このような見方は，アメリカにおける地域移動——とくに都市移住——研究にうかがわれることを指摘したことがある．拙稿「地域移動論序説」『北海道大学文学部紀要』38-3, 1990, 44-45頁．
17) 合計欄のケースが少ないことは，移動時に，就業しない非該当の者が欠損値となっているからである．なお参考のために，移動時の初職の職種を主なものについてあげると，製造業31名，卸・小売・販売業23名，運輸・通信業22名，自営業16名，建設業14名であった．
18) 都市移住者と残留者とを同時に調査対象とした場合に，より厳密な意味において，本稿の都市移住の意思決定に関する議論がいっそう十分になると思われる．その点，ここでは都市移住者のみに限定した考察にとどまっている．この課題は，出身地における残留世帯，とくに高齢者世帯を中心とした継続調査を通じて，部分的には解明しうるのではないかと考えている．拙稿「北海道赤井川村における高齢者世帯の世代間関係」『北海道大学文学研究科紀要』116, 2005, 25-62頁，および注19）を参照．
19) 出身地における考察として，①拙稿「山間農村における内発的発展と地域生活の変容」『北海道大学文学部紀要』46-3, 1998, 193-241頁，②拙稿「農村高齢者と内発的発展」『北海道大学文学部紀要』47-4, 1999, 125-147頁，を参照．
20) この点は，「第5章　親族関係と都市適応過程」において取り上げた．

第5章

親族関係と都市適応過程

はじめに

　都市化は，マクロ的側面とミクロ的側面とに大別することができるであろう。前者は，主として人口学的規定によるものであり，これには農山漁村から都市への人口移動，いわゆる農村都市移住に伴う人口の地域的再配置とその過程が含まれる。従来，取り上げられてきた都市移住の方向・流れ，都市移住の分化パターンは，都市化のマクロ的側面における考察の主要な内容をなしている。

　他方，後者は，個人レベルにおける行動，態度，意識，価値観などに注目する。都市移住との関連でいえば，都市移住者個々人の移住行動の意味を問うことになる。この都市移住行動に関しては，移住前の出身地（農山漁村）に視点を据える場合と，移住後の移動先（都市）に視点を据える場合とでは，テーマ設定が異なる。出身地の側に立つと，都市移住の原因が移住者の行動レベルにおいて問われる。「都市移住の意思決定」というテーマは，こうした問題意識による。これに対して，移住先の側に立つと，都市移住の結果が問われ，都市移住の効果（影響）や都市適応のテーマが設定される。

　本稿は，都市化のミクロ的側面の文脈に位置づけられる。ここでの考察のねらいは，一連の都市移住行動における移住後の都市適応（過程）を明らかにすることにある。都市適応の問題は，多くの海外移民によって成り立ってきたアメリカ社会においては，きわめて現実的な要請に基づく学問的関心を有するものであった。いうまでもなく，都市社会学におけるシカゴ学派はその代表である。しかし，ひと口に都市適応といっても，都市移住者が海外移民であるか，

国内の都市移住者であるかによって，都市適応に自ずと質的差異がもたらされる。本稿における都市適応の問題は，国内の都市移住者についてである。

ところで，上に指摘した意味における国内移住者の都市適応に関する研究は，海外移民のそれに比べて比較的新しいのではなかろうか。というのも，初期の研究は，1950年代から60年代の初めに求められるように思われるからである[1]。

たとえば，O. Lewis は，1952年に都市移住者家族を対象に，移住先の都市社会において，彼らには家族解体を経験する者が少ないこと，家族成員間および親族成員間に強い結合がみられること，そしてさらに同郷の友人・知人との結合が保持されていることを明らかにした[2]。この結果は，L. Wirth のいう都市化に伴う，第一次的関係の衰退説ないし解体説に異議を唱えるものであり，いわゆるアーバニズム論批判として位置づけられる。

E. Litwak は，1960年に T. Parsons 批判の急先峰として「地域移動と拡大家族の凝集」という論文において，産業社会の要件である地域移動によっても家族間結合，親族間結合が維持されることを明らかにした[3]。これは，地域移動一般を論じたものであるが，J.S. Brown, H.K. Schwartzweller らのケンタッキー大学グループの研究は，同じく60年代初期に地域移動を都市移住行動として特定化し，そうした移動タイプにおける家族成員および親族成員を中心とした第一次的関係と都市適応との関連を取り上げた[4]。北部産業都市へのアパラチア山村出身者の移住に伴う都市適応が，家族・親族結合によって促進されることを，移住者の就業構造への参入過程に注目して明らかにした[5]。Litwak や Brown らの主張は，Parsons の所説に対する，いわゆる核家族孤立化論批判として位置づけられる。

以上に例示した国内移住者の都市適応をめぐる問題に共通していることは，第一次的関係と都市適応との関連である。第一次的関係のうちでも，言及されることが多いのは，他出家族成員を含む親族関係（以下において，親族関係とのみ称する時は他出家族成員を含む）であって，これが都市移住者の都市適応を促進するのか否か，促進するとすれば，それはどのような点においてであるのかが問われた。従来，このような都市適応の内容として，次の諸点が主に取

り上げられてきた。要約的にいえば，①就業の紹介・世話，②住宅の紹介・世話についてであり，これらは移住者の基礎的な生活領域における適応の問題にかかわる。そして，③移住に対する不安・葛藤・満足・アスピレーション・評価についてである。①と②が都市適応の客観的側面であるのに対して，③は都市適応の主観的側面である。

　こうした都市適応の諸相に，移住先および出身地における親族成員がどのように介在したかについては，先に示した例にみられる，主として移住先の家族・親族結合に着目し，彼らの果たす都市適応の促進的機能を主張する見解が少なくない[6]。しかし他方で，家族・親族結合が強いために，家族・親族成員が移住先の一地区に集住することになり，結果的には都市社会全体に対する彼らの社会参加が乏しいことにつながり，適応の阻害的機能が家族・親族結合に見出されるという慎重な見解がある[7]。さらに移住者の出身地への頻繁な帰郷にみられるように，彼らと出身地における家族・親族との結合の強さに着目して，出身地へのノスタルジアが移住後消えるどころか強化され，そのことが移住者の都市社会への適応を抑制するという主張もある[8]。

　このように標題にかかわる従来の研究では，家族・親族結合による都市適応機能をめぐって見解が分かれている。そこで本稿では，上の所説の妥当性を掘り下げるために，以下の諸点を考察したい。第1に，親族関係といっても，いかなる親族カテゴリーの親族が都市適応にかかわるのか，従来の考察では意外なほど不明確であることから，移住者の日頃の親族交際にある親族をまず明らかにする。このためには，移住先の都市社会と出身地の双方における親族を取り上げることが必要である。

　第2に，そうした親族が都市適応の諸相に，実際どのように介在しているのかを明らかにする。第3に，都市適応はそもそもプロセスであり相対的であるから，移住直後と調査時という移住後の時間的経過を踏まえ，少なくとも2時点間の比較をしつつ，適応過程を明らかにする。

　第4に，以上の諸点の解明に依拠して，すでに指摘した都市適応過程における親族関係（家族・親族結合）の果たす促進的機能と抑制的ないし阻害的機能を見極める。そして最後に，第5として，都市移住者にとって都市適応過程は

果たしてどのような意味をもつものであるのかを問い直すことである。

わが国における都市化研究といえば，従来，どちらかといえばマクロ的側面に力点をおいた考察が多い。それだけに，本稿は，高度経済成長期における都市化のミクロ的側面を補充することになるのではないかと考える。なお，この小稿は，先に報告した「親族関係と都市移住の意思決定」に続くものであるから，関連する内容に関しては，重複を極力回避しつつも，必要最小限の言及があることを予め断っておきたい[9]。

第1節 都市移住者と移住パターン

本節では，対象者である移住者の，(1)主な基本的属性と，(2)移住パターンとに言及する。

1 基本的属性

考察の対象者は，北海道の一山村（余市郡赤井川村）から，当該地域にいずれも隣接する三つの都市的地域への移住者205名（余市町57名，小樽市60名，札幌市88名）である[10]。調査時点（1983年12月～1986年9月）における彼らの年齢層は，21歳～85歳とかなりの幅があり，21歳～39歳までが23％であった。これに対して，40歳代26％，50歳代30％，60歳代21％となり，中高年齢層が全体の77％を占めた。性別では男性が62％（128名），女性が38％（77名）であった。学歴では尋常小学校および尋常高等小学校（25％）と新制中学（38％）がもっとも多かった。職業に関しては，調査時時点の有職者は66％であった。この有職者の主な職種についてふれておくと，自営業がもっとも多く，これに運輸業，通信業，製造業，公務，サービス業，建設業に従事する者が続いた。家族形態では，夫婦家族が71％と圧倒的に多いが，三世代家族も25％みられた。家族の発達段階については，対象者の年齢に対応して，末子成年～全子婚出の段階が30％を占めていた。この段階に続く，夫が65歳までと，さらに夫が65歳以上の各段階を含めると，これら三つの発達段階は全体の52％となった。

2 移住パターン

　移住パターンは，①移住経路，②移住者の主な属性，③移住単位，そして④年次別，の四つの側面において把握した。それぞれの側面に関する移住パターンを以下に要約しておこう。

　①移住経路よりみた移住パターン

　移住者が離村と同時に当該都市地域に移住した場合を「直接型」とし，他のいずれかの地域を経た場合を「経由型」とすると，前者は58％（115名），後者は42％（90名）であった[11]。「直接型」は厳密な意味での都市移住に該当する。これに対して「経由型」は，離村後の最初の移動先が他の農山村地域である場合もあり，離村即，都市移住にならないことがある。そこで「経由型」における経由地域を確認しておくと，余市町（16名），小樽市（23名），札幌市（12名）の3市町が60％を占めた。これらの地域以外では，出身地の隣接町村8％，他の道内地域26％，そして本州および外国6％であった。余市町，小樽市，札幌市以外の経由地域を都市的地域か否かでみると，出身地の隣接町村はともかく，他の道内地域および本州の場合は，大部分が行政上の都市であった。かくして，「経由型」は，離村後に現在の都市的地域に直接移住してきていないにしても，このように他の都市的地域を経由している者が大変多いことから，対象者を都市移住者として把握することができるであろう。もっとも，あくまで出身地と現住地のみに基準をおき，単純に対象者を都市移住者と規定することも可能である。

　ともあれ，「直接型」と「経由型」とに区別することは，他地域における生活経験の有無が都市適応のあり方に影響するように思われるから，このような区別は必要である。

　②移住者の主な属性よりみた移住パターン

　ここでの属性は，先の①で指摘した都市移住者の概念化にもとづき，離村時点の諸属性を，都市移住時点の諸属性として，近似値的に読みかえて言及していることを予め断っておきたい。こうした手続きによると，離村年齢をもって都市移住年齢と近似値的に把握することができる。これによると，年齢についていえば，義務教育修了後の15歳〜19歳がもっとも多く，この年齢層が31％，

ついで20～24歳が26%となり，いわゆる「若年齢層型」の移住パターンが支配的であった。婚姻上の地位関係でいえば，未婚者が74%，既婚者は26%であった。後者には，後述する移住単位にかかわる「挙家型」が多く含まれていた。就業上の地位では，有職者が60%，未就業者が40%であった。前者のうち64%が農業従事者であったから，有職者のうちでは転勤より離農による「転職型」の移住パターンが多かった。

出身家族における移住者の地位関係をみると，当該世帯での継承的地位に位置しない，いわゆる二男・三男，女子といった非継承者（ないし継承非予定者）の移住パターンが60%であった。しかし世帯主および長男も少なくはなく，継承者ないし継承予定者が33%みられた。なお，出身家族の階層について，対象者自身の主観的な階層評価から把握すると，上層10%，中層57%，下層33%という出身階層別移住パターンが得られた。ただ出身家族の生業形態が農林業であったとする者が66%みられたから，彼らについてのみ経営規模を確認し，これによって出身家族の階層別移住パターンを捉え直すと，5ha以上層は56%，3～5ha未満層が24%，そして3ha未満は20%となった。このような経営規模からみた場合，主観的な階層評価の場合よりもはるかに全階層からの移住が見出されたといってよい。

③移住単位よりみた移住パターン

家族ないし世帯を単位とした場合の移住を「挙家型」とし，他を「非挙家型」とすると，前者が34%（69名），後者は66%（136名）であった。「非挙家型」の場合では，文字通り一人のみの「単独型」が96%（128名）と圧倒的であり，家族成員の他の誰かと一緒という「複数型」はわずか6名にすぎなかった（不明分は除くため，実数の合計にズレが生じることがある。以下，同様）。なお「挙家型」と「非挙家型」とを①の移住経路，②の移住者の主な属性にそれぞれ関係づけて比較すると，「挙家型」は男性で離村（移住）時に有職者で，移住経路としては「直接型」，そして出身家族の生業形態では非農家で，出身階層としては下層にそれぞれ該当する者が多いという傾向がみられた。これに対して，「非挙家型」は，女性で離村（移住）時に未就業者で，移住経路としては「経由型」，そして出身家族の生業形態では専業農家で，出身階層

としては中層及び上層に多いという傾向がみられた[12]。

④年次別よりみた移住パターン

年次別移住パターンを対象者の離村（移住）年次においてみると、もっとも古い者は1913（大正2）年、もっとも新しい者は1981（昭和56）年であった。大正期はわずか1名であるので、これを昭和戦前期以前に含めると、この期は32名（16%）であり、昭和戦後期が172名（84%）となった。戦後期では、昭和30年代および40年代のいわゆる高度経済成長期の離村（移住）が131名（65%）を占めた。

年次別の移住パターンについては、昭和戦前期以前と昭和戦後期との比較、そして昭和戦後期では高度経済成長期にとくに注目して、移住経路、移住者の主な属性、移住単位にそれぞれ関係づけながら、主な移住パターンを指摘しておきたい。都合16項目と離村（移住）年次とのクロス集計では、6項目において有意な結果がえられた[13]。これらについて、まず昭和戦前期以前の移住者では、未婚の未就業者であり、親の職業が非農業の「挙家型」である者が多くみられた。これに対して、昭和戦後期、とくに昭和30年代および40年代の高度経済成長期の移住者では、既婚の有職者で、親の職業が兼業農家と専業農家の「挙家型」であり、移住先に親族がいたとする者が多くみられた。そしてこのような年次別の移住パターンは、両時期とも札幌市への移住者において顕著であった。

第2節　都市移住者の親族分布と親族交際

都市社会への適応を親族関係との関連において捉えようとする時、当該移住者の移住先および出身地における親族分布と、それら親族との交際の概要を把握しておく必要がある。冒頭で指摘したように、本節は本稿の第1の課題にかかわる。

1　親族分布

ここでは親族を操作的に日頃交際のある親族として捉えておく。まず調査時

に，移住者が移住した都市的地域において日頃交際をする親族の有無を尋ねたところ，そうした親族がいると回答した者は92%であった。このような交際親族が赤井川村出者か否かで確認すると，70%の者が赤井川村出身の交際親族をもち，60%が赤井川村出身以外の交際親族をもっていた。前者の交際親族数は平均2.4名であり，後者のそれは平均1.6名であった。ちなみに，離村（移住）当時，調査時現在において居住する当該都市地域に，交際のある親族がいたかどうかをみると，71%が「いた」とし，平均交際親族数は2.2名であった。調査時点と離村（移住）時点とを単純に比較すると，日頃の交際親族数は，離村（移住）後調査時までの間に2.2名から4.0名へと約倍増したことになる。なお調査時において，出身地の赤井川村に日頃交際のある親族がいるか否か，をさらに尋ねた結果，78%が「いる」と答えた。その平均交際親族数は約2.7名であった。

ところで，上にみた出身地別の交際親族の有無を親族カテゴリーとして確かめたのが表5-1である。表は，対象者がそれぞれのカテゴリーの親族を何人有しているか，をたんに示したにすぎない。しかし，離村（移住）時と調査時の2時点の比較をしているから，移住先の都市的地域において，いかなるカテゴリーの親族を有する者が増減したかをうかがい知ることができる。また移住者が有する出身地別親族と，同じく出身地における交際親族の存在状況をもカテゴリー別に一応把握することができる。表から，いくつかの興味深い点が読みとれるからその点を指摘しておこう。

まず第1に，移住後の調査時において，赤井川村出身のきょうだいが増加している。これは，先に移住した者が出身地に残留していたきょうだいを呼び寄せる引き金になったことを想起させる。

第2に，移住後に赤井川村出身以外の配偶者の親族が大変増加している[14]。この点は，対象者の74%が離村（移住）時に未婚であり，移住後に結婚した者が多いことから，生殖家族の形成に伴う親族関係ネットワークの拡大を意味している。第3に，移住後に，当該都市社会に他出した子供が大変増加している。これは，第2の結果，必然的にもたらされる現象とみなされる。

第4に，移住後に，交際親族としてあげられたオジ・オバの割合が減少する

第5章 親族関係と都市適応過程　175

表5-1　時点別地域別親族分布

			本人の							配偶者の親族	合計
			父母	他出した子供	きょうだい	祖父母	オジオバ	オイメイ	イトコ	その他の親族		
離村（移住）時移住先			7 (3.5)	6 (3.0)	71 (35.5)	6 (3.0)	62 (31.0)	1 (0.5)	23 (11.5)	12 (6.0)	12 (6.0)	200 (100.0%)
調査時	移住先	赤井川村出身	10 (4.6)	18 (8.3)	103 (47.5)	—	31 (14.3)	13 (6.0)	23 (10.6)	3 (1.4)	16 (7.4)	217 (100.0%)
		赤井川村以外	3 (1.7)	32 (18.1)	17 (9.6)	—	16 (9.0)	14 (7.9)	15 (8.5)	8 (4.5)	72 (40.7)	177 (100.0%)
	赤井川村在住		58 (19.1)	—	101 (33.2)	1 (0.3)	60 (19.7)	10 (3.3)	32 (10.5)	17 (5.6)	25 (8.2)	304 (100.0%)
合計			71 (10.2)	50 (7.2)	221 (31.7)	1 (0.1)	107 (15.3)	37 (5.3)	70 (10.0)	28 (4.0)	113 (16.2)	698 (100.0%)

注）同一対象者が日頃の交際親族として複数の親族をあげることがある。

のに対して，オイ・メイの占める割合が増加している。移住後の時間的経過に伴う親族交際の世代交替がうかがわれた。これは，次項でみるように，移住者が有する親族が，移住者にとって，頼る存在から頼られる存在へという変化の側面にかかわる。

第5に，出身地の赤井川村に父母，きょうだい，オジ・オバ，イトコの存在が多くみられた。この点は，改めて後述するごとく，出身地における親族との交際を示すのみならず，郷里への帰郷の媒介者としての親族存在をうかがわせた。とくに出身地における父母の存在は，移住パターンにおいて言及したように，世帯主および長男といった継承（予定）者が33％いたことから，移住した都市の既婚子に対して，山村の老親扶養の問題を投げかけている。

2　親族交際

移住者の日頃の親族交際については，前項でふれた親族の分布状況をふまえつつ，経済的に頼りにする親族，仕事上頼りにする親族，人生上の他の問題において頼りにする親族，そして逆に頼ってくる親族として，それぞれの有無をみてみよう。親族交際をこのように操作的に限定することは問題がないわけではないが，移住者の都市適応過程を考察するうえで，このような交際における頼る・頼られる関係の解明は重要な内容をなしているように思われる。そのた

めに，頼りにする親族がいないと回答した者については，近隣において頼りにする人物の有無，友人において頼りにする人物の有無についてさらに設問をし，「いた」場合，それは，それぞれどのような人物であるのかをあわせて尋ねることにした。

ところで，各項目の親族交際の有無に言及する前に，調査時点において，過去6ヵ月間に出身地の赤井川村からの訪問者があったか否かを示し，そうした訪問者のうち親族はどのような割合であるのかを確認しておきたい。この点に関しては，対象者の61%が，半年以内に赤井川村からの訪問者があったと回答している。訪問を受けた者についてその訪問者をみると，親族が88%，友人が10%，知人は2%となり，圧倒的に親族が多かった。また過去6ヵ月間に，逆に移住者が出身地を訪問したか否かをあわせて聞いたところ，71%が帰郷をしており，出身地からの訪問者を迎えるより訪問する方がやや高い割合を示していた。

それでは，表5-2を手がかりにして，移住者における「頼る・頼られる」親族関係をみよう。表は，頼る・頼られる関係にある主な親族を地域別・カテゴリー別に整理したものである。まず交際の内容ごとではなくて，単純に当該移住者にとって頼る親族がいるか否かでみると，「いる」と答えた者は対象者全体の60%であり，逆に頼ってくる親族があるとした者は53%であった。前者では，主な親族として223名が，そして後者では104名がそれぞれあげられた。頼りにする親族を地域別にみると，赤井川村の親族が33%，対象者が居住する都市社会の親族が53%，その他の地域の親族が13%であった。親族カテゴリーからすると，表に明らかなごとく，総じて父母や年長のきょうだいが大変多い。このような親族カテゴリーは，経済的，仕事上，人生上のその他の問題というそれぞれの側面からみてもほぼ同様であった。しかし，移住先都市内の親族の場合，他出した子供と年少のきょうだいが，年長のきょうだいの数に及ばないまでも，父母よりも多くあげられていた。出身地や他の地域に比べて，当該居住都市内という距離の近さが，こうした結果につながっているように思われた。

頼りにしてくる親族についてみると，こうした親族は，頼りにする親族に比

表 5-2　地域別頼る・頼られる親族関係

			本人の								配偶者の親族	合　計	
			父母	他出した子供	年長のきょうだい	年少のきょうだい	オジオバ	オイメイ	イトコ	その他の親族			
頼りにする親族	赤井川村	経済的	14		13		2				2	31	(13.9%)
		仕事上	9		6		1					16	(7.2%)
		人生上	11		13	1	1				1	27	(12.1%)
		小　計	34	—	32	1	4	—	—	—	3	74	(33.2%)
	移住先	経済的	3	5	13	6	2	1		1	6	37	(16.6%)
		仕事上	3	2	7	7	3	1	1		7	31	(13.9%)
		人生上	6	9	16	7	1			1	11	51	(22.9%)
		小　計	12	16	36	20	6	2	1	2	24	119	(53.4%)
	他の地域	経済的		2	7	2				1	1	15	(6.7%)
		仕事上			3		1					4	(1.8%)
		人生上		1	6	1	3			1	1	11	(4.9%)
		小　計	—	3	16	3	4	—	—	2	2	30	(13.4%)
	合　計		46 (20.6)	19 (8.5)	84 (37.7)	24 (10.8)	14 (6.3)	2 (0.9)	1 (0.4)	4 (1.8)	29 (13.1)	223 (100.0%)	(100.0%)
頼ってくる親族	赤井川村		9		9	3		1	1		1	24	(23.1%)
	移住先		5	8	13	15	2	3	2	1	12	61	(58.7%)
	他の地域		1	1	9	2				6		19	(18.3%)
	合　計		15 (14.4)	9 (8.7)	31 (29.8)	20 (19.2)	2 (1.9)	4 (3.8)	3 (2.9)	7 (6.7)	13 (12.5)	104 (100.0%)	(100.0%)

注）表中「人生上」とあるのは「経済的」「仕事上」以外の内容をさす。

べて数は半減する。量的な減少はさることながら，地域別よりも親族カテゴリー別にみた場合において，頼りにしてくる親族の特徴がみられた。それは，頼りにする親族では，移住者にとって年長の親族が多くあげられていたのに対して，頼りにしてくる親族では，年少のきょうだいが多くあげられていることであった。頼る・頼られる関係は，このような親族カテゴリーを反映しているように思われた。なお地域別では，赤井川村の親族が，頼りにする親族として全体の中で 33% あげられていたのに比べると，頼りにしてくる親族としては 23% となり，その占める比率に若干の開きがあることに注目しておきたい。

頼る・頼りにされる親族関係をさらに掘り下げるために，頼りにする親族がいない場合，先に指摘したように，近隣において，そしてまた友人において頼りにする人物がいるのか否か，いるとすればそれは誰かについてふれることにしよう。この課題に接近するために，頼る親族の有無と頼りにしてくる親族の有無とを組み合わせて，四つのタイプを設定し，これらのタイプとの関連において頼りにする近隣，友人の存在状況を取り上げることにしたい。ちなみに，四つのタイプとは，タイプⅠ「頼る親族有・頼りにしてくる親族有」76名（37%），タイプⅡ「頼る親族有・頼りにしてくる親族無」47名（23%），タイプⅢ「頼る親族無・頼りにしてくる親族有」33名（16%），そしてタイプⅣ「頼る親族無・頼りにしてくる親族無」49名（24%）である[15]。

　表5-3は，上に述べた四つのタイプ別に移住者が頼りにする近隣及び友人の存在をみたものである。近隣では44%，友人については56%においてそれぞれ頼る人がいる。移住者は近隣よりも友人を，頼りにする存在として位置づけていることがうかがわれた。総じて移住者は，頼りにする親族がいる場合，頼りにする親族がいない場合に比べて，近隣や友人を頼りにする者が多いという傾向がみられた。この点から，近隣や友人による親族の代替的ないし補完的関係というよりは，むしろ3者（親族・近隣・友人）の相乗的ないし重層的な関係がうかがわれた。とくにそれはタイプⅠとタイプⅣとの比較においてみられた。タイプⅠでは，頼りにする近隣がいるとする者の比率が高いのに対し，タイプⅣでは，頼りにする近隣がいないとする者の比率が高い。このような傾向は，近隣よりも友人の場合においていっそう鮮明であった[16]。

　次に，近隣と友人に頼る人物がいると答えた場合，その人物は赤井川村出身者であるのか否か，さらに，どのような関係であるのかを確かめておこう。まず近隣について地域別にみると，赤井川村出身者が20名，赤井川村以外の出身者が73名であり，関係カテゴリー別では，赤井川村出身者の場合は親族10名，友人8名，知人2名，赤井川村以外の出身者では親族2名，友人40名，知人31名であった。友人に関しては，赤井川村出身者が29名，赤井川村以外の出身者が56名であった。友人の内容をみると，前者では学生時代の友人18名，会社の上司・同僚5名，後者では会社の上司・同僚19名，仕事関係の友

第5章 親族関係と都市適応過程　179

表5-3　親族関係タイプ別近隣・友人の存在

			近隣に頼る人が		合　計	友人に頼る人が		合　計
			いる	いない		いる	いない	
頼りにする親族有	頼ってくる親族	有 I	45	31	76 (37.1%)	51	25	76 (37.1%)
		無 II	17	30	47 (22.9%)	26	21	47 (22.9%)
頼りにする親族無	頼ってくる親族	有 III	14	19	33 (16.1%)	21	12	33 (16.1%)
		無 IV	15	34	49 (23.9%)	18	31	49 (23.9%)
合　計			91 (44.4%)	114 (55.6%)	205 (100.0%)	116 (56.6%)	89 (43.4%)	205 (100.0%)

$x^2=11.86$ $(df=3)$ $p<0.1$　　　　　　　　$x^2=11.96$ $(df=3)$ $p<0.1$
注）I，II，III，IVはタイプを表す。

人14名，近所の友人9名，子供を介した友人7名，学生時代の友人5名，となっていた。

　以上に言及した親族分布と親族交際は，移住者の都市適応過程を親族関係との関係において捉えようとする時，その考察の背景をなしている。したがって，次節以降では，本節を前提として小稿の主題である都市適応過程にふれることにしたい。

第3節　都市適応の初期段階

　冒頭で指摘したごとく，都市適応を一義的に捉えることは難しい。それは，第1に，適応が個人レベル，家族ないし世帯の集団レベル，居住地域という地域社会レベル，の各レベルにおいて違いを有するからである。第2に，適応が多面的な諸相を有するからである。たとえば，客観的な住宅環境，職業生活，集団加入，社会参加といった各々の生活領域における適応，主観的な不安，満

足，アスピレーションや願望の達成水準などにおける適応がそれぞれみられるからである。しかもこれらの客観的側面と主観的側面とは相互に関連しあう。第3に，適応はそもそも相対的であり，しかも時間的経過を要するものである。移住時にたとえ不適応がみられたとしても，時間の経過に伴い適応が達成されることが少なくない。逆もまたありうる。

　国外からの移民の場合はいうまでもなく，国内地域移動の一形態としての都市移住に伴う都市適応に関する考察においても，第3の課題克服はとりわけ厄介である。それは時間と労力を必要とする調査法上の制約が大きいからである。情報収集がたとえ少数者に限定されるにしても，同一対象者を移住時点から調査時点まで継続してインフォーマントとして位置づけることは，大変困難が伴う。このような制約を多少なりとも克服する次善の策として，調査時点を基準にして移住時点に遡及し，回顧的に情報を収集する方法が考えられる。過去の記憶に頼ることは，それ自体，曖昧さを伴うことは言うまでもない。しかし，調査時における都市移住者の適応の問題を論じようとする時，そこには自ずと過去との比較が必要のように思われる。インフォーマント自身は，適応について問われた時，意識的か無意識的かはともかくとして，過去との対比を試み，現在の適応に関する位置づけをすることが少なくないのではなかろうか。

　そこで本稿では，移住時点での適応と調査時点のそれとをまず区別しておきたい。すなわち，前者は都市適応の初期段階として，そして後者は移住時以降の時間的経過をふまえた都市適応の進展段階として，それぞれ捉えておく。

　本節では都市適応の初期段階についてふれる。この段階における都市適応に関して，標題との関連から具体的な課題は次の点に求められる。

　ひとつは，移住先として当該都市がなぜ選択されたのかを，親族存在との関連において確かめること。もうひとつは，移住先における親族存在が，都市適応の客観的側面および主観的側面にどのように介在したかを明らかにすること。これらは，冒頭で述べた本章の課題の第2点目の考察にかかわる。これらの課題の一部は，すでに報告しているから，その結果を要約しつつ，これにさらに事例的に得られた情報を加味した分析にもとづき，都市適応の初期段階をみておこう。

第1の課題である移住先としての当該都市選択と親族存在との関係については，次の諸点が明らかになった。

①都市選択を選択理由において捉えると，都市選択の主な理由として，第1位に「他出した家族成員や他の親族がいたから」（以下「家族・親族」と略すことがある）と「就職のため」がもっとも多く，それぞれ24％あげられた。第3位は「結婚のため」(16％)，第4位，第5位に「転勤のため」(9％)，「友人・知人がいたから」(8％)が続く。他の理由としては「進学のため」(4％)，「近いから」(3％)がそれぞれあげられた。「家族・親族」の存在に「友人・知人」を加えると，いわゆる第一次的関係が移住先の都市選択理由の32％を占めていた。第一次的関係，とりわけ他出した家族成員・親族成員の存在が都市移住の「引き金」であり，「踏みならされた道」を形成するといわれることは，このような状況にうかがわれるといってよい。

②上の結果をさらに，当該移住者の主な属性，移住経路，そして移住単位にそれぞれ関係づけてみると，統計的に有意な結果が得られたのは，すでに第1節の移住経路と移住単位において示した「直接型」と「経由型」($p<.001$)，「挙家型」と「非挙家型」($p<.001$)の各タイプにおいてであった。すなわち，前者の移住経路についていえば，「直接型」の場合，「家族・親族がいたから」が全体の25％を占めてもっとも多く，これに「結婚」(22％)，「就職」(20％)，「友人・知人がいた」(10％)が続いた。これに対して，「経由型」では，もっとも多いのは「就職のため」(30％)であり，ついで「家族・親族」(23％)，「転勤」(19％)となった。後者の移住単位についていえば，「挙家型」の場合，「家族・親族がいた」が42％と圧倒的に多い。これにつぐのは「就職」(17％)，「友人・知人」(9％)，「転勤」(9％)であった。他方「非挙家型」では，「就職のため」(28％)と「結婚」(25％)が主要な都市選択理由となり，「家族・親族」(15％)をあげる者は少なくなった。

このように，移住者の移住経路と移住単位に注目すると，「直接型」は「経由型」に比べて，また「挙家型」は「非挙家型」に比べて，それぞれ新しい都市社会における生活上のリスクを軽減させるために，「家族・親族」の存在をよりいっそう重要視しているように思われた。都市社会における他出家族成員

や他の親族成員が，後続者に対する都市適応のためのバッファーの役割を果たすことは，この「直接型」と「挙家型」に顕著にうかがわれた。都市適応の初期段階は，都市選択それ自体において，すでに組み入れられた要素が内在化しているといえる。この点はさらに，第2の課題である都市適応の諸相としての客観的側面と主観的側面とにおいて確かめられる。

次に，都市適応の客観的側面を取り上げよう。これについては，移住に伴う最初の住宅（土地を含む）取得と初職の紹介・世話を設定した。得られた結果は以下のとおりであった。

①住宅の取得は，取得に至る情報，取得のための紹介，そして同居による住宅の提供，といった内容を含んでいた。ここでは，これらをひとまず一括して捉え，移住時点でどのようなチャンネルを介して取得に至ったかを尋ねた。その結果，主要なチャンネルとして五つのタイプがみられた。もっとも多いチャンネルは「家族・親族を介して」(33%)であり，これにつぐのは社宅・寮・不動産会社等の「社会的機関を介して」(29%)，「友人・知人を介して」(22%)であった。住宅取得のチャンネルはこれら三つに集中していた。他は「婚入のため」(10%)，「自分でみつけた（以下，「自立型」とすることがある）」(8%)となり，これらは少なかった。住宅取得のチャンネルとして，このように「家族・親族」が「社会的機関」を凌いで多くあげられていること，さらにこの「家族・親族」に「友人・知人」を加えた第一次的関係ネットワークが，半数以上を占めることは，住宅取得には，確実性と信頼性に加えて，人格性を備えたパーソナル・ネットワークの重要性が浮かびあがる。

②このような結果を，都市選択において言及したのと同様に，移住者の主な属性，移住経路，移住単位にそれぞれ関係づけてみると，離村（移住時）点での当該移住先における親族の有無（$p<.001$），「直接型」か「経由型」か（$p<.001$），「挙家型」か「非挙家型」か（$p<.001$），既婚か否か（$p<.01$）の各項目において統計的に有意な結果がえられた。これらについて要約的に示しておく。まず離村（移住）時に，当該都市的地域に親族がいたか否かでは，親族がいたとした移住者は143名あり，このうち「家族・親族を介して」住宅を取得した者がもっとも多く（44%），他のチャンネルを圧倒していた[17]。これ

に対して，親族がいなかった者は 55 名であり，彼らの住宅取得経路は，「社会的機関」が 40% ともっとも多く，これに「友人・知人」(29%) が続いた[18]。離村（移住）時点での移住先における親族の有無は，住宅取得チャンネルにこのような違いをもたらしている。

　移住経路と移住単位に関していえば，移住経路の「直接型」と移住単位の「挙家型」，同じく前者の「経由型」と後者の「非挙家型」とは，それぞれ類似した傾向を示していた。すなわち「直接型」と「挙家型」とでは，いずれも「家族・親族」を中心とした（前者 40%，後者 44%）住宅取得がなされていた。これに対して，「経由型」と「非挙家型」とでは，「社会的機関」を中心とした（前者 40%，後者 34%）住宅取得がなされていた。ちなみに，「経由型」と「非挙家型」では，住宅取得のチャンネルとしての「家族・親族」は，それぞれ 22%, 28% であった[19]。

　移住時に既婚であったか否かでは，既婚者の場合，「家族・親族」(38%)と「友人・知人」(36%) の第一次的関係が，住宅取得チャンネルの 74% を占めていた。これに対して，「未婚者」では，「家族・親族」(31%) の第一次的関係と「社会的機関」(32%) の第二次的関係とに分化した住宅取得チャンネルが見出された。

　③初職の紹介は，文字通りの初職と移住に伴う転職後のそれとを含んでいる。この初職がどのような紹介チャンネルを通じて得られたのかをみると，初職の紹介・世話を他者に求めた 166 名につき，もっとも多かったのは「友人・知人」(39%) であり，ついで「家族・親族」(26%)，「自分で単独」(22%)，学校・職業安定所等の「社会的機関」(13%) となった。初職の紹介・世話のチャンネルでは，住宅取得に比べて，「家族・親族」の占める割合はかなり低いといわざるをえない。しかし，もっとも多い「友人・知人」とそれに「家族・親族」を含めた第一次的関係ネットワークとしていえば，65% の者が就業チャンネルにこのようなネットワークを介在させていたことになる。したがって，移住者の初職の紹介・世話において，社会的機関という第二次的関係ネットワークに対する第一次的関係ネットワークの優位は歴然としている。なお移住者の主な属性，移住経路，移住単位等の諸項目と初職の紹介・世話のチャンネル

との関係では，いずれも有意な結果が得られなかった。

これまで都市適応の客観的側面にふれたが，次に主観的側面に言及しておきたい。ここでの主観的側面とは，移住に伴う不安意識を離村（移住）前と移住時（移住直後）について尋ねたものである。その結果，離村（移住）前に不安をいだいたと回答した者は73名（36％），移住直後に不安をいだいた者は75名（37％）であった。これに対して，不安をいだかなかったと回答した者はそれぞれ131名，126名いた。ここでは，離村（移住）前における不安意識の有無について，有意な関係がみられた諸項目に注目して，明らかになった結果を要約しておきたい。

①まず離村（移住）時に，現在居住する都市社会の移住先に親族がいなかった者は，いた者に比べて，不安をいだく者の比率が高かった（$p<.05$）[20]。②親族がいた者のうちでは，「経由型」の移住者に比べて「直接型」の移住者に不安をいだく者が多かった（$p<.01$）[21]。③出身家族の生業が専業農家であった者は，非農家であった者に比べて，不安をいだいた者の比率が高かった。兼業農家の出身者は非農家のそれに類似した傾向を示した（$p<.01$）[22]。

④住宅取得チャンネルのタイプとの関連でいえば，「婚入」と「社会的機関」をあげた者において，不安をいだいた者が多くみられた。もっとも「婚入」における不安は，都市移住それ自体に伴う不安というよりはむしろ，新しい生活における不安が大きいようにも思われた。これらに対して，「自分」，「家族・親族」，「友人・知人」という三つの住宅取得チャンネルのタイプでは，不安をいだかなかったとする者が多かった（$p<.05$）。このように，住宅取得チャンネルとの関連では，「自立型」が文字通り自立的であったからこそ不安をいだく者が少なかったことはいうまでもないが，このタイプを除くと，非人格的な「社会的機関」を活用した者とパーソナル・ネットワークを介した者とでは，不安の有無に上記のような違いがみられた。もとより，不安意識の内容それ自体を詳細に聞きえていないから十分とはいえないが，それでも，山村からの都市移住者は，移住に伴う不安の軽減ないし解消のメカニズムに家族・親族を中心とする，熟知したパーソナル・ネットワークをビルト・インさせていたことが理解される。

都市適応の初期段階では，移住者は移住先としての都市社会に対して，すでに先に他出した当該地における家族成員や親族成員の存在を前提にして，移住の意思決定をすることが少なくなかった。このこと自体がすでに，都市社会への適応の準備態勢を形成した。加えて，都市適応の諸相にみたように，具体的でかつ客観的な住宅取得や就業のための各経路において，「家族・親族」を中心としつつ，これにさらに「友人・知人」の第一次的関係ネットワークを介在させながら，移住に伴う不安意識にみるようなリスクを軽減・緩和し，そして解消するメカニズムの装置化がみられた。このような都市適応の初期段階を有する移住者は，移住後どのような適応の進展を示すのか，次節以降においてその点を取り上げることにしよう。

第4節　都市適応の進展段階(1)

　都市適応の進展段階は，大別して二つの側面から考察したい。第1に，都市適応の初期段階では移住者を，援助を受容する立場にある者としてのみ位置づけてきたが，移住後の時間的経過において，当該移住者は後続の移住予定者に対して，あるいは同じ移住者間相互において援助をする立場をも有するのではないかと考えられるから，この点を本節において見極める。これは社会関係レベルにおける都市適応の進展段階(1)の側面である。第2に，移住先の地域社会において，移住者はどのような社会参加をしているのか。あわせて彼らは，出身郷里という地域社会とどのような交流を有しているのかを明らかにする。これは地域社会レベルにおける都市適応の進展段階(2)にかかわる。この点は次節において言及する。

　これら二つの側面は，いずれも前節の冒頭で注意を喚起したように，移住（当該都市への転入）時点と調査時点とをできるだけ比較しながら明らかにする必要がある。さらに対象者の場合，離村（移住）時に未婚であった者が多かったけれども，調査時では逆に未婚者はわずか4名にすぎず，婚姻上の地位変化を有する者が多かった。したがって，個人レベルはもとより家族ないし世帯レベルの進展段階に留意する必要があるであろう。ここでいう進展段階とはそ

のような意味をも含んでいる。

　さて，本節における進展段階(1)では，次の三つの社会関係レベルの課題を明らかにしたい。第1に，移住者は，移住後における転居と転職に伴い，新しい住宅取得や転職の紹介・世話を「家族・親族」からどのように受けたか。第2に，対象者は，赤井川村出身者に住宅，土地，就職，結婚，その他の紹介や世話をしたのか否か。「した」とすれば，それはどのような人に対してであったか。第3に，調査時における不安意識の有無は，移住者のもつ社会関係とどのような関係をもつのか。以下，これらの諸点を順次取り上げる。

1　転居・転職と援助ネットワーク

　移住後，転居した者は157名，転居しなかった者は45名であった。同じく転職した者は98名，転職しなかった者は87名であった（一度も就職しなかった19名は除く）[23]。表5-4は，移住後における転居・転職に伴い受けた紹介・世話の援助ネットワークを移住時点のそれと比べて整理したものである。まず住宅についてみると，移住後の転居に伴う住宅取得チャンネルは「自分でみつけた」とする「自立型」が約半数の45％を占めた。これにつぐのは「友人・知人」(21％)，社宅・寮・不動産会社などの「社会的機関」(17％)，そして「家族・親族」(15％) であった。最初の住宅取得では「家族・親族」がもっとも多かった (32％) から，移住後における住宅取得チャンネルのパターンの変化は明白である。「家族・親族」のパーソナル・ネットワークへの依存から「自立型」への移行が確認された。転職の場合では，紹介・世話のチャンネルのカテゴリーが住宅のそれと多少異なるが，「自立型」が61％と圧倒的に多い。初職では「友人・知人」と「家族・親族」という第一次的関係のパーソナル・ネットワークが64％を占めていたから，ここでも援助チャンネルのパターンの変化は明白である。

　このように，移住後の時間的経過に伴う転居と転職において，移住者は「家族・親族」を中心とした第一次的関係への依存から，「自立型」への移行過程を示した。それでは，この過程において移住者は，残留する出身地域の人たちや同じ移住者にどのような援助をしたのか。それを次にみてみよう。

表 5-4　転居・転職の援助経路

		最初の住宅	転居後の住宅
住宅の取得経路	家族親族	64 (32.3)	60 (15.1)
	友人知人	43 (21.7)	82 (20.7)
	自分	24 (12.1)	179 (45.1)
	社宅寮	48 (24.2)	66 (16.6)
	婚入	19 (9.6)	10 (2.5)
合計		198 (100.0%)	397 (100.0%)

		初職	転職
就業経路	家族親族	43 (25.9)	16 (6.1)
	友人知人	64 (38.6)	53 (20.2)
	自分	37 (22.3)	161 (61.5)
	学校職安等	22 (13.3)	19 (7.3)
	その他	―	13 (4.9)
合計		166 (100.0%)	262 (100.0%)

2　同郷人への援助ネットワーク

　移住後，同郷人への援助をしたと回答した者は61名，しなかった者は144名であった。前者に関しては，就職，住宅，土地，結婚，その他の5項目を設定し，それぞれについて何名がどのような関係の人に援助をしたのかを確かめた。その結果をまとめたのが表5-5である。援助をした者のうちでは，就職と

表 5-5 同郷人への紹介と世話の有無

	紹介や世話・有		紹介や世話・無	合計
就職	33名(16.1)	親族 9ケース 友人・知人 28ケース	172名(83.9)	205(100.0%)
住宅	19(9.4)	親族 7ケース 友人・知人 14ケース	184(90.6)	203(100.0%)
土地	13(6.3)	親族 4ケース 友人・知人 11ケース	192(93.7)	205(100.0%)
結婚	31(15.1)	親族 11ケース 友人・知人 22ケース	174(84.9)	205(100.0%)
その他	11(18.0)	親族 2ケース 友人・知人 9ケース	194(82.0)	205(100.0%)
合計	61(29.8)	親族 33ケース 友人・知人 84ケース	144(70.2)	205(100.0%)

　結婚の紹介および世話をした者がもっとも多く，それぞれ半数いた。これら両者に比べると，住宅や土地の紹介および世話は，3分の1ないし5分の1にとどまり，その他はさらに少なかった。

　どのような関係の人に対する紹介と世話であったかは，表に示すように，いずれの援助項目についても，親族よりも友人・知人が多かった。複数回答の総ケースでいえば61名につき117ケースの援助があり，そのうち友人・知人が84ケース（71%），親族が33ケース（28%）をそれぞれ占めた。このような援助をした居住者について，移住者の当該都市居住経過年数でみると，もっとも多いのは「11年以上」の居住者（57%）であり，ついで「2～3年以内」（24%），「6～10年以内」（12%），「4～5年」（7%）となった。移住後の居住経過年数の長い者が，圧倒的に多く援助していることは言うまでもないが，移住後2～3年以内のもっとも短い居住経過年数の者も少なくないことが注目される[24]。とくに後者の場合，親族への援助でいえば，先に他出した世帯主が残留する妻子ないし老親を呼び寄せたり，年長のきょうだいが年少のきょうだいの移住を引きおこすといったことが考えられるからである[25]。

　次に，上にみた援助項目について，対象者の調査時の主な属性，これまで

表5-6 親族関係タイプ別同郷人への紹介・世話の有無

	紹介と世話・有	紹介と世話・無	合 計
頼る親族有・頼りにしてくる親族有 （タイプⅠ）	24 (31.6)	52 (68.4)	76 (100.0%)
頼る親族有・頼りにしてくる親族無 （タイプⅡ）	14 (29.8)	33 (70.2)	47 (100.0%)
頼る親族無・頼りにしてくる親族有 （タイプⅢ）	16 (48.5)	17 (51.5)	33 (100.0%)
頼る親族無・頼りにしてくる親族無 （タイプⅣ）	7 (14.3)	42 (85.7)	49 (100.0%)
合 計	61 (29.8)	144 (70.2)	205 (100.0%)

$x^2=11.26\ (df=3)\ p<0.05$

でにくり返し言及した移住経路，そして移住単位との関連をみると，就職と結婚の2項目においてのみ有意な結果が得られた（他の項目はケース数それ自体が少なく検定に至っていない）。まず，同郷人に対する就職の紹介・世話についていえば，調査時に男性は女性に比べて（$p<.01$），有職の者は無職の者に比べて（$p<.05$），そして居住期間の長い者は短い者よりも（$p<.01$），同郷人にそれぞれ就職の紹介・世話をしている者が多くみられた。さらに移住単位としての「挙家型」の者は，「非挙家型」の者に比べて同郷人に就職の紹介・世話が多かった（$p<.01$）。結婚に関しては，居住期間と移住経路において有意な結果が得られた。すなわち，居住期間の長い者は短い者よりも，そして「直接型」は「経由型」よりも，それぞれ同郷人に結婚の紹介・世話をしている者が多かった（$p<.01$）。

すでに第2節において，移住者の頼る・頼られる親族関係，頼る・頼られる友人関係，そして頼りにする近隣関係について言及しておいた。そこでさらに，このような関係パターンと，移住後における同郷人への援助との関係をみておくことにしたい。なぜなら，そこに移住者の適応の進展段階の一端が読みとれるのではないかと考えたからである。

表5-6によると，頼りにしてくる親族がいるタイプは，いないタイプに比べ

て，同郷人への紹介・世話をした者の比率が高いという傾向がみられた。この表は，五つの個別ごとの援助項目ではケースが少ないため，移住後に同郷人に対して何らかの紹介・世話をしたか否か，として集約したものであり，移住者のもつ四つの親族関係タイプとの間において有意な結果が得られた。この結果を先にふれた転居・転職の援助チャンネルのパターン——「家族・親族」への依存から「自立型」への移行がみられたということ——に照らし合わせると，移住後における「家族・親族」への依存関係の減少は，頼る関係から親族を含む同郷人に逆に頼られる関係への変化を含む過程でもあったといえる。都市移住者の移住後の自立化の過程は，頼る関係から頼られる関係への移行を随伴していたことになる。それではいまひとつ，移住者の不安意識はどのような変化をみせるのか，さらに取り上げてみよう。

3 不安意識とパーソナル・ネットワーク

すでにふれたごとく，移住直後に不安をいだいた者は75名（37％）あり，不安のなかった者は126名（63％）であった。偶然かと思われるが，調査時点でもこの数値に変化はない。しかし前者では，明確に「不安がある」とした者が53名（28％）いたのに対して，調査時では，そのように回答した者はわずか9名（5％）にすぎなかった。これに対して「どちらともいえない」という曖昧な不安を表明した者は，22名から3倍の66名となった。もっとも，ここでの不安意識は不安の内容まで立ち入った情報を入手しておらず，一般的な生活への不安として尋ねた結果にすぎないから，厳密ではない。それでも移住直後に明確な不安を持った者が激減したことは明らかである。移住に伴う不安は，移住後，大幅に減少したといえる。

次に，調査時において，このような不安意識はどのような対象者に，そしてまたどのような移住経路，移住単位そして社会関係パターンを有する者にみられるのか，それをみておこう。なお，分析に際して，明確な不安意識をもった者はわずかであり，曖昧な「どちらともいえない」という不安意識をもつ者が支配的であったため，両者を含めて「不安意識あり」として取り扱っている。

まず対象者の主な属性についてみると，統計的に有意な結果は出身家族の生

表5-7 親族関係タイプ別不安の有無

	不安有	不安無	合　計
タイプⅠ	35 (46.7)	40 (53.3)	75 (37.3%)
タイプⅡ	20 (44.4)	25 (55.6)	45 (22.4%)
タイプⅢ	10 (30.3)	23 (69.7)	33 (16.4%)
タイプⅣ	10 (20.8)	38 (79.2)	48 (23.9%)
合　計	75 (37.3%)	126 (62.7%)	201 (100.0%)

$x^2=10.05$ $(df=3)$ $p<0.05$
注）表中，タイプⅠ～タイプⅣは表5-6を参照。

業形態のみにおいてであった。すなわち，専業農家の出身者は，非農家の出身者に比べて，移住直後および調査時においても不安意識をもつ者が多かった。兼業農家の出身者は両者の中間であった（$p<.01$）。このような結果は，専業農家出身者には，出身地に農地や墓を残したり，老親がいる者が多いことから，こうしたことに関連があるのではないかと思われた。

　属性以外では，移住先（$p<.05$），「挙家型」と「非挙家型」（$p<.01$），離村（移住）時の当該移住先における親族の有無（$p<.01$）の3項目において有意な結果がみられた。移住先別では，都市的規模が大きくなるほど，また「非挙家型」の移住者は「挙家型」の者に比べて，それぞれ不安意識をもつ者が多かった。この結果は両時点についてみられた。いまひとつ，離村（移住）時に当該移住先に親族がいなかった者は，いた者に比べて不安意識をもつ者が多かった。これも移住直後と調査時の両者において同様の結果がえられた。

　ところで，社会関係パターンと不安意識との関係では，意外な傾向がみられた。すなわち，「頼る・頼られる」親族関係パターンとの関係では，表5-7にみるように，頼る親族や頼りにしてくる親族がいる者（タイプⅠ）は，両者ともいない者（タイプⅣ）に比べて，不安意識をもつ者が多くみられた。これは当初予想された結果とは逆である。このような結果は，先に断った手続きによ

るものなのか，それとも曖昧な不安意識が親族間の葛藤の表われであるのか判断しがたい。そのために，出身地域における親族の有無，過去1年間における帰郷の有無，同じく出身地からの訪問者の有無，といった諸項目と不安意識を関係づけて検討してみた。その結果，出身郷里からの訪問者の有無に関して有意な結果が得られた。つまり出身郷里からの訪問者があった者は，なかった者に比べて不安意識をもつ者が多かった。この点も意外な結果であるが，出身郷里との交流が，単純にプラス評価だけでは判断しがたいことを示しているように思われた。

上の疑問点をさらに検討するために，移住直後の不安の有無と，調査時点における不安の有無とを組合をあわせて四つのタイプを設定し，これらのタイプと，これまで言及した諸項目と関連づけてみたところ，出身郷里に親族がいる者ほど（$p<.01$），また頼りにする親族がいる者ほど（$p<.01$），不安意識をもつ者がそれぞれ多くみられた。この結果からすると，先の意外な結果が多少フォローできるように思われた。それは，たとえば，すでに第2節で述べたように，出身郷里における親族や，頼りにする親族は年長の親族，とくに父母やオジ・オバであったから，そうした親族を頼りにする存在としつつも，年長なるが故に彼らの動向にかかわる心遣いが，移住者にとっては曖昧な不安意識につながっているのではないかと想定されたからである。

第5節　都市適応の進展段階(2)

前節で指摘したように，都市適応の進展段階について，地域社会レベルにおいて接近することが本節のねらいである。そのために具体的には，第1に，移住先の都市的地域における移住者の社会参加を，町内会および任意集団への参加状況を通じて明らかにする。第2に，出身地との社会的交流を解明しつつ，こうした交流と移住先における社会参加との関連を問う。第3に，第1と第2の結果をふまえながら，離村（都市移住）の評価，定住意識を明らかにする。

1 社会参加

　移住者にとって都市適応の進展は，当該移住先における社会参加の状況によって測られることが少なくない。たとえば，任意集団への加入とそれに伴う社会参加がなければ，当該者は孤立した存在とみなされ，地域社会への統合がなされていないと解される見解がみられるからである[26]。しかし他方で，たとえそうした社会参加がなされていないにしても，都市移住者は家族・親族を中心に同郷人の友人・知人によるパーソナル・ネットワークを形成し，そのことによって必ずしも孤立した存在にはならないとする考察は少なくない[27]。

　すでに，第2節において，対象者の親族分布と親族交際を明らかにした。第3節および第4節において，他出家族成員を含む親族ネットワーク，友人・知人ネットワークが，都市適応の初期段階と進展段階(1)にみられ，適応促進のための実質的な機能的意味を有していることも明らかにした。けれども，冒頭で指摘したように，こうしたプライマリーでパーソナルなネットワークの凝集性のゆえに，当該移住者はそうしたネットワークによる内集団を形成し，結果として社会参加が阻害されるという指摘がみられた。移住者の都市適応の進展と社会参加との関係は，このような争点を含んでいる。本節では，こうした点を念頭におきながら，対象者の社会参加状況を町内会と任意集団への加入を中心にみておこう。

　さて，町内会は一般的に半強制的加入が多いから，加入それ自体よりも町内会行事への参加状況を尋ねる方が，本節のねらいにいっそう対応するものと考えた。そこで，町内会行事への参加状況をみると，「いつも参加」(35%)，「時々参加」(31%)，「参加しない」(33%)となり，ほぼ3等分の参加状況がみられた。参加するか否かでいえば，参加率は66%であった。町内会行事を個別に細分化すると，参加率はそれぞれ変化するが，この数値はかなり高いのではなかろうか[28]。このような町内会行事参加率に加えて，町内会における役職経験の有無をさらに確認したところ，町内会長や副会長の経験者は45名であり，全体としてなんらかの役職を経験した（している）という意味での役職経験率は62%となった。この数値も先の町内会行事参加率と同様，やはりかなり高いように思われた。

調査時におけるこのような町内会行事への参加状況を，移住時点と比較してどのように変化してきたかを設問したところ，「大変参加するようになった」(43%)，「少し参加するようになった」(16%)，「変わらない」(30%)，「参加しないようになった」(10%) という結果が得られた。移住時点に比べて，町内会行事に「参加するようになった」とする者が約6割みられたのである。移住後におけるこのような変化は，当該地域社会への適応の進展とみることができるであろう。

町内会での葬式に参加する（した）か否かをも合わせて聞いた結果，参加しない（しなかった）者はわずか9%にすぎず，91%が参加する（した）としていた。不幸音信の普遍的性格が強くうかがわれた。しかし，流動性の高い都市社会を考える時，この葬式参加率も，町内会行事参加率，町内会役職経験率と並んで高い数値を示しているといえる。

次に，任意集団への加入をみてみよう。具体的な集団名まで確認しえていないが，任意集団に59名(29%)が加入し，146名(71%)が未加入であった。この加入率は，他の類似の調査に比べて必ずしも低いとはいえないように思われた[29]。任意集団への加入者について，加入経路を尋ねたところ，「友人・知人を介して」がもっとも多く23名，「自分で選択し加入した者」は15名，「町内会活動の一環として」の加入が10名，「親族を介して」は2名であった。さらに，任意集団への加入が，移住後何年目であったかを確かめると，10年以内の場合が32%であるのに対して，11年以上経過した者は68%であり，居住年数の長い者に加入者が圧倒的に多くみられた。

任意集団への加入状況は上のとおりであるが，移住者にとって任意集団への加入の機能的意味はいったい何かを，集団加入による楽しさとその内容についてさらに問うてみた。それによると，「楽しい」(93%)，「どちらともいえない」(7%) となり，任意集団加入に対する評価は大変高い。楽しさの内容では，複数回答のため内容が多様化するが，その中で「社交性が広がる」(25ケース)，「精神衛生によい」(12ケース) が目立つ内容としてあげられた。任意集団の任意たるゆえんが機能的にうかがわれた。

山村からの都市移住者の社会参加は，町内会行事や町内会役職経験，そして

葬式への参加にみるようにかなり高い比率がみられた。これらに比べると任意集団加入率は，総体的に低いけれども，それは都市居住者に関する一般的な動向を示しているように思われた。加えて，町内会行事参加の2時点比較に関する回答にみるように，移住後の時間的経過にともない，行事参加が増大したとする者が過半数にみられた。こうしたことから，移住者は移住先における都市社会での社会参加が少なく孤立化する，という命題はあてはまらないように思われた。むしろ移住先においても，村落的生活様式の行動パターンが，高い町内会行事参加率，役職経験率，そして葬式参加率にあらわれていた。そこで，①当該対象者の属性，②移住経路と移住単位，そして③移住先における社会関係，の3項目と社会参加との関連に言及し，都市適応の進展段階における社会参加の意味を確かめておこう。

　①②③の各項目と社会参加との関連は，総じて統計的に有意な結果は得られなかった。唯一，町内会行事参加について余市町，小樽市，札幌市の各移住先との関係において有意差がみられたにすぎない（$p<.01$）。すなわち，小樽市への移住者は他の2地域に比べて「参加しない」者の比率が高かった。断定はしがたいが，これは小樽市の場合，他地域に比べて男性の構成比率が高いことに起因するのではないかと思われた。都市社会の場合，概して既婚女性は既婚男性に比べて，町内会行事への参加率が高いからである[30]。

　対象者の年齢，挙家移住か否か，移住先における頼り・頼られる関係にある親族や友人・知人の存在，また近隣の存在によって社会参加状況が異なるのではないかと当初想定したが，これらについても有意な結果は得られなかった。つまりそれだけ，これまで言及した対象者の社会参加状況は，各項目による特定の影響を受けることが少ないことを示しているように思われた。

2　出身地との社会的接触

　本章の冒頭で言及したように，移住者の都市社会への適応に関して，出身地との社会的接触が多い場合，移住先の地域社会への適応が阻害されるという主張があった。これは移住者が，移住後も出身地との社会的接触を保つことによって，出身地との一体感を保持し，移住先において異邦人にとどまることを意

味していた[31]。そこで，先の社会参加の意味を深めるために，社会参加状況を出身地との社会的接触に関連づけて考察しておくことが必要になる。さらに，次項で言及する離村（都市移住）の評価及び定住意識に，この出身地との社会的接触が，どのような影響を及ぼしているかを明らかにすることも必要であろう。これらのことから，出身地との社会的接触がどのようになされているかをまず明らかにしたい。

調査時に，出身地へ「日頃帰郷する」と回答した者は，181名（90％）であるのに対して，「帰郷しない」とした者は21名（10％）であった。帰郷しない理由としては，「親族がいない」9ケース，「友人・知人がいない」2ケース，「その他」5ケースとなった。移住時では，「帰郷しない」と答えた者は30名であったから，調査時では帰郷する者が若干増えている。ちなみに，移住時と調査時について，各1年間における平均帰郷回数をみると，移住時が9.3回であるのに対して，調査時は9.4回となっている。「去る者は日々に疎し」には必ずしもなっていない。

上の帰郷状況をさらに特定化するために，調査時点より過去半年間における帰郷の有無と，（必ずしも期間を設定していないが）個々の帰郷機会の有無とを尋ねた。その結果，71％の者が過去半年間に帰郷しており，29％が帰郷していなかった。

個々の帰郷機会については，表5-8にみるように主な帰郷機会を設定し，それぞれについて帰郷の有無とともに，帰郷する場合については定期的か否かを確認するように心がけた。そこでまず，帰郷を定期的にしているか否かを全体としてみると，約半数の97名が定期的に帰郷していた。ついで帰郷機会として，祝日・休日に定期的に帰郷する者は，わずか3ケースにすぎなかった。これに対して表の上段に示した帰郷機会，すなわち盆，墓参り，正月，暮，カルデラ祭り，農繁期の手伝い，そして秋の神社の祭りの七つの機会それぞれにおいて，かなり多くの定期的帰郷がみられた[32]。これらの機会のうち盆，墓参り，正月は定期的な帰郷のベスト3となっていた。この三つは民族大移動と形容される帰省ラッシュに重なる。

ところで，定期的か否かを問わず，帰郷の有無の重要な他の機会が表中下段

表 5-8　機会別帰郷の有無

	帰郷する		帰郷しない	合　計
	定期的	不定期		
盆	49.5	9.7	40.8	100.0
墓参り	35.7	11.2	53.1	100.0
正月	26.0	15.3	58.7	100.0
暮	12.2	12.2	75.5	100.0
カルデラ祭り	11.7	25.5	62.8	100.0
農繁期の手伝い	9.7	13.3	77.0	100.0
秋の神社の祭り	6.6	13.2	80.1	100.0
祝日・休日	1.5	25.0	73.5	100.0
葬式	53.1		46.9	100.0
法事	52.6		47.4	100.0
結婚式	45.9		54.1	100.0
病気見舞	42.3		57.7	100.0
出産見舞	34.7		65.3	100.0
気がむいた時	55.3		44.7	100.0

注）n=196。表中，数値はパーセント。

に示した機会であることは明らかである。つまり，フォーマルで義理を果たすことが要求される葬式，法事，結婚式，病気見舞といった機会がそれである。これらの機会に帰郷すると回答する者は少なくない。表5-9により，帰郷機会各項目について，調査時より過去に「定期的に帰郷した」，「不定期に帰郷した」，「帰郷しなかった」の三つのカテゴリーごと（表中の帰郷回数を示した下段五つの機会は，後者二つのカテゴリー）に帰郷回数をみると，分散分析の結果，「農繁期の手伝い」を除いて，他の機会は「定期的」「不定期」「帰郷しない」の順で帰郷回数が少なくなっている。つまり当該の機会に「定期的に帰郷した」者は，「不定期に帰郷した」者よりも，「帰らなかったとする」者よりはトータルとしての帰郷回数は多い，ということであった。

ところで，上にみた帰郷回数の多寡と対象者の主な属性，移住経路，移住単位，出身地における親族の有無，調査時点より過去1年間における出身地からの訪問者の有無，そして移住先における社会関係のパターンとの相互関連についてみたところ，かなりの項目に有意な結果がえられた。これらについて整理

表 5-9 機会別帰郷回数

	帰郷した		帰郷しなかった
	定期的	不定期	
盆	13.4	5.8	4.6***
墓参り	14.1	12.1	5.2***
正月	16.6	14.3	4.6***
暮	19.0	15.5	6.7***
カルデラ祭り	13.6	12.6	7.1**
農繁期の手伝い	16.2	22.6	6.2***
秋の神社の祭り	24.1	18.1	6.6***
祝日・休日	37.7	14.7	6.8***
葬式	—	11.8	6.6**
法事	—	11.9	6.5**
結婚式	—	13.0	6.1***
病気見舞	—	14.5	5.6***
出産見舞	—	16.0	5.9***
気がむいた時	—		

**$p<0.01$　***$p<0.001$

注）表中，数値は回数を示す。「帰郷した」「帰郷しなかった」は，調査時点より過去半年間における区分である。ただし，回数は当該都市への移住後，これまでについて尋ねた。

したのが表 5-10 である。表に示したように，調査時点では，調査時の年齢，移住先，「挙家型」か否か，直接移住か否か，そして出身地からの訪問者の有無の5項目において，また移住時点では，学歴，移住先，離村年次，移住先における親族の有無の4項目において，それぞれ帰郷回数に有意差がみられた。前者の調査時点についていえば，帰郷回数は，年齢の若い者，出身地に近い移住先の者，「非挙家型」の移住者，「直接型」の移住者，そして出身地からの訪問者を過去1年間に有した者，それぞれにおいて多くみられた。後者の移住時点では，学歴の高い者，出身地に近い移住先の者，離村年次が新しい者，移住先に親族を有した者，それぞれに帰郷回数が多くみられた[33]。

以上のような帰郷状況の検討に加えて，帰郷回数と社会参加との関係についても分析してみた。しかし，帰郷回数が多い者は少ない者に比べて，当該移住先の社会における社会参加が少ないという結果は得られなかった。また出身地

表 5-10　時点別項目別帰郷回数

			帰郷回数
調査時	年　齢	21～39 歳	14.2*
		40～49 歳	7.9
		50～59 歳	10.5
		60 歳以上	6.0
	移住先	余　市	13.5**
		小　樽	9.7
		札　幌	5.9
	挙家型か否か	挙　家	6.4
		非挙家	10.3*
	経由型か否か	直　接	11.2*
		経　由	6.8
	赤井川村からの訪問	有	12.6***
		無	4.3
離村（移住）時	学　歴	尋常小・尋常高小	7.0
		旧制中学	2.7
		新制中学	9.4
		新制高校	17.2
		新制大学	20.0**
	移住先	余　市	13.0*
		小　樽	10.0
		札　幌	6.0
	離村（移住）年次	昭和戦前期以前	1.3
		昭和 21～昭和 29 年	10.7
		昭和 30～昭和 34 年	5.5
		昭和 35～昭和 39 年	11.0
		昭和 40～昭和 49 年	14.9
		昭和 50 年～	15.0***
	移住先の親族	有	10.8*
		無	5.8

$*p<0.05$　$**p<0.01$　$***p.<0.001$
注）帰郷回数は移住後，調査時までについてである。

からの訪問者が過去 1 年間にあった者は，なかった者に比べて社会参加が少ないという結果も見出されなかった。加えて，出身地に親族がいる者は，いない者に比べて社会参加が少ないということでもなかった。こうした結果からする

と，移住者の出身地との頻繁な社会的接触——これを出身地における残留家族成員や親族成員との強い結合という一種のファミリズム，出身地へのアタッチメントやノスタルジアと表わすことがある——が，移住先の社会参加を阻害しているとは必ずしもいえないということになるであろう。出身地との関連におけるこのような都市適応の進展段階(2)は，次項の離村（都市移住）に対する評価，定住意識につながっているように思われた。

3 離村（都市移住）の評価と定住意識

　離村（都市移住）に対する評価は，いうまでもなく調査時におけるものであるが，都市適応の進展段階を考える時，総括的な一つの基準になるものと思われた。というのも，移住者にとっての都市適応の進展段階における総体的評価は，移住者が離村（都市移住）をどのように評価しているかによって捉え直すことができるからである。そしてこの離村に関する評価の延長線上に定住意識が位置づけられるのではなかろうか。

　定住意識は，たんに当該移住先に将来住み続けるという定住意向のみならず，定住意識をもつということが，好むと好まざるとにかかわらず，またどのような適応状態であるにせよ，当該社会に適応せざるをえないという自己規定の投影を意味しているように受けとめられる。移住者にとっての定住意識は，都市適応の進展段階において，離村（都市移住）の評価に関連してこのように位置づけられないであろうか。そこで図5–1に示すように，離村（都市移住）の評価と定住意識とは，出身地における離村（移住）前の生活に関する満足感，および，移住時の生活と移住前における生活とのくい違い感にかかわるのではないかと考え，これら四者の布置関係を想定してみた。

　図に即していうと，Ⓐ離村（移住）前の生活に関する満足意識は「満足していた」32％,「どちらともいえない」30％,「不満足」38％であった。この意識をさらに，満足と不満足の内容として尋ねた結果，プラス評価として58ケース（44％），マイナス評価として75ケース（56％）がそれぞれ確認しえた。前者の主な内容としては「経済生活」（18ケース），「その他」（26ケース）が，そして後者では「経済生活」（50ケース），「仕事」（17ケース）がそれぞれあ

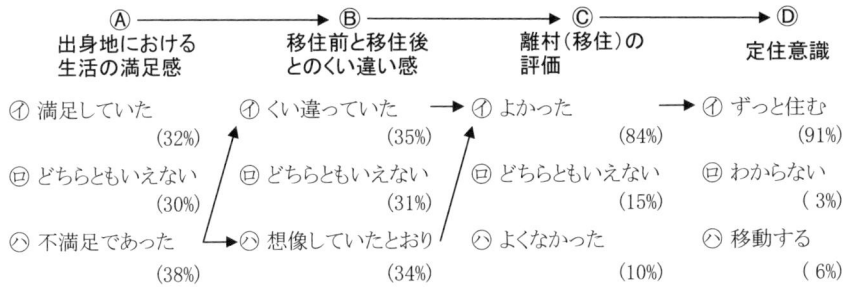

```
  Ⓐ ─────────→ Ⓑ ─────────→ Ⓒ ─────────→ Ⓓ
出身地における      移住前と移住後      離村(移住)の        定住意識
生活の満足感       とのくい違い感       評価
```

Ⓐ	Ⓑ	Ⓒ	Ⓓ
㋑ 満足していた (32%)	㋑ くい違っていた (35%)	㋑ よかった (84%)	㋑ ずっと住む (91%)
㋺ どちらともいえない (30%)	㋺ どちらともいえない (31%)	㋺ どちらともいえない (15%)	㋺ わからない (3%)
㋩ 不満足であった (38%)	㋩ 想像していたとおり (34%)	㋩ よくなかった (10%)	㋩ 移動する (6%)

図5-1　都市適応に関する意識項目の布置関係

げられた。満足に関するプラス評価の内容よりは，不満足に関するマイナス評価，とくに「経済生活」に関する不満がつきだされたといってよい。

　Ⓑ移住時の生活を移住前に想定していたものと比較し，両者のくい違いを問うた結果，「くい違っていた」35%，「どちらともいえない」31%，「想像していた通り」34%となっていた。そこで，くい違いがみられた場合について，その内容をやはりプラス評価とマイナス評価とに分けてみると，前者はわずか19ケース(26%)，後者は53ケース(74%)となった。そしてプラス評価の内容としては「経済生活」(9ケース)，「仕事」(5ケース)，「人間関係」(4ケース)があげられ，マイナス評価の内容としては「人間関係」(21ケース)，「経済生活」(15ケース)，「仕事」(13ケース)となり，くい違い感においてもマイナス評価が鮮明であった。

　Ⓒ離村(都市移住)の評価に関しては，「よかった」84%，「どちらともいえない」15%，「悪かった」1%となった。先に示した移住前後のくい違い感におけるマイナス評価からすると，離村(都市移住)評価における「悪かった」という選択肢がもう少し多いものと予想されたが，プラス評価がこのように圧倒的になった。その点，Ⓒの「よかった」(84%)というプラス評価は，Ⓐの不満足における内容として確認したマイナス評価にみられたことの裏返しの表現，と受けとることができ興味深い。こうした離村(都市移住)に関するプラス評価は，Ⓓ定住意識において決定的のように思われた。すなわち「移住先に今後ずっと住み続ける」(184名，92%)という定住指向が，「将来移動する(わからないものをも含む)」(17名，8%)という移動指向を圧倒的に凌駕し

ていたからである。しかも後者の場合，出身地への帰還移住の意思表示をした者は，わずか4ケースにすぎなかった。

かくして，図5-1のⒶにおける不満指向㋑（㋺を含みうる）→Ⓑの不一致指向㋑（㋺を含みうる）→Ⓒにおけるプラス評価指向㋑→Ⓓの定住指向㋑へとつながる意識構造が，調査時における都市適応の進展段階の総体的評価を示しているように思われた。

むすび

都市化のミクロ的側面における社会学的テーマのひとつとして，本章の標題が設定された。従来の考察において，指摘される割には必ずしも明確ではない諸点を明らかにするために，ここではまず，出身地の親族と移住先の親族とをそれぞれ取り上げた。あわせて都市適応は，相対的であり，かつ時間的経緯によって変化しうるものと考えたから，適応過程を移住時における適応の初期段階と，移住時から調査時に至る適応の進展段階とに区分し，両時点間を視野に入れた適応の諸相に言及した。

適応の諸相を通じて，出身地および移住先の両地域における親族が，2時点間の適応段階に，それぞれどのような機能的意味を有したかを，すでに検討した分析結果に照らしてマトリックスとして示すと，表5-11のようになる。表中○印は肯定，×印は否定，△印は肯定と否定の両者，―印は論理的には考えられるが，実際には少ないことをそれぞれ意味している。なお，本文中においてすでに言及したように，初期段階には，離村（移住）の意思決定や移住先の都市選択を含みうると考えて設定している。

―印を除く各セルについて若干の説明を加えると，親族関係の都市適応促進機能は，都市の親族に関して，適応の初期段階と進展段階の両者に見出された。とくにそれは，初期段階のセル3にもっともあてはまる。この初期段階では，移住先の都市選択それ自体において家族・親族が介在したり，移住時の住宅や職業の紹介と世話に関して家族・親族をチャンネルとする比率が高かった。しかも，こうしたチャンネルを有する者は，移住に伴う不安意識をもつものが少

表 5-11　都市適応のマトリックス

		促進的	抑制的 阻害的
出身地の親族	初期段階	1 ─	5 △
	進展段階	2 ─	6 △
移住先の親族	初期段階	3 ○	7 ─
	進展段階	4 ○	8 ×

なかった。セル4は，第2節で示したように，移住時に比べて調査時では，当該都市地域における婚姻関係の成立により，配偶者の親族関係および他出子のネットワークの拡大がみられたから，都市適応の促進的機能の一側面を示すものとみなしえた。

　他方，親族関係の都市適応の抑制的ないし阻害的機能は，出身地における親族に関して一部みられた。すなわちセル6では，出身地に親族がいる者ほど，また出身地からの訪問者を有する者ほど不安意識をもつ者が多いということが見出された。セル5は，本稿においては直接言及しなかったが，すでに旧稿において，ケース数は少ないけれども，離村（移住）の意思決定に際して出身地の家族・親族に反対者がみられることを指摘したから，このことを念頭において表示した[34]。なお移住先における親族について，都市適応の抑制的ないし阻害的機能は，移住者の社会参加状況からすると支持されなかった。

　以上にみるように，都市移住者における親族関係の都市適応にかかわるプラス，マイナス両機能は確認されたが，このような結果のもつ意味をいくつか指摘しむすびにかえたい。

　まず第1に，移住先における親族では，適応過程の初期段階と進展段階の両段階において，適応の促進的機能が認められたものの，抑制的ないし阻害的な機能は認めにくかったことから，いわゆるアーバニズム論批判としての意味が明確になった。つまり，都市移住者の日常生活の社会関係において占める親族関係の量およびそれら親族の互助的機能，社交的機能，情緒的機能等の事実発見的意味にとどまらず，時間的経緯をふまえた2時点間の適応過程に関する適応の諸相を通じて，親族関係の都市適応促進機能が明らかになったからである。

都市化に伴う第一次的関係の衰退よりはむしろ，当該関係の量的拡大はもとより積極的な適応促進機能が確認されたからである。

　第2に，都市移住者は一方において，都市適応をスムーズに促進するために，親族に加えて，友人・知人といったパーソナルなネットワークを活用しながらも，他方において移住後はそうした関係の相対的位置の軽減をはかりつつ，「自立化」の過程を示した。この自立化の過程は，都市的生活様式の獲得過程を意味しているように思われた。

　第3に，第1と第2は，基本的に個人レベルの適応を前提にした意味を有する。家族ないし世帯レベルでいえば，対象者には挙家離村家族が69名含まれていたし，出身家族の主な生業形態として非農家が60名であったのに対して，専業農家は98名，兼業農家が47名であった。これらに加えて移住後に結婚した者が144名あったことを考えあわせると，都市適応過程は，農村家族から都市家族への変容過程であり，かつ都市家族の形成過程でもあるということを意味していた。今後，出身地における高齢者世帯および出身地に残留する老親の扶養や介護に関する課題は，この点と深くかかわるであろう[35]。

　第4に，都市適応過程は，いうまでもなく移住後に焦点が据えられ，都市の側に視点が置かれているが，それは都市移住者が出身地に対してどのようなインパクトを与えうるのかを問う機会をも与えているのではなかろうか。というのも，移住者は移住後においても，出身地との社会的接触の機会を多く有していたからである。たしかに，離村（移住）を高く評価する者は多く，しかも移住先に定住する指向をもつ者が圧倒的であった。加えて，帰還移住を考える人はごく少数にすぎなかった。こうしたことを考え合わせると，出身地にとって都市移住者は，出身地との社会的交流を保ちつつ，残留する成員のさらなる都市移住への導き手になるのか，それとも過疎地の再編のための媒介者になりうるのか，はたまた都市人への道を歩むのか，といった課題への接近可能性の意味を有しているように思われた。

注

1) アメリカ国内の農山村から都市への移住者研究は，1920年代後半にまで遡ることができる．しかしそこでは，都市移住者の属性が取り上げられるにとどまり，ここでいう適市適応過程とはやはり質を異にしている．一例をあげると農村では，Zimmerman, C.C., 1926, The migration to towns and cities, *American Journal of Sociology* 32, pp. 450-55. Zimmerman, C.C. & Corson, J.J., 1926, The migration to towns and cities, *Social Forces* 8, pp. 402-408. Sorokin, P.A., Zimmerman, C.C. & Galpin, C.J. eds., 1932, *A Systematic Source Book in Rural Sociology*, Russell & Russell, pp. 520-534. 山村からの都市移住者については，Leybourne, G., 1937, Urban adjustment of migrants from the southern Appalachian plateaus, *Social Forces* 16, pp. 238-46.
2) Lewis, O., 1952, Urbanization without breakdown: A case study, *The Scientific Monthly* 75, pp. 31-41.
3) Litwak, E., 1960, Geographic mobility and extended family cohesion, *American Sociological Review* 25-3, pp. 385-394.
4) Brown, J.S., Schwarzweller, H.K. & Mangalam, J.J., 1963, Kentucky mountain migration and the stem family: An American variation on a theme by Le Play, *Rural Sociology* 28, pp. 48-69.
5) Schwarzweller, H.K. & Crowe, M.J., 1969, Adaptation of Appalachian migrants to the industrial work situation: A case study, In Eugene, B.B. ed, *Behavior in Environment*, Sage Pub, pp. 99-116. Schwarzweller, H.K., 1981, Occupational patterns of Appalachian migrants, In William, W.P. & McCoy, C.B. eds., *The Invisible Minority*, The University Press of Kentucky, pp. 130-139. Schwarzweller, H.K. & Seggar, J.F., 1967, Kinship involvement: A fact in the adjustment of rural migrants, *Journal of Marriage and the Family* 29, pp. 662-671.
6) 前掲注2), 注3), 注4), 注5) 参照．ラテンアメリカにおける研究では，Butterworth, D. & Chance, J.K., 1981, *Latin American Urbanization*, Cambridge University Press, Chap. 5, がある．
7) Tilly, C. & Brown, C.H., 1974, On uprooting, kinship, and the auspices of migration, In Tilly, C. ed., *An Urban World*, Little Brown, pp. 108-133.
8) 家族結合や親族結合による都市適応の促進的機能を強調するH.K. Schwarzwellerや J.S. Brownにおいても言及がある．Schwarzweller, H.K., 1964, Parental family ties and social integration of rural to urban migrants, *Journal of Marriage and family* 26, p. 416. Brown, J.S., 1968, The family behind the migrant, In Walls, D.S. & Stephenson, J.B. eds., *Appalachia in Sixties: Decade of Reawakening*, The University Press of Kentucky, p. 156.
9) 必要最小限，言及しなければならなかったのは，第1節と第3節である．詳細は，拙稿「親族関係と都市移動の意志決定」『北海道大学文学部紀要』39-1, 1990, 173-209頁，を参照．しかし言及した部分は分析をし直したり，旧稿では活用しえなかったデータを一部加え

たりした.
10) 1990年4月1日時点の余市町,小樽市,札幌市の人口は,それぞれ25,359人,164,472人,1,674,839人であった(ただし,余市町と小樽市はそれぞれ3月末日).
11) 「経由型」について,平均経由回数は2.8回である.1回のみの経由者は37%,2回は26%,3回以上は37%いた.3回以上の32名では,7回以上の者が15名いた.
12) 有意差の検定では,5%有意水準が「直接型」か否か,出身家族の階層の変数項目に,1%有意水準は性別,離村(移住)時に有職か否か,出身家族の生業形態の各項目において,それぞれ有意差がみられた.
13) 離村(移住)時年齢を加えると,17項目になる.これらの変数項目は,次節以降においてもくり返し言及するから示しておく.移住経路として「直接型」か「経由型」か,個別出身集落,そして移住先——余市町,小樽市,札幌市——の3項目,移住者の主な属性として性別,離村(移住)時年齢,学歴,離村(移住)時に有職か香か,婚姻上の地位,定位家族における続柄,出身家族(定位家族)の主な生業,出身家族の階層(評価),出身家族の形態,離村(移住)時における出身家族の発達段階の10項目,移住単位として「挙家型」か否かの1項目.その他として離村(移住)理由,移住先の選択理由,離村(移住)時に当該の移住先における親族の有無の3項目,である.有意な結果が得られた各項目の有意水準を一応示しておくと,挙家か否か($p<.05$),離村(移住)時に有職か否か($p<.05$),移住先($p<.01$),未婚か否か($p<.01$),離村(移住)時の年齢($p<.001$),出身(定位)家族の主な生業形態($p<.001$)であった.
14) ちなみに,対象者の通婚圏を配偶者の出身地から確認しておく.未婚と曖昧な者を除く189名についてみると,配偶者が対象者と同じ赤井川村である者が19%,小樽市17%,余市町15%,札幌市13%,赤井川村に隣接する仁木町・倶知安町4%,その他道内地域24%,道外5%,外国3%となっていた.さらに対象者に同居中の既婚子がいる場合,参考のために既婚子の配偶者の出身地についてもふれておくと,27人の既婚子の配偶者のうち,赤井川村出身はわずか1人,小樽市7人,余市町2人,札幌市3人,仁木町・京極町・倶知安町各1名,他の道内地域9人,道外2人となっていた.ケースは少ないが通婚圏の世代間の違いを垣間みることができる.
15) 頼る・頼られる親族関係の4タイプと対象者の調査時点の主な属性,そしてすでに注13)でふれた諸変数項目と関係づけてみると,調査時の年齢のみ有意な結果($p<.01$)がえられた.すなわち,21〜39歳ではタイプⅡ,40〜49歳および50〜59歳ではタイプⅠ,または50〜59歳ではタイプⅠと並んでタイプⅢが,60歳以上はタイプⅣの占める割合が,それぞれ多くみられた.なお調査時の他の主な変数は,年齢以外に調査時における職業の有無,既婚か否か,家族形態,家族発達の段階,居住経過年数を設定した.
16) タイプⅣについては,注15)でふれたとおりである.なお,友人の場合においてのみ,頼る・頼られる親族関係の4タイプと,頼ってくる友人の有無との関係をみたところ,次の表のような結果がえられた.

	頼ってくる友人		計
	有	無	
タイプ I	64.5	35.5	$n=76$
タイプ II	46.8	53.2	$n=47$
タイプ III	59.4	40.6	$n=32$
タイプ IV	34.7	65.3	$n=49$

$x^2=11.81$ $(df=3)$ $p<.01$

17) 他のチャンネルについてふれておくと，社会的機関が24%，そして友人・知人19%，自分7%，結婚7%となった．
18) 他のチャンネルでは，結婚16%，自分10%，家族・親族4%であった．この場合の「家族・親族」はごく少数であるが，移住先以外の親族が介在したことになる．
19) 「経由型」の他のチャンネルは，友人・知人22%，自分13%，結婚3%となっていた．また「非挙家型」では，友人・知人17%，結婚15%，自分7%であった．
20) ちなみに，親族がいて，不安をいだく者は27%，親族がいなくて不安をいだく者は46%であった．
21) 親族がいて直接移住した者では33%が不安をいだき，親族がいて経由移住した者では15%が不安をいだいていた．
22) 専業農家，兼業農家，非農家について，不安をいだいた者の比率を示すと，それぞれ48%，33%，24%となっていた．
23) 転居した者についてみると，平均転居回数は約2.6回であった．回数毎でいえば，1回の転居者は46名（29%），2回が49名（31%），3〜4回が43名（27%），5回以上最大13回が19名（12%）であった．同様に転職者のみについて，平均転職回数は約2.0回であった．回数ごとでは，1回の転職は49名（50%），2回が29名（30%），3〜4回が15名（15%），5回以上が5名（5%）となった．
24) 援助する場合，当該地での居住年数がひとつの重要な規定要因であると思われる．しかし，これに加えて階層的な規定要因，とくに職業に関して，自営業であることや職業上の役職者には，出身地の親族や友人・知人に紹介や世話をしている者が少なくなかった．以下，一例をあげる．
　①余市町内で精肉店を営むS氏（1921〈大正10〉年生，調査時に65歳，長男に経営もすでに譲っていた）は，赤井川村市街の出身であり，1942年に離村後，1946年に町内で結婚し妻の実家に同居した．その後，自宅を建てるが，生活費の一部にあてるために，アパート兼自宅に建て替えた．赤井川村出身者への紹介と世話は就職，住居，その他の3項目にみられた．就職の紹介と世話では，友人の子供を町内の商店にした．住居については，アパート兼自宅であるので，赤井川村出身者に部屋を貸した．その他として，友人の子が町内Y高に入学した時，その保証人になった．
　②小樽市在住のH氏（調査時現在，67歳で無職）は，赤井川村在村当時，赤井川村市街

に居住し,村内T社造林部の乗合自動車の運転手をしていたが,道内最大手のCバス会社との合併により,1943年,余市町に転勤のため家族で離村した.余市町在住時は会社の寮に居住したが,5年後に転勤で小樽市に移った.小樽でもしばらく社宅住まいをするが,会社の株を売却して持ち家となった.この間,整備部門の責任者となり,子会社へ支配人として出向し,1977年に定年退職した.H氏は,対象者の中では1位~2位を争うほど,赤井川村出身者に多くの紹介と世話を行なっていた.大手私バスの役職者という地位から依頼されることも多く,バス会社の運転手(男性)として約50名,車掌(女性)として14~15名,用務員として約10名を世話していた.住居や土地の紹介と世話が各々5~6件,結婚の仲人を6件,そして金銭の保証人を3件していた.

③同じ小樽市在住のI氏(調査時現在,64歳でスーパー経営)は,村内I地区において畑10 ha,水田約1.5 haの専業農家であったが,妻の体が弱いこと,子供が農業を継ぐ意志がなかったために,1971年に小樽市へ段階的な挙家離村をした.離村の2~3年前から転職のための準備,住宅と土地の確保も用意周到,移住後は薬の取次ぎから,食料品を扱うスーパー経営を営んだ.この間,きめ細かな気配りと世話好き,弁舌のさわやかさという性格から町内会長に推挙され,町内会活動に尽力した.居住地は小樽市の宅地開発前に取得していたが,その周辺の地価は景観にすぐれているにもかかわらず比較的低廉であったことから,赤井川村出身者に住宅と土地の紹介と世話を数え切れないというほどしていた.結婚の世話はないが,就職の紹介・世話を赤井川村の知人4~5人にしていた.

④札幌市西区在住のS氏(調査時現在,53歳で自営の建築業)は,村内M地区で建築業を営んでいた.しかし,仕事がなかったことと配偶者選択のために,1960年に当時の村長の弟が札幌で建築業をしていたので,その人物を頼って移住した.移住後まもなく結婚し,1961年に土地を購入した.建築資金は自分の兄弟や妻の親戚から借りたが,翌1962年に自分で住宅を建設した.赤井川村出身の知人の紹介で建築会社に勤務していたが,1973年4月に独立しM建設を設立した.人数の確認はしえなかったが,赤井川村出身者に対する紹介と世話は,自営業ということで,赤井川村出身の従業員がいること,この従業員に土地の紹介をすると共に,結婚相手の紹介・世話をした.こうした赤井川村出身の知人である従業員以外でも,親戚の者に対して土地の紹介と世話,結婚相手の紹介や世話をした.同様の例は,自営の商店主T氏(調査時現在57歳),自営の建築業M氏(調査時現在58歳)についてもみられる.前者は赤井川村出身者に就業と結婚の紹介・世話をそれぞれ約10件,2件している.後者の場合,建築業ということから住宅の紹介と世話を2件していた.

25) とくに,挙家離村により都市移住した家族について判明しえたかぎりでは,22ケースが段階移住であった.これは,結果的には挙家でも,都市移住者の先導者が,残留する他の家族成員を呼び寄せたり,本人自身が最後に移住した場合であって,これらはこのような短い期間の該当事例となった.

26) Stekert, E.J., 1971, Focus for conflict: Southern mountain medical beliefs in Detroit. In Paredes, A. & Stekert, E.J. ed., *The Urban Experience and Folk Tradition*, The University of Texas Press, pp. 95-136. Kunkin, D. & Byrme, M., 1972, *Appalachians in Cleveland*, The Institute of Urban Studies of the Cleveland State University, では該当

例の指摘がなされるとともに，そのような事態が都市問題のひとつであるという認識がなされている．

27) Gmelch, G. & Zenner, W.P. eds., 1980, *Urban Life*, St. Martin Press, Part 2, には都市人類学の興味深い成果が収録されている．

28) 平川毅彦「社会参加と地域リーダー認識」関孝敏・平川毅彦編『郊外団地居住者における地域移動歴と都市的生活』北海道大学文学部，1989，80頁，では，郊外団地（公営住宅と持ち家住宅各層を含む368家族からの回収結果）の町内会行事参加率は41.8%であった．なお，対象者には，子供会への行事参加，婦人会行事参加，老人会行事参加についても尋ねた．その結果，それぞれの参加率は49.2%，49.4%，40.4%となった．

29) 任意集団への加入は基本的には個人単位であるから，個人加入の調査結果を参考にすると次のものがある．盛山和夫・杉岡直人・森岡清志『生活構造に関する調査研究』北海道大学文学部社会学研究室，1980，117頁．もっともこの報告書では「集団参加」という用語が用いられている．これは「集団加入」とは厳密には異なるが，調査項目は「加入」となっている．

30) 四国の4都市（松山市，高松市，徳島市，高知市）の町内会活動参加率は，男性の平均が43.6%，女性の平均は56.4%となっている．松山商科大学人文学部社会学科1988年度調査報告書『地方中核都市におけるパーソナルネットワーク』松山商科大学社会調査室，1989，175頁．

31) Mayer, P., 1962, Migrancy and the study of Africans in towns, *American Anthropologist* 64, p.579, では，平日は都市人であるが，週末は部族人に戻る．帰郷時には部族人として立ち振まう．日中の職場では都市人であるが，帰宅後は部族人の世界に住む．このような人たちを「二重役割 the double roles」をもつ人々としている．都市移住者のマージナル性を指摘するとともに，都市適応の様態を示すこのような見解が想起される．

32) 帰郷機会の一つである「カルデラ祭り」は，地域活性化の一環として1980年より毎年8月に行われている．開催期日を盆前に設定し他出者の帰郷機会を目論んでいる．

33) とくに出身地に親族数が多い者ほど帰郷回数が多かった（$p<.001$）．なお，相関係数は0.031であった．

34) 拙稿「親族関係と都市移動の意志決定」『北海道大学文学部紀要』39-1，1990，189-190頁．本書の第4章149頁，163頁を参照．

35) 拙稿「北海道赤井川村における高齢世帯の世代間関係」『北海道大学大学院文学研究科紀要』116，2005，25-62頁は，こうした観点から立論した．

第6章

都市移住をめぐる諸問題
―― 社会学的意味に注目して ――

はじめに

　都市移住現象は，洋の東西，体制のいかんを問わず，社会の歴史的発展にかかわる基本的な現象のひとつと考えられる。それだけに都市移住をめぐる考察は，これまで多くの学問領域において取り上げられてきた。しかしわが国では，歴史的にみると，都市移住は昭和戦後期のいわゆる高度経済成長期に量と質の両側面において顕著となったことから，欧米に比べて社会的実態の立ち後れがあったといわなければならない。そのために，こうした研究領域への取り組みが遅れたし，体系化や学際的研究の進展も欧米に比べて後塵を拝することになったように思われる。

　わが国におけるこのような都市移住に関する研究状況にあって，松本通晴・丸木恵祐編『都市移住の社会学』(1994)は，待望久しいタイトルの書であると共に，この分野に一矢を報いたと評しうる意味をもつといえるであろう[1]。都市移住研究のための基本的考察が，編者らの長年にわたる共同研究の成果として，地方出身者（都市移住者）によって形成された同郷団体の解明を中心に展開されているからである。しかし子細にみると課題も少なくない。第1に，都市移住者のすべてが同郷団体に加入しているわけではないから，そうした任意の団体に加入していない都市移住者を考察対象とする必要がある。実際には，このような非加入の都市移住者が多いのではなかろうか。第2に，都市移住それ自体の概念が必ずしも明確ではないから，その概念規定が必要であろう。第3に，そもそも都市移住はどのような社会学的意味をもつ現象であるのかを明

らかにすることである。第4に，わが国の高度経済成長期においては，都市移住が量と質の両側面において顕著であったから，その期に関連する考察がなされることはいうまでもない。しかし，70年代中頃以降の低成長期や80年代末から90年代初期のバブル期そしてその後のバブル崩壊期では，都市移住は果たしてどのような状況にあったのかという，これらの時期を視野に組み入れた立論が必要になろう。

　上に指摘した課題があるとはいえ，先の研究成果の価値はいささかも減少するわけではない。むしろそれは，積極的な学問的継承と発展の必要性を喚起していると言わざるをえない。たとえば，今日的な課題に照らして言えば，高度経済成長期に都市移住した人たちは，21世紀に入るに至り退職期を迎えている。こうした移住者においては，都市移住の結果が文字通り問われることになると思われる。とりわけ，1946年生まれの団塊魁世代や1947年〜49年生まれの団塊世代における都市移住者の動向は注目されなければならない[2]。

　都市移住に関して多くの蓄積がある諸外国の研究においても，先に指摘した課題のうち第2と第3の課題，とくに後者は意外と曖昧であるように思われる。そこで本稿では，都市移住の社会学的研究にとってもっとも基本的と考えられる第3の課題，すなわち都市移住の社会学的意味に焦点をあて，これを都市移住に関する次の諸側面において考察しつつ，都市移住をめぐる社会学的課題に接近してみたい。その諸側面とは，①地域移動の側面，②社会変動の側面，③地域社会研究としての側面，④社会過程の側面，そして⑤ライフコースとしての側面である。

第1節　「地域移動の側面」としての都市移住

　地域移動の側面としての都市移住とは，都市移住が地域移動の一形態として位置づけられることを意味している。このような位置づけに際して，日本語の移動と移住およびこれらにそれぞれ対応する英語のmobilityとmigrationといった用語にひとまず言及しておこう。というのも，これらの用語の使い分けに関して，戸惑うことが少なくないからである。たとえば，地域移動とは，

J.A. Jackson によると「ある国の内部における，あるいは一定の地域内での移動……通常，それは行政的境界を交差する移動であり……個人ないし集団が一時的にせよ恒久的にしろ，あとにした社会と新しい社会との間における空間的移動である」[3]。この規定は包括的で説得的である。しかし，この規定に依拠するにしても，移動と移住は区別されにくい。それは「一時的と恒久的」「あとにした社会と新しい社会」をそれぞれどのように設定するか，そしてさらに二つの社会間の距離によって，移動と移住のいずれの用語がより適切であるのか，といったことの位置づけが明確ではないからである。

こうした点を踏まえるならば，地域移動がより恒久的で，当該の移動にかかわる二つの地域社会間における基本的な構造の違いが大きく，しかも両社会間の空間的距離が大きい場合，移動よりも移住という用語がより適切であろう。しかしそれでも，どこでどのようにこれら３点を確定するかは厄介である。そこでこのような課題を少しなりとも克服するために，地域移動に関する六つのタイプを設定する。そして各タイプについて若干の説明を加えつつ，地域移動の一形態としての都市移住の位置づけを明確にし，都市移住の概念規定を導くことにしたい。こうしたことを通じて，都市移住の社会学的課題がまず第一歩，明らかになるであろう。

ところで，地域移動の六つのタイプとは，①農村（集落）内移動，②農村間移動，③農村都市移住，④都市間移動，⑤都市内移動，そして⑥都市農村移住である。タイプの設定に際して，農村および都市という表現について補足が必要である。ここでいう農村とは，第一次産業が支配的な地域社会であり，古典的ではあるが，九つの規準に照らして地域社会を特徴づけた P.A. Sorokin らの「農村的世界」をさす[4]。わが国では，高度経済成長期までの農山漁村社会が一般的にこれに該当する。他方，都市とは，第二次産業ないし第三次産業が支配的な地域社会であって，やはり Sorokin らの表現を借りると，「都市的世界」に該当する。わが国では，高度経済成長期以降の都市社会がより一般的にこれに当てはまる。このような断りに即して，以下，農村（社会）や都市（社会）という用語を用いることにしたい。

①および②のタイプの地域移動には，わが国の経験に照らしていえば，二

男・三男の分家，女子の婚出，そして養子・養女を契機とした移動者が多く含まれる。先の用語の議論からすると，こうした例は恒久的ではあるが，関連する二つの社会は近距離で，かつその基本的な社会的構造は類似している。とくに①は，同一集落内の移動を示すことが多いから，この移動のタイプにおける二つの社会といっても，それはたんに異なる組や班ないし隣保といった近隣住区を指すにすぎない。したがって，こうした地域移動の場合，移動という用語が適切である。②については，①より距離は長くなるが，二つの地域社会間の基本的構造は類似していることから，農村間移動として表現しうる。しかし②のタイプには，北海道の開拓農村や秋田県の干拓農村への移動が含まれることがある。こうした例では，移動が恒久的であり，同じ農村といっても二つの社会のうち一方は，歴史的に古い伝統的な地域社会であることが多い。これに対して移住先の社会は新しい地域社会の構築を志向し，しかも両社会は遠距離にあるといったことから，移住という用語がなじみやすい。

　③の地域移動にはいくつかの類概念がある。アメリカ社会学では，このタイプは農村都市移住ないし，たんに都市移住と称せられる。しかしわが国では，都市移住という用語の使用は比較的新しく，向都離村，農民離村，あるいは離村（挙家離村も含む）と表現することが多い[5]。向都離村は別として，農民離村や離村は，都市への移動を用語としては明示していないが，それらは暗に都市への移動を前提として用いられているように思われる。いずれにしても，先に論じた用語上の問題に照らしていえば，この地域移動は移住と表現することが適切である。なぜなら，このタイプは移動が恒久的な場合が多いし，二つの社会間の基本的構造の違いが顕著であり，しかも両者間の空間的距離は大きいからである。高度経済成長期に至り，わが国では都市人口が全国民の6割を超え，都市化社会の到来が指摘されるようになり，この③のタイプが顕著になった[6]。この地域移動は，主に就業（転職を含む）と就学の機会に関連して展開する。

　これに対して④と⑤のタイプは，都市化がさらに進み，都市人口が全国民の7割以上に達するような高度都市化社会を迎えるに及んでいっそう顕在化する[7]。都市間移動の④は就業，就学，結婚を契機とすることが多い。とくに就

業に関しては，初職後の転勤・転職が多く含まれる。このタイプでは，移動の恒久性や移動の距離によっては，用語的に移動よりも移住が適切な場合がある。しかし移動にかかわる二つの地域社会は，いずれも都市的社会という構造上の類似点があるから，ここではこの側面に力点を置き都市間移動と表現したい。都市内移動の⑤では，住環境を中心としたいわゆる生活の質の向上を求める移動が多い。家族発達段階において結婚を契機に定位家族から離家し，結婚後の子供の出産，そして子供の成長に伴う住みかえをしつつ，さらに郊外における一戸建て住宅に移動するといったことはその代表例である。都市的空間における利便性を求める移動もこのタイプに含まれる。

⑥の都市農村移住は，③農村都市移住の対極に位置づけられる。このタイプは，合衆国では，1970年のセンサス調査の結果，注目された[8]。この地域移動は，従来の地域移動に関する視点と発想の転換が要求される内容をもつものであり，「人口の逆流現象」と呼ばれた。わが国では，70年代中頃以降指摘されるようになった人口のUターン・Jターン・Iターンといった現象がこれにかかわる[9]。このタイプでは，都市的環境よりもむしろ農村的環境に積極的に志向したり，親世代との同居や親の職業の継承を契機とすることが多い。このような地域移動は，低成長期以降において注目されなければならないであろう。

以上，地域移動の六つのタイプに言及したが，都市移住はこうした地域移動の一形態であることが確認し得たかと思う。この点を踏まえていえば，都市移住とは，第一次産業が支配的な地域社会から，その基本的な社会構造を異にする第二次産業ないし第三次産業が支配的な地域社会への，個人ないし集団による永続的で比較的遠距離の空間的移動であるといえる。このように把握される都市移住は，国内に一応限定して設定される。というのも，国家間における都市移住はもちろん見出されるけれども，同じ都市移住といえども国内の都市移住と国外のそれとの間には質の違いがあるからである[10]。

本節において言及したことから，人口のたんなる空間移動としてではなく，地域移動の一形態として，都市移住を位置づけることの社会学的意味が，まず与えられたと思われる。とくにそれは，産業構造を中心とした社会構造の質的差異，つまり地域社会間の構造分化の様態と，こうした構造分化に当該地域住

民がどのような意味を付与するかといったことを問う手がかりを与えてくれるからである。そこで以下の第2節及び第3節において，地域社会間の構造分化にかかわる都市移住の社会学的意味を，そして第4節と第5節では，地域社会間の構造分化に対応する地域住民レベルにおける都市移住の社会学的意味を，それぞれ取り上げることにしたい。

第2節 「社会変動の側面」としての都市移住

　かつてD.J. Bogueは，国内における地域移動のもつ意味のひとつとして「基礎的な社会変動の主要な兆候」を指摘した[11]。この意味は，前節で指摘した地域移動の六つのタイプのうち，都市移住についてもっとも該当するように思われる。このような社会変動の兆候を示す都市移住が社会学的に問われる時，それは明示的には社会変動の指標として，非明示的には社会変動を暗黙の前提条件として位置づけられることが少なくない。具体的には，社会変動を表わす近代化，産業化，都市化といったキーワードそれぞれにおけるひとつの指標として，またそうした変動の主要な内容のひとつとして都市移住は位置づけられる。そこで以下，社会変動としての都市移住のもつ社会学的意味を近代化，産業化，都市化それぞれとの関連においてふれておこう。

　まず近代化と都市移住との関連についてである。都市移住を近代化の過程にもっとも明確に位置づけ，しかも興味深い考察をしたのはW. Zelinskyであろう。彼は「個人の移動の増大は，近代化の過程における本質的要素である」とし，社会構造の変動に基づく歴史的な社会発展の5段階を設定しつつ，各段階における地域移動の支配的パターンを指摘している[12]。敷衍すると，16世紀以前における中世ヨーロッパは段階Ⅰであり，この段階では居住上の移動は少ない。これに対して，17世紀以降について段階Ⅱ〜段階Ⅴを設定し，これらの段階において，段階Ⅰにみられなかった地域移動の量と形態が見出されるとしている。このうち段階Ⅱと段階Ⅲは近代社会への移行期であり，前者を「初期の過渡的社会」，後者を「後期の過渡的社会」と呼んでいる。この両段階において都市移住という地域移動の形態が生じ，かつ顕著になるといっている。

すなわち段階IIでは，田舎から都市への移動が欧米の先進諸国において顕著になるが，段階IIIではそうした移動が世界的規模にまで拡大し，都市移住の量と形態が顕在化し，そして一般化する。

近代化と都市移住との関連は，上にみたように，マクロ的な取りあげ方が支配的である。しかしこれに対して，A.Inkelsの「個人的近代化」にみるようなミクロ的な視点に立つ見解もある[13]。それは，都市移住者の教育経験──学校教育──や近代化された工場における労働経験──産業教育──の有無，さらにこうした経験の様態の違いが，個々人の態度形成や価値形成に差異をもたらす，という場合である。都市移住者における移住前の伝統的な生活様式──たとえば移住前の農村的生活様式──から，移住後における都市的生活様式への変容は，この「個人的近代化」に深くかかわるであろう。

産業化と都市移住との関連は，近代化と都市移住のそれよりははるかに多く取り上げられてきた。19世紀におけるE.G. Ravensteinの古典的な「移動の法則」と題する論文において，「輸送手段の増大，手工業と商業の発展が地域移動を増大させる」という命題に，産業化と都市移住の関連を問う視点がすでに見出される[14]。

しかし同じ移動といっても，産業化との関連では，空間的移動の一形態としての都市移住よりは労働力移動，職業移動，さらには社会移動それ自体に力点を置く研究が圧倒的に多い。たとえば，R. BendixやM.S. Lipsetらの著名な社会移動の研究では，たしかに都市移住と題する一章が設けられてはいるものの，都市移住のもつ意味が深く問われているわけではない[15]。それは，地方出身者と地元（都市）出身者との出身地や生育地の違いが社会移動にいかなる差異をもたらすか，を問うにとどまっている。O.D. Duncanらの研究にも同様な位置づけがみられる[16]。わが国の労働力移動，職業移動そして社会移動の研究も基本的にはこうした方向性にある。例外的と思われるのは，高度経済成長期における社会移動を地域移動との関連において取り上げた鈴木広編『コミュニティ・モラールと社会移動の研究』(1978)である[17]。土着型と流動型という類型を設定しつつ，農村社会から都市社会へ，農村社会居住者から都市社会居住者への変容をそれぞれ取り上げ，前者から後者への変容を地域移動に

からむ社会移動として展開した。

ところで，同じ労働力移動，そして社会移動を取り上げるにしても，都市移住との関連が比較的明確であるのは，農民離村，農業就業者や農家人口の移動，農村過剰人口といった研究においてである。このような研究は農村社会学や農業経済学の分野において主にみられる。合衆国では，それはP.A. SorokinやC.C. Zimmermanらの古典的研究においてすでにみられるところであるし，南部から北部および中西部，さらには北東部への人口移動研究にも見出された[18]。アパラチア山村住民の五大湖畔及び中西部における産業都市への地域移動研究，さらにロッキー山脈東麓の大草原地帯における農民の中西部産業都市への移動研究は，産業化と都市移住との関連がもっとも明確に位置づけられた研究である[19]。

わが国の場合，昭和戦前期における先駆的な野尻重雄の労作『農民離村の研究』(1942/1978)以来，農家の二男・三男や女子の労働力移動を中心とした都市移住の研究がある。戦後期の高度経済成長期に至って，農家の後継予定者はもとより後継者自身，そしてさらにはこの期を特徴づける家族や世帯を移住の単位とする挙家離村という形態の都市移住が増大した[20]。しかしわが国では，都市移住者がどのような就業経路を活用したか，また就業後の職業生活がどのように展開したか，さらに彼らの移住後の新しい地域社会への適応過程はいかなるものであったか，といったことの解明は少ない。これに対して，先にふれたアパラチア山間地域から産業都市への移住者に関する研究では，こうした内容を正面に据えた研究が多く見出された[21]。

都市化と都市移住との関連についてみると，都市移住とこの社会変動の側面との関連は，近代化や産業化における議論に比べて，はるかに直接的な関連をもつ。都市移住は，都市化それ自体のもっとも主要な内容をなしており，都市化の重要な指標の一つとして，都市への人口移動，その結果としての都市人口の増大として位置づけられるからである。

ところで，都市化は，広義の都市化と狭義の都市化とに分けることができる[22]。前者の都市化は，一般的には人口の都市への移動を指す。しかし都市移住に関連していえば，それは人口の都市への移動を示すことに加えて，なぜ，

人は都市に移動し吸引されるのかという問いをも含む。この問いへの接近は，農村における押出し要因と都市社会における吸引要因との相互関連において解明される。しかしここでは，都市の側のプル要因に注目していえば，「都市は結節的機関の集積する集落社会である」が故に，多くの都市移住者を吸引しうる[23]。つまりこれは，都市の結節的機関が果たす機能が人々のニーズに応えうるために，都市移住者を吸引するということを意味している。いわゆる「結節機関説」の提唱者である鈴木栄太郎は，周知のごとく四つの結節のタイプを設定した。すなわち，①機関と機関，②機関と人，③人と機関，そして④人と人である。こうした結節のタイプに依拠すると，広義の都市化と都市移住との関連は，四つのタイプのうち①〜③にかかわる。これに対して，④のタイプは狭義の都市化と都市移住にかかわる。L. Wirth流の言い方をすると，狭義の都市化と都市移住との関連は，都市移住を都市移住者における社会関係や生活様式のレベルにおいて取り上げることを意味している[24]。

　都市移住者は，就業や就学に際して，たしかに結節的機関に深く関係するが，子細にみると，それは特定の都市における他出家族成員，親族成員，友人・知人の存在があって結節するということが少なくない。都市移住者は，後述するように，移住に伴うコストを可能な限り軽減しようとして，また都市移住のスムーズな遂行のために，熟知したパーソナル・ネットワークを介在させることが少なくない。農村的な生活様式をもつ移住者は，こうした人と人との結節を通じて生活様式上のギャップを埋めつつ，都市的生活様式への移行を進めると解しうる。本節でいう狭義の都市化と都市移住との関連は，このようなことを意味している。広義の都市化と都市移住との関連に比べて，狭義の都市化と都市移住との関連は，わが国ではあまり考察されてきていない。第4節における社会過程の側面における都市移住は，このような意味における狭義の都市化と都市移住の問題に深くかかわる。

第3節　「地域社会研究の側面」としての都市移住

　地域社会研究としての都市移住という側面は，すでに地域移動および都市移

住の概念規定において明示したように，都市移住の概念が，社会構造の基本的性格を異にする二つの地域社会（移住前の社会と移住後の社会）を構成要素としていたことに関連する。このことを想起すると，都市移住の社会学的研究は，当然のことながら，農村社会と都市社会の両者を視野に含むことになる。けれどもこれまで，このような両地域社会を複眼的に位置づけた考察は少ないといわなければならない。以下においては，地域社会研究にとって都市移住がどのような社会学的意味をもっているかについて，若干の論点を提示してみたい。

まず第1に，地域社会を研究対象とする時，都市移住現象は二つの地域社会を複眼的に位置づける視点を明示する。地域社会を農村社会と都市社会とに大別すると，①農村社会に視点を据える，②都市社会に視点を据える，③両者を複眼的に視点にすえる，の三つの視点が考えられる。従来の伝統的な地域社会研究の学問分野でいえば，①と②がそれぞれ農村社会学，都市社会学に対応してきた。しかし地域社会の変動に伴い，こうした二分法的な位置づけは現実を適切に把握しにくいものとなった。合衆国において，かつて取り上げられた都市フリンジ，農村フリンジ，わが国における混住化社会などは，そうした地域社会の好例である。これらは農村社会と都市社会とが空間的に分離していた状態が，交差しあうことによって生じる新しい地域社会の出現にかかわる[25]。そのために③の視点のごとく，二つの地域社会を複眼的に据える視点が求められる。

しかし，同じ複眼的視点といっても，農村社会と都市社会とが空間的に分離していることを前提としながら，そのうえで両社会を複眼的に視点に据えなければならない場合がある。都市移住の社会学的考察はこうした視点を明示している。両地域社会の空間的分離に加えて，当該社会の構造的差異を組み入れた地域社会の考察が，都市移住研究においては要請されるからである。

第2に，農村社会と都市社会を複眼的に視点に据える場合，両社会の相互連関はどのように把握されるのか，が問われる。都市移住の社会学的研究は，この課題の解明に寄与しうる。たとえば，両社会の相互連関は，大別して(a)都市移住者という個人のレベル，(b)家族・世帯という集団のレベル，(c)同郷人会（同郷団体）という社会組織のレベル，そして(d)各種の結節機関のレベル，の

四つのレベルにおいて接近しうるであろう。

　これらのレベルのうち(a)の設定は，農村社会の出身者が都市社会に移住しようとする時，その過程において，都市における他出した家族成員，親族成員，そして友人・知人といったパーソナル・ネットワークを媒介とすることが見られるからである。パーソナル・ネットワークの中でも家族・親族を中心とすることが少なくないから，(a)のレベルでは，血縁の原理が二つの地域社会の相互連関に深くかかわっているといえるであろう。(b)家族・世帯は，(a)の個人のパーソナル・ネットワークにおける家族・親族を集団レベルに特定化した場合である。これに対して(c)は，同郷の友人・知人を中心とした地縁の原理に基づく同郷人会を媒介として，二つの地域社会が相互に関連することを示している。都市における同郷人会は，一方において，同郷人相互の親睦や相互援助，相談の授受を通じて都市移住者の都市適応を促進する。他方において，それは出身地域への援助や寄付，催し物への相互参加といった諸活動によって，両地域社会を相互に関連付ける。(d)の結節機関というレベルは，すでに第2節で都市化との関連においてふれたことから理解されるように，農村社会と都市社会の構造的差異にかかわる。両地域社会の構造的分化は，この結節機関の種類，規模，そして数によって規定されるといってよい。都市移住の原因は，就業や就学の機会の有無と多寡に求められることが多いことから，結節機関のレベルにおいて二つの地域社会の相互連関を問うことは，事縁の原理に基づく接近といえよう。

　第3に，都市移住は，地域社会の構造的分化による地域間格差の問題を鮮明にすると共に，農村社会の側における人口の押出し要因と都市社会の側の吸引要因とを同時に解明することにつながる。たとえば，農村社会における過剰人口と都市社会における労働力不足は，都市移住によって同時に解決されるといった場合である。しかし，このような見方は，あまりにも素朴であって，両地域社会のもつ問題が都市移住によって容易に解決できるほど事態は単純ではない，という指摘がある。D.J. Bogueによると，地域移動者のレベルにおいて，二つの地域社会におけるプッシュ要因とプル要因とを見極めると，地域移動には潜在的コストと潜在的報酬とが伴い，それぞれの要因にこうしたコストや報

酬がかかわるという主張があるからである[26]。都市移住についても同様のことがいえる。

　先にふれた第3の点は，都市移住の原因に両地域社会がどのように関連するかを主要に問うものである。これに対して第4は，都市移住の結果に着目した場合，都市移住によって出身地域（農村社会）と移住先（都市社会）の両者において，いかなる問題がそれぞれ生じたかを明確にする，という点である。たとえば，高度経済成長期におけるわが国の農村社会では，都市移住の結果，地域社会における人口の急激な減少がみられ，過疎化が深刻化した。そして集落の存在それ自体が危機に陥るということが生じた[27]。低成期における農村社会の高齢化の急激な進展は，高度経済成長期における大量の都市移住の結果によるところが大きい。他方，都市社会にあっては，都市移住による人口の都市への集中と，これに伴う都市的地域の拡大により，都市人口の過密化がもたらされ，住宅難，社会的諸施設の不足，交通渋滞，そして地価の高騰等々が顕著となった[28]。

　第5に，都市移住は，第2に指摘した農村社会と都市社会との相互連関をその内容において，とりわけ都市社会からの文化的影響を解明することになりはしないか。先に示した四つのレベルのうち，マス・メディアによる放送・報道の結節的機関のレベルはいうまでもないが，都市移住者・都市移住家族（世帯）と都市社会における同郷人会という，個人，集団，そして社会組織の各レベルにおいて，二つの地域社会間の相互連関を文化的側面において捉える視点を，都市移住現象は提供しうるのではないだろうか[29]。

　たとえば，都市移住者という個人に関していえば，都市移住者は出身地への帰郷に際して，都市社会における情報，生活様式，文化等々を出身地における家族成員や親族成員，友人・知人に伝達する。こうした場合，二つの地域社会間の文化的接触は，都市移住者を媒介とするパーソナル・コミュニケーションを通じて展開する。出身地域の住民による都市移住者への訪問によっても同様のことが生じうる。同郷人会の場合についていえば，社会組織のレベルにおいて，都市社会の情報や文化が出身地域に伝達されることから，都市移住者の場合に比べて，よりフォーマルに両地域社会間の文化的接触と文化的伝達がなさ

れるといえる。国民文化の平準化は，いうまでもなく，マス・メディアを中心にした結節的機関によって大きく促進させられる。しかし，都市移住者や都市移住家族（世帯）と同郷人会による直接的な内容の伝達が，国民文化の平準化をもたらしうるという側面をも指摘しておかなければならない。

第4節　「社会過程の側面」としての都市移住

　これまでの三つの節は，マクロレベルの側面に力点を置いて都市移住の社会学的意味を問うものであったが，本節及び次節では，ミクロレベルのそれを取り上げる。まず本節において社会過程としての側面から都市移住をみてみよう。この側面は，方法論的にいえば，都市移住を全体社会に視点を置いて捉える構造的ないし文脈的アプローチに対して，個々人の移住行動に視点を据える行動的アプローチとして位置づけられる[30]。

　ここでいう社会過程とは，移住前における都市移住の意思決定過程と，移住後の都市適応過程の両過程を指している。前者の過程は，一般的には都市移住過程として位置づけられるものであり，都市移住論における「意思決定モデル」の主要な内容をなす[31]。それは都市移住に際して，その動機・理由・原因そして移住先の選択といったことが，移住者個々人の都市移住過程の主要な内容であると考えられるからである。「人はなぜ，都市移住するのか」という単純な問いは，都市移住の意思決定過程において明らかになるからである。

　しかし，都市移住過程は，都市移住の意思決定過程に加えて，移住直後の都市適応過程の一部を組み入れつつ立論しうるのではなかろうか。すなわち，都市移住を考える者は，その意思決定過程において，都市移住に伴うコストを可能な限り最小限にとどめつつ，将来的によりよい都市適応の条件を考慮したり，そのための準備を進めることがあるからである。

　このような見方は，筆者のいずれも山村からの都市移住者に関する二つの調査結果において確認しうる[32]。たとえば，移住直後の住宅の確保や就職の世話，移住に際しての不安意識を軽減するという移住者にとっての基礎的な願望が，都市における他出した家族成員や親族成員，同郷の友人・知人といった熟

知した人々とのパーソナル・ネットワークを通じて達成されているからである。パーソナル・ネットワークでは，とりわけ他出した家族成員と親族成員が重要な役割を果たしていた。これは，都市移住過程における，いわゆる家族・親族アプローチの有効性を示すものである[33]。

ところで，社会過程としての都市移住の側面におけるもう一つの過程であり，移住後における文字通りの都市適応過程はどのように位置づけられるのであろうか。言うまでもなく適応は，時間的経過によって変化し，多面的な諸相をもつため，把握は容易ではない。そうした都市適応過程の考察において注目されるのは，先に言及した都市移住者によるパーソナル・ネットワークの活用の質的変化と，都市内移動に伴う移住者の地位上の変化の両者ではなかろうか。

前者は，移住者の都市社会における自立化の過程にかかわる。筆者の調査結果によると，移住時点では住宅や職業の取得，他の生活領域において，パーソナル・ネットワークに依存して援助を受けたものが，調査時点においては自分で処理したり，都市における専門的機関を活用しつつ問題解決を図ること，さらに後続の移住者に対して種々の援助を行い，移住時における自己の頼る存在から，逆に頼られる存在へと移行したこと，などが確認された[34]。このようなパーソナル・ネットワークの活用の質的変化を都市移住者の自立化過程と呼ぶとすれば，この過程は移住者の都市適応過程の重要な内容をなすものと考えられる。しかし，このような都市適応過程の解明については，反復調査に基づくデータ収集の制約と客観的な適応の諸相が把握しにくいという課題がある。

これに対して，後者の都市内移動に伴う移住者の地位上の変化に関しては，前者の課題がかなり克服される。実際，合衆国におけるアパラチア地域から北部および中西部の産業都市への移住者に関する調査は，そのような結果を示している。一例を挙げると，オハイオ州クリーブランドにおける都市移住者は，移住時では，比較的都心部に同郷人同士が集住したが，時間的な経過につれて当該移住者は郊外の一戸建て住宅に移り住み，社会的地位の上昇がみられたという[35]。ところが，同じアパラチア地域からの都市移住者に関するオハイオ州シンシナティの調査によると，都市移住後も，当該移住者の教育，職業，そして収入，住宅が他の都市移住者に比べて劣位にあり，その結果，郊外への都

市内移動がみられず，社会階層の上昇移動が進展しないということが明らかにされた。しかもこうした状況は，世代内はもとより世代間においても維持されるという深刻な事態がみられた，という報告がある[36]。

わが国では，合衆国にみられる後者のような都市内移動に伴う都市移住者の地位変化，とくに社会階層上のそれに関する考察はなされていない。それだけに低成長期やその後において，かつて高度経済成長期に都市移住した人々の都市適応過程は，こうした過程の内容において解明される必要があるであろう。もっとも，ここでいう前者の都市社会における自立化の過程に関して，移住者のパーソナル・ネットワークの活用にかかわる質的変化についての考察は，管見にもよるが，合衆国における研究ではみられない[37]。いずれにしても，この前者の側面に関する考察は，都市移住者個々人の行動の細かな掘り起こしによって解明される必要があろう。前節，社会変動としての都市移住において言及した狭義の都市化と都市移住との関連は，本節でふれた移住後の都市適応過程の考察によっていっそう解明されることになる。L. Wirth のいう都市的生活様式に関する所説は，社会過程としての都市移住の側面において，より社会学的意味をもつ。その点の考察が求められる。

第5節　「ライフコースの側面」としての都市移住

すでに，前節において一部指摘したが，地域移動研究において繰り返し指摘されるものの達成しにくい重要な課題の一つが，移動行動の縦断的研究である。具体的にいえば，それは移動者に対する反復調査による移動行動のデータ収集とその解明である。冒頭で指摘したライフコースとしての都市移住とは，このような課題に応える視点を提供してくれるように思われる。

ところで，ライフコースは，人生行路や人生の道筋と訳出されることがある。それは，人の生と死という普遍的な出来事，そしてこれらの間に生起する人々の人生上の共通項としての主な出来事——たとえば就学，卒業，就業，転勤，転職，退職，結婚，出産，転居，住宅の購入など——，さらには人生上の転機となるような他の出来事——戦争，自然災害，不景気，病気，手術入院，事故，

移住など——に人がいかにかかわるか，またかかわってきたか，そしてこうした出来事が当該個人や当該家族の生活にどのような影響を及ぼすものであったか，を問うものである。このような問いかけのうちに時代，世代，人生，そして個人の生き方，思想や世界観を汲み取ろうとするものである。分析的には家族経歴，職業経歴，居住経歴，住宅経歴といった経歴概念の設定の下に考察がなされうる[38]。

かつて筆者は，ライフコースの視点に依拠して高度経済成長期の流動型社会における多くの移動的人間（ホモ・モーベンス）を把握するために，地域移動経歴という概念を提示したことがある[39]。これにならうと，ライフコースとしての都市移住とは，現代人の都市移住経歴を問うことに他ならない。高度経済成長期における都市移住者には，都市移住が人生上の重要な出来事として，かつまた都市移住行動が人生上の転機としての意味をもつ者が少なくないと考えるからである。したがって，このようなライフコースの視点に立つ都市移住行動の解明は，これまで視点の提示さえ明確ではないだけに，従来の都市移住研究の成果の見直しや新しい成果をもたらしうるのではないかと思われる。すでに本節の冒頭において，そのことについて一部指摘しておいた。そこで，以下では，すでに第1節～第4節において言及した，都市移住に関する社会学的意味をライフコースの視点に照らし合わせる時，どのような論点がさらにつけ加えられ得るか，について若干ふれてみたい。

「地域移動としての都市移住」に関連して，この側面を手がかりにしていえば，すでに取り上げた六つの地域移動のタイプのうち，ライフコースの視点に立ち，しかも高度経済成長期および低成長期以降の時期を念頭におく時，農村都市移住，都市間移動，都市内移動，都市農村移住の四つのタイプに論点が集中する。それぞれのタイプにおいて，人生上の重要な出来事が多く見出されるからである。なかでも前者三つにそのことがいえる。

たとえば，古くなるが，1988年の札幌市における地域移動経歴調査によると，人生上の重要な出来事に関連した地域として，出生地，卒業（最終学校）地，初職地，離家地（実家である定位家族の居住地），初婚地という5地点を設定したところ，これに関して次のような結果が得られた。すなわち，5地点

それぞれについて，対象者が札幌市，道内他都市，道内町村，道外の4地域のいずれにおいて経験したかを確認したところ，出生地が札幌市である者は16.6％，同様に他の出来事の地域が札幌市であった者は，卒業地33.4％，初職地49.7％，離家地50.6％，そして初婚地71.8％となった[40]。こうした結果は，札幌市という都市の性格によるところが大きいと思われるが，いずれにしても出生地が札幌市以外の他地域であるとした者は83.4％と圧倒的に多かった。これに対して，初婚地つまり生殖家族の形成地は，先に示したごとく，逆に札幌市であった者が71.8％と大変多い。

　上のことから，出生地が札幌市以外の他地域の者，とりわけ道内町村を出生地とする者を都市移住者として大きく設定するとすれば，出生地，卒業地，初職地の3地点を手掛かりとして，ライフコースの視点において，社会変動や地域社会研究としての都市移住の一端を，考えることができるのではないか。それは，出身地域と都市社会の両者における，当該地域社会の基本的な社会構造とその変動が，人々のライフコースにおける主要な出来事に反映されているのではないか，と考えるからである。

　いまひとつは，初婚地が札幌市であった者について，出生地，離家地，初婚地の3地点相互の関連を問うことは，都市移住後の都市適応過程，つまり社会過程としての都市移住の一端にライフコースの視点において接近することになるのではないか。それは，初婚が人生上の転機であり，しかも都市社会への定住の第一歩と考えられるからである。さらにいえば，結婚後の家族発達の進展段階に対応して，初婚地が札幌市であった者は都市内移動を経験することが少なくない。こうした都市内移動者は，一戸建ての持ち家住宅やマンション等の取得によって，当該都市社会への定住志向を強化する。そしてこのことは，当該移住者自身が，都市移住後の都市適応過程の進展段階を確認しつつ評価することにつながるであろう。

　ここで，わが国の最近時における今日的なトピック——たとえば団塊世代の退職移住や遠距離介護——を想起しつつ，都市農村移住という地域移動のタイプについて，ライフコースの視点から指摘してみる。おもに出生地への帰還移住として位置づけられるこうしたタイプの地域移動においては，①就学修了後

に出生地に戻る場合，②転勤，転職，失業，退職といった就業に関する出来事にかかわる場合，さらには③老親の介護による場合，などが含まれる。とくに，退職を契機として出生地に帰還移住を試みる場合，このタイプの都市農村移住は，都市移住後の都市適応過程に関する最終的評価を問うことにつながるであろうし，都市移住者の地域移動にかかわる最終的な選択肢を見極めることにもつながると思われる[41]。

このようにライフコースの視点において都市移住を位置づけることは，すでに前節までに言及した地域移動，社会変動そして社会過程としての都市移住の諸側面はもとより，それぞれの社会学的意味を問い直す視点を提供しているように思われる。その意味でも，すでに指摘したように，ライフコースの視点に立つ都市移住の位置づけは，今後の研究の視点として，いっそうその発展的展開が求められるのではなかろうか。

むすび

都市移住現象の社会学的意味を都市移住に関する五つの側面より言及し，このことを通じて，当該現象のもつ社会学的課題に接近してみた。わが国では都市移住の社会学的研究は少ない。しかし，1960年代の高度経済成長期以降，70年代中頃からの低成長期を経て，80年代末から90年代初期のバブル期，そしてその後のバブル崩壊期とめまぐるしい社会変動に遭遇しつつ，向かうべき21世紀の国家像や社会像をいまだ描くことができないわが国の現状を鑑みるとき，高度経済成長期に農山漁村社会から都市社会に移住した多くの移住者の生活経験の掘り下げが必要であろう。

高度経済成長期の都市移住者を昭和戦後史における都市Ⅰ世とするならば，現在，そうした世代は都市社会においてすでに中高年世代を迎えている。高齢期を迎えた都市移住者のライフコースの最終段階は，出身地との関連をも含めていかに位置づけられるのか。中高年世代となった都市移住者にとって，農山漁村社会に生活する老親との関係，家屋，屋敷地，田畑山林，墓（地）などの管理・相続・継承等はどのように考えられるのだろうか。さらに中高年世代の

都市移住者にとって，彼らの次世代——都市で生まれ育った都市Ⅱ世——との関係も検討が必要であろう。かつて富永健一が提起したプリモダン，モダン，ポストモダンの三重構造は，このような都市Ⅰ世と都市Ⅱ世との世代間の比較考察においても検討し得るのではなかろうか[42]。

このような課題を解明するためには，本稿においてふれた都市移住に関する五つの側面における社会学的意味がさらに問われる必要があろう。もとより，これらの諸点ではカバーし得ない内容もあると思われる。したがって，ここで指摘した基本的課題の解明のためには，各節で言及した論点に関して，少なくとも以下のような，都市移住に関する実証的データのいっそうの収集やその整序と共に理論的深化を図ることが求められるであろう。

まず第1は，女性の都市移住の存在形態が明らかにされることである。わが国における都市移住の社会学的研究では，この点はまったく未開拓な領域と考えられる。マクロレベルないしミクロレベルいずれのレベルにおいても基礎的なデータの収集が必要である。第2に，これまでの社会移動の研究では都市移住との関連が問われることが少なかったから，この点をふまえた考察によって社会移動の異なる側面が見出せるのではなかろうか。たとえば，ライフコースとしての都市移住に関係づけながら社会移動を考察してみることが考えられる。第3は，今日的な課題に直結するが，都市移住の結果を解明することである。第5節において一部ふれたが，低成長期以降では高度経済成長期における都市移住の結果が随所に問われる。移住前の農山漁村社会と移住後の都市社会の両地域社会それぞれにおける環境問題，地域開発，高齢者問題，さらには介護や医療に関する制度的問題といったカレント・トピックスは，都市移住の結果に関連づけながら考察される必要があろう。これらの諸点は，いずれもわが国の高度経済成長期と低成長期以降の時期を大きく視野に入れて展開しなければならないであろう。

第4は，比較都市移住論の必要性である。一方において，都市移住現象がすでにほぼ過去の経験となった国や社会がある。欧米の先進諸国やわが国はこのような段階にある。しかし他方で，現在，都市移住現象が大きく進行している国や社会，そしてまた近い将来，当該現象を大きく経験すると思われる国や社

会がそれぞれある．こうしたことを考えると，社会発展の進展状況を加味した都市移住の国際比較が求められる．他の国や社会における都市移住の経験とその研究成果とをわが国のそれらとに照らし合わせる作業は，わが国の都市移住とその結果とを見直すことにつながるであろう．こうした作業を通じて，都市移住論のいっそうの理論的深化が図られる．

注

1) 松本通晴・丸木恵祐編『都市移住の社会学』世界思想社，1994.
2) こうした視点と同様の観点に立ち，比較的早くカレント・トピックのテーマが設定された．『現代農業』（農文協）誌上においてシリーズとして取り上げられた以下の増刊号は，いずれも興味深い．『定年帰農　6万人の人生二毛作』(1998年2月増刊)，『帰農時代　むらの元気で「不況」を超える』(1999年2月増刊)，『定年帰農パート2　100万人の人生二毛作』(2000年5月増刊)，『団塊の帰農　それぞれの人生二毛作』(2003年11月増刊)．最近では，原田　泰・鈴木　準・大和総研編『2007年団塊世代定年！日本はこう変わる』日本経済新聞社，2006，鈴木　泰「団塊世代の地方移住は見込めるか」『資本市場調査部情報』全8頁，大和総研，2007，がある．
3) Jackson, J.A., 1986, *Migration*, Longman, p. 2, p. 8
4) Sorokin, P.A. & Zimmerman, C.C., 1969（原著 1929), *Principles of Rural-Urban Sociology*, Henry Holt & Company, Chap. 2, において，①職業，②環境，③コミュニティ，④人口密度，⑤人口の同質性と異質性，⑥社会移動，⑦移住の方向性，⑧社会的分化と社会的成層，⑨社会的相互作用の違い，の9項目を基準に農村的世界と都市的世界とに区分し，それぞれを特徴づけた．
5) ちなみに，昭和戦前期の古典的名著，野尻重雄『農民離村の研究』岩波書店，1978（原著 1943)，において，すでに書名の農民離村と共に向都離村，全家離村が用いられている．高度経済成長期における過疎に関する代表的研究である，斉藤晴造編著『過疎の実証分析——東日本と西日本の比較研究——』法政大学出版局，1976，では，挙家離村がキーワードになっている．
6) 国勢調査結果によると，都市人口を国民全人口における市部人口の占める割合として把握すれば，都市人口は1960年に63.5%となっている．
7) 注6)と同様に，国勢調査に依拠すると，都市人口が70%を超えるのは1970年である．ちなみに1975年の市部人口は75.9%であり，最近時の2005年のそれは78.7%である．
8) Brown, D.L. & Wardwell, J.M. eds., 1980, *New Directions in Urban-Rural Migration*, Academic Press, はこうした観点から編集されている．
9) 周知のごとく，出身地に帰還する人口Uターン現象と共に，その後JターンおよびIターンという二つのタイプが指摘された．Jターンは，出身地に帰還せず，出身地近くの都市部に主要に移動することであり，後者のIターンは文字通り出身地とは異なる新しい土地に

移住することを意味する．1960年代以降の高度経済成長期に，主として就学と就業の機会を求めて都市移住した大量の団塊魁世代や団塊世代が，2007年に至り退職期を迎える時期となった．彼ら・彼女らの今後の地域移動は，ライフコースの重要な一局面として問われることになろう．

10) こうした国内の都市移住に関する研究は，1970年代〜80年代において，発展途上国に関して多くみられる．たとえば，Du Toit, B.M. & Safa, H.I. eds., 1975, *Migration and Urbanization: Models and Adaptive Strategies*, Mouton Pub., Todaro, M, P., 1976, *International Migration in Developing Countries: A Review of Theory, Methodology and Research Priorities*, International Labour Office Geneva, Goldscheider, C. ed., 1983, *Urban Migrants in Developing Nations: Patterns and Problems of Adjustment*, Westview Press. また，Brown, A.A. & Neuberger, E. eds., 1977, *Internal Migration*, Academic Press, Inc., に収録されている24篇の論文には，国際移住とは概念上異なる国内移住に焦点を当てた興味深い論考が含まれている．

11) Bogue, D.J., 1959, Internal migration, In Hauser, P.M. & Duncan, O.D. eds., *The Study of Population*, pp. 486-509, The University of Chicago Press.

12) Zelinsky, W., 1971, The hypothesis of the mobility transition, *Geographical Review* 61, pp. 219-249.

13) Inkels, A., 1983, *Exploring Individual Modernity*, Columbia University Press.

14) Ravenstein, E.G., 1885, The laws of migration, *Journal of the Royal Statistical Society* LII, pp. 167-227.

15) Bendix, R. & Lipset, M.S., 1959, *Social Mobility in Industrial Society*, University of California Press. 鈴木　広訳『産業社会の構造』サイマル出版会，1969.

16) Duncan, O.D. & Blau, P.M., 1967, *The American Occupational Structure*, NY: Wiley.

17) 鈴木　広編『コミュニティ・モラールと社会移動の研究』アカデミア出版会，1978.

18) Sorokin, P.A., Zimmerman, C.C. & Galpin, C.J., 1932/1935, *Systematic Source Book in Rural Sociology*, Vol. II, Russell & Russell., Chap. xxII, Rural-urban migrations, pp. 458-627. Long, L., 1988, *Migration and Residential Mobility in the United States*, Russell Sage Foundation は，1930年代後半から80年代初期における全米の地域移動のパターンを詳述している．

19) Schwarzweller, H.K., Brown, J.S. & Mangalam J.J., 1977, *Mountain Families in Transition: A Case Study of Appalachian Migration*, The Pennsylvania State University Press, は代表的研究である．山岳地域に関して，David, C.L., Norman, W. & Steven, D.C., 1989, Financing rural roads and bridges: Issues and trends, In Williams, G.R. ed., *Profitability and Mobility in Rural America*, The Pennsylvania State University Press, pp. 43-72, が参考になる．

20) このような視点に立ち広島県を対象に展開した，国立国会図書館調査立法考査局『人口移動と地域課題——中国山地と広島湾岸都市——』篠原書店，1969, は大変優れた研究である．天間　征『離農』日本放送出版協会，1980, も挙家離村に注目して考察している．

21) Philliber, W.W., 1981, *Appalachian Migrants in Urban America*, Praeger Pub., Philliber, W.W. & McCoy, C.B. eds., 1981, *The Invisible Minority: Urban Appalachians*, The University Press of Kentucky, Obermiller, P.J. ed., 1996, *Down Home Downtown: Urban Appalachians Today*, Kendall/Hunt Pub. Co.
22) 倉沢 進『日本の都市社会』福村出版, 1968.
23) 鈴木栄太郎『都市社会学原理』(鈴木栄太郎著作集 6), 未来社, 1965.
24) Wirth, L., 1938, Urbanism as a way of life, *American Journal of Sociology* 44, pp. 1-24, 高橋勇悦訳「生活様式としてのアーバニズム」鈴木広編『都市化の社会学』増補版, 誠心書房, 1978, 127-147 頁.
25) フリンジの概念については, Livery, C.E., 1953, The Sociological significance of the rural-urban fringe: Introduction, *Rural Sociology* 18, p. 101, Queen, S.A. & Carpenter, D.B., 1953, The Sociological significance of the rural-urban fringe: From the urban point of view, *Rural Sociology* 18, pp. 102-108, Mckain, W. Jr. & Burnight, R. G., 1953, The Sociological significance of the rural-urban fringe: From the rural point of view, *Rural Sociology* 18, pp. 108-114, Pryor, R.J., 1968, Defining the rural-urban fringe, *Social Forces* 47, pp. 202-215. Yadav, C.S., 1987, *Rural-Urban Fringe*, Concept Publishing Company, を参照. 混住化社会については, 二宮哲夫編『混住化社会とコミュニテイ』お茶の水書房, 1985, を参照.
26) Bogue, D.J., 1977, A Migrants -eye view of the costs and benefits of migrants to a metropolis, In Brown, A.A. & Neuberger, E. eds., *Internal Migration:A Comparative Perspective*, Academic Press, pp. 167-182.
27) 今日的には事態はさらに悪化し, 「限界集落」という用語が用いられている. この用語は, 65 歳以上人口が集落全人口の 50% を占め, そうした集落は将来, 消滅する恐れがあることを指す.
28) 講談社編『昭和 2 万日の記録』講談社, 1990~1992.
29) 同郷人会については, 松本通晴・丸木恵祐編『都市移住の社会学』世界思想社, 1994, 鯵坂 学『都市同郷団体の研究』法律文化社, 2005, 同『都市移住者の社会学的研究』法律文化社, 2009, を参照.
30) 都市移住現象をより十分に把握するためには, マクロ (全体社会) レベルとミクロ (個人) レベルの両者, さらにはこれらの中間に位置づけられるコミュニテイレベルや家族・世帯レベルを明示的に視野に入れた, 包括的全体論的な枠組みに基づくアプローチが求められるであろう. ちなみに, こうした観点による考察に, Lee, Sun-Hee, 1985, *Why People Intend to Move: Individual and Community-level Factors of Out Migration in the Philippines*, Westview Press, Findley, S.E., 1987, *Rural Development and Migration: A Study of Family Choices in the Philippines*, Westview Press, といったフィリピンにおける研究がある. なおアメリカ合衆国の研究では, 注 19) に指摘した, H.K. Schwarzweller ら (1977) の代表的な研究に加えて, 都市移住の単位として家族・世帯に注目した, Iowa State University Center for Agricultural and Economic Development, 1965, *Family Mo-*

bility in our Dynamic Society, Iowa State University Press, がある.
31) DeJong, G.F. & Gardner, P.W. eds., 1981, *Migration Decision Making: Multidisciplinary Approaches to Micro level Studies in Developed and Developing Countries*, Pergamon Press.
32) 拙稿「都市移住家族の定着過程」『北海道大学文学部紀要』33-3, 1985, 85-95頁, 拙稿「親族関係と都市移住の意志決定」『北海道大学文学部紀要』39-1, 1990, 173-209頁.
33) 拙稿「都市移住研究における「家族・親族」アプローチに関する一試論——戦略概念の導入に注目して——」『北海道大学文学部紀要』45-3, 1997, 297-327頁.
34) 前掲32) 拙稿, 1985, 101-125頁.
35) Photiadis, J, D., 1970, *Social and Sociopsychological Characteristics of West Virginians in Their Own State and in Cleveland, Ohio*, Morgantown: Appalachian Center, West Virginia University, Photiadis, J, D., rev. ed., 1975, *West Virginians in Their Own State and in Cleveland, Ohio.* Morgantown: Appalachian Center, West Virginia University.
36) Mckee, D.M. & Obermiller, P.J., 1978, The Invisible neighborhood: Appalachians in Ohio's cities, In Ohio Urban Appalachian Awareness Project, *Perspectives on Urban Appalachians: An Introduction to Mountain Life, Migration, and Urban Appalachian, and a Guide to the Improvement of Social Services*, Cincinnati.
37) ニュージーランドの事例を取り扱った, Graves, N.B. & Graves, T.D., 1980, Kinship ties and the preferred adaptive strategies of urban migrants, In Cordell, L.S. Beckerman, S. eds. *The Versality of Kinship*, Academic Press, pp. 195-217, は, ここでいう自立化の過程を明らかにした数少ない研究である.
38) 家族経歴, 職業経歴については, 石原邦雄「日本におけるライフコース的発想の系譜」森岡清美・青井和夫編著『ライフコースと世代——現代家族論再考——』垣内出版, 1985, 287-311頁. わが国では, ライフコースの視点にたった体系的な初期の実証的研究は, 森岡清美・青井和夫編『現代日本人のライフコース』日本学術振興会, 1986, である. 同書に対する筆者の書評も併せて参照. 拙稿, 『社会学評論』39-3, 1988, 360-363頁. なお, 最近時におけるもっとも精力的で大変な労作であるライフコースに関する実証的研究は, 早稲田大学文学部社会学研究室・早稲田大学人間総合研究センター編『昭和期を生きた人びと——ライフコースのコーホート分析—— 地方都市編』1991, および, 早稲田大学人間総合研究センター・早稲田大学文学部社会学研究室・大正大学人間学部人間科学研究室編『炭砿労働者の閉山離職とキャリアの再編成——旧常磐炭砿K.K.砿員の縦断的調査研究——』PART I (1998) ~PART X (2007) に詳しい. また, グレン・H・エルダー, ジャネット・Z・ジール編著, 正岡寛司・藤見純子訳『ライフコース研究の方法——質的ならびに量的アプローチ——』明石書店, 2003, からも教えられるところが多い.
39) 関 孝敏・平沢和司・野沢 肇「地域移動歴とライフコース」関 孝敏・平川毅彦編『郊外団地居住者における地域移動歴と都市的生活』(昭和63年度北海道大学特定研究費「北海道の産業構造転換に伴う社会的成層・社会移動と地域経済の再構造化基盤の研究」) 北

海道大学文学部，1989，5-10頁．
40）　前掲39），6頁．
41）　ちなみに，国土交通省によると，平成18年の調査では，47都道府県のうち35都道府県において団塊世代を対象とした移住促進政策を実施している．遠距離介護については，太田差恵子『もうすぐあなたも遠距離介護』北斗出版，1998，同『遠距離介護』岩波ブックレットNo. 60，岩波書店，2003，同『故郷の親が老いたとき』中央法規，2007，中川　敦「遠距離介護と親子の居住形態――家族規範との言説的な交渉に注目して――」『家族社会学研究』15-2，2004，89-99頁，を参照．
42）　富永健一「「近代化理論」の今日的課題」『思想』730号，1985，102-126頁，および，富永健一『日本の近代化と社会変動』講談社，1990．

あとがき

　本書に収録された6編のうち最初の論考は1985年であり，最後のものは2008年である。すでにこの間，20年余が経過している。最初の赴任地における1976年の12月以降，そして現在の勤務地に異動後の1983年10月より，それぞれ都市移住に関する現地調査研究に着手し，都合約10年にわたる調査結果が本書の主要な内容である。この間，資料の整理をしつつ，これを類似の先行研究に照らし合わせながら，私は，わが国の急激な社会変動の中で変容を余儀なくされた家族の動向，つまり家族変動の一端を『家族と都市移住』に関する社会学的研究として提示した。

　周知のごとく，1980年代は，60年代のわが国の高度経済成長期が70年代の2度のオイルショックを経て，公定歩合の引き上げ，ウルグアイ・ラウンドといった国際的な金融・経済の波の中で低成長期からバブル期に移行した時期であり，やがて襲来する90年代のバブルの崩壊を胚胎する時期でもあった。筆者が現地調査に従事した70年代後半から80年代中頃という時期においては，過疎化および都市移住という現象はやや鈍化してきていたけれども，『家族と都市移住』のテーマは問われ続けなければならなかった。というのも，家族生活では，一方で親世代と子世代の空間的な世帯分離がいっそう進展していたからである。他方で老後の生活の在り方が，年金制度，医療制度，保険制度といった諸制度との関連において，いっそう問われ始めていたからである。家族や親族のネットワークの中で老後を過ごす日本型社会保障の生活基盤が，深刻に揺らぎ始めていた。短期間における平均寿命の伸長が急速な高齢化を生み出し，それでいて加速度的な少子化の同時的進行から，国家や社会による老後の生活のサポートをより整備することが求められていたからである。

　2000年において介護保険制度の導入がなされたことは，このような事態の反映であった。しかし，少子高齢化のいっそうの進展，制度それ自体の基盤の

脆弱さ，そして国家財政や地方自治体の財政的逼迫から，2006年度よりこの介護保険制度は，修正を余儀なくされた。

　こうした社会変動，家族変動，そして人口変動の進展に伴い，都市の既婚子世代と農山村漁村における老親世代とのそれぞれの生活保障は，否が応でも厳しいものにならざるを得なくなってきた。かつての都市移住家族や都市移住者のその後はもとより，比較的最近時における都市移住者や都市移住家族においても，出身地の老親世代と移住先の既婚子世代のそれぞれにおいて，このような今日的課題が問われなければならないだろう。こうした課題を念頭において，ここで設定した『家族と都市移住』のその後が問われなければならない。

　こうした『家族と都市移住』のその後に関する考察は，本書においては紙数の関係で収録できなかったが，『中山間農村における高齢者の世帯戦略と都市の既婚子に関する実証的研究』(平成12年度〜15年度科学研究費補助金，基盤研究(a)(1)研究成果報告書)としてその一端をすでに提出している。さらにこの報告書の一部をリライトし，本書の第4章および第5章に関連する論考として「北海道赤井川村における高齢者世帯の世代間関係——居住形態と扶養・介護の存在形態を中心として——」(『北海道大学大学院文学研究科紀要』116，2005年)，同じく第2章，第3章に関連して「芸北中山間地域における農村家族の世代間関係——相続関係と継承関係の側面を中心として——」(『同紀要』119，2006年)をそれぞれ提示した。これらはいずれも『北海道大学大学院文学研究科紀要』のウェブ上での閲覧が可能である。合わせて参考にしていただければ幸いである。

　今日的に『家族と都市移住』の社会学的考察を位置づけるとき，すでに第6章において言及したように，1947年〜49年生まれの団塊世代が退職を開始し始めた2007年以降がいっそう注目される。団塊世代の走りである1946年生まれの世代を団塊魁として，こうした団塊世代の退職は，当該世代はもとより，彼らの老親の親世代と団塊世代の次世代である既婚子世代との三世代間関係を視野に入れながら，年金制度，医療制度，介護保険制度を主要な内容としたわが国の社会保障制度の再編成の中で，いかに生活保障を戦略的に考えなければならないか，という課題を突き付けているからである。退職移動として，U

ターン・Jターン・Iターンなどの形態のいずれかは別として，農村に移り住む，さらには豊かな社会層では海外移住をする，といった地域移動の実現や可能性が話題を提供している。政府および地方自治体においては，財政的逼迫の軽減や人口減少の対策として，退職者の移住促進事業を積極的に呼び掛け，サポートする事業プランが少なくない。このような地域移動は，改めて『家族と都市移住』を今日的に問い直すテーマの重要な内容をなしているように思われる。

各章の初出は，以下のとおりである。

1章「都市移住研究における「家族・親族」アプローチ——戦略概念の導入に注目して——」は，『北海道大学文学部紀要』45-3，1997，297-327頁。

2章および3章は，本来，「都市移住家族の定着過程」，『北海道大学文学部紀要』33-3，1985，51-168頁，として書かれた。本書を編集するに際して，前半（51-96頁）は本書の第2章「都市移住家族の成立過程」として，後半（97-168頁）は第3章「都市移住家族の定着過程」として分けて収録した。

4章「親族関係と都市移住の意思決定」は，「親族関係と都市移住の意志決定」『北海道大学文学部紀要』39-1，1990，173-209頁として書かれた。タイトルの一字を修正し収録した。

5章「親族関係と都市適応過程」は，『北海道大学文学部紀要』40-1，1991，119-168頁。

6章「都市移住をめぐる諸問題——社会学的意味に注目して——」は，『北海道大学文学研究科紀要』125，2008，169-192頁。

本書は，数多くの方々の協力と助言に支えられて成立した。本書に収録された論考の現地調査では，広島県雄鹿原地区（旧芸北町）の地域住民，広島市に移住した人たち，北海道赤井川村の地域住民，余市町・小樽市・札幌市に都市移住した人たち，さらに関係自治体職員の方々から，多くの資料の閲覧や収集に多大のご協力・ご支援をいただいた。本書は，こうした方々の協力がなければそもそも成り立ち得なかった。出版の意向があることをこうした方々の一部

に申し上げながら，その実現まで時間が経過しすぎたことをお詫び申し上げるとともに，多大の協力と支援に対して衷心よりお礼申し上げたい。

　広島調査では，筆者の最初の職場（1976年4月〜1982年3月末）であった広島修道大学人文学部人間関係学科社会学専攻のゼミ学生が，調査地に何度も同行してくれた。北海道関係の調査では，北海道大学に着任直後の1983年度後期の社会調査実習の一環として，そしてさらにその後，卒業論文のテーマとして取り上げた，当時の文学部行動科学科社会学専攻の学生ならびにゼミ学生から，資料収集に際して多大の協力を得た。協力を惜しまなかった当時の多くの学生に感謝したい。

　本書の刊行に際し，職場の若い同僚の粘り強い後押しをいただいた。とくに，人文地理学の橋本雄一准教授には，出版社との交渉をはじめ種々にわたる格別のご配慮をいただいた。同じく人文地理学の梅田克樹千葉大学教育学部准教授（2009年3月末まで北海道大学大学院文学研究科助教）には，過分なご厚意をいただいた。お二人には，出版のための準備に多くの助力をしていただいた。篤くお礼申しあげる次第である。生来，怠け者でノンビリ屋の筆者は，研究室のこうした同僚が背中をなんども押してくれなければ，出版にこぎつけられなかったと思う。

　本書の刊行に際してご尽力いただいた株式会社古今書院の橋本寿資社長と，粘り強くお待ちいただいた同編集部の原光一さんにもお礼を申し添えたい。また，筆者が所属する地域システム科学講座の北海道大学大学院文学研究科大学院博士課程の川村真也君には図の作成と引用・参考文献のチェック，学部4年生の千代貴大君には本文のデジタル化後の原稿整理とその修正，さらに表の作成に多くの時間をさいて手助けをいただいた。初校ゲラの校正では，山崎優子さん，宮下妃登美さんの手を煩わした。これらの方々にもお礼申し上げたい。

　最後に，私事になるが，本書を，いつもあたたかく見守ってくれた，今は亡き父の墓前に供えたい。

　　　2009年7月　札幌の寓居にて

　　　　　　　　　　　　　　　　　　　　　　　　　　　関　　孝　敏

索　引

事　項　索　引

【ア　行】

Iターン　215
アイルランド農民家族　30
赤井川村出身者　178, 186
安芸門徒　116
あととり（予定）型　148
アーバニズム論　3
　　——批判　2, 3, 203
アーバン・ヴィレッジ（urban village）　20
アパラチア山村家族　31
家の継承　59, 111
意思決定過程　59
意思決定モデル　136, 223
移住家族
　　——相互間のネットワーク　96, 104, 108, 109
　　——の意思決定の社会的表明　64
　　——の構造　111
　　——の就業経緯　87
　　——の世代間関係　111
　　——の都市定着過程　84
移住
　　——距離　135
　　——経路　171
　　——行動　31
　　——単位　135, 172
　　——理由　54, 66

移住行動論　68
移住先地域　31
移住システム　4
移住時の停泊地　20
移住者の諸属性　135
移住地選択理由　66
移住パターンの決定因　145
一村一門徒　116
一般化された戦略　11
移動
　　——過程　2
　　——キャリア　146
　　——戦略　11
　　——の法則　217
移動的人間　226
隠田　35
インフォーマルな社会的ネットワーク　129
インフォーマルな戦略　11, 14
受入れシステム　4
受け身的な人間　7
内集団　193
エネルギー革命　48
遠距離介護　227
エンクロージャー運動　32
援助チャンネル・パターン　186
援助ネットワーク　186, 187
大佐スキー場　44
オースピス（auspice）　5
押しとどめる役割　118

【カ　行】

回顧的手法　146

階層評価　172
階層分解　35
階層別移住パターン　172
陰の世帯　12-14
過剰都市化　2
過疎化　32, 39, 41
家族
　——移住　4
　——解体　129, 168
　——機能　9
　——経歴　226
　——結合　2
　——研究　29
　——構造　130
　——生計戦略　14
　——戦略　9
　——の内部構造　5
　——の変動　29
家族・親族アプローチ　1, 3-6, 24, 224
家族・親族依存　23
家族・親族型　158, 159, 161
家族・親族結合　6, 14, 16-18, 23, 169
家族・親族結合の機能　24
家族発達　125, 147
　——段階　215
　——の進展段階　227
家族福祉の最大化　9
過疎対策　42
カソリック家族　30
価値の内在化と伝達　9
可部線　76
過密化　32
関係レベル　1
帰還移住　202, 204, 228
帰還移動（return migration）　19
機関型　159, 161
帰郷
　——回数　197, 198

　——機会　196, 197
　——状況　196
既婚者型　147
機能的意味　14
基盤整備　115
基盤整備事業　37, 42, 115
基本的属性　170
逆機能　24
旧市内　75
求心的・統合的機能　117
協業経営　42
競合するオースピス（competing auspice）
　　13
共同体的性格　65
共同体的生活経験　106
共有林のムラ　45
挙家移住　53, 150, 160
挙家移住者　150
挙家移住型　162, 163
挙家型　150, 152, 154, 172, 181, 182, 189,
　191
挙家離村　32, 142
挙家離村型　148, 150
挙家離村世帯　32
居住経歴　226
近代化　2, 135, 216
近代化政策　2
近隣交際　105
近隣住区　214
郡友会　102
経済的移動戦略　11
経済的決定因　6
経済的要因　67
芸北町友会　102, 104
経由移住　150, 160
経由移住型　162, 163
経由型　151, 153-155, 171, 181, 182, 184,
　189

経歴概念　226
血縁型（のネットワーク）　100, 101
結婚移住型　154
結節機関　220, 221
結節機関説　219
結節的機関　219
顕在的　24
広域都市圏　73
交際親族　174, 175
交際親族数　174
講集団　43
構造的・文脈的アプローチ　223
構造モデル　135
行動的アプローチ　223
行動論　6
高度経済成長期　211, 212, 226, 228
高度都市化社会　214
向都離村　214
後発諸国　2
高齢者世帯　130
国内移住者　168
国内地域移動　180
国民文化の平準化　223
個人移住　4
個人指向戦略　11
個人的近代化　2, 217
コスト・報酬モデル　136
事縁型（のネットワーク）　100, 101
婚姻圏　112
根幹家族　4
混住化社会　220

【サ　行】

ザドルガ（大家族）　30
山間農村　22
産業化　2, 135, 217
産業化なき都市化　2
産業化の機能的要件　2, 5

三重構造　228
三世代同居家族　83, 108, 109, 111, 120, 127, 129, 140
山村家族　116, 120
山村生活　105
山村の親族　66, 113
三八豪雪　33, 44, 46, 118
残留老齢世帯　117
Jターン　215
シカゴ学派　167
自己依存　21, 23
悉皆調査　138,
市内親族　95, 109
社会移動　2, 217, 229
社会移動戦略　10, 11, 19
社会階層　148
社会過程　212, 223, 224
社会構造　49
　　──の質的差異　215
社会参加　193-195, 198
社会参加状況　196
社会的・心理的な要因　67
社会的機関　22, 79, 128
社会的交流　58
社会的接触　196
社会統合機能　48
社会統合のメカニズム　6
社会発展の5段階　216
社会変動　29, 39, 41, 135, 212, 216
若年齢層型　146, 172
就業回路　162
就業経路　87
就業経路パターン　92
住居地の選択行動　78
重層したネットワーク　129
住宅・土地の取得　128
　　──経緯　78, 84
住宅経歴　226

住宅取得経路　162
住宅取得チャンネル　183, 184
集団指向戦略　11, 14
集団レベル　1
集落再編成　42, 46
出身地域　31
　　――の社会構造　164
順機能　23, 24
上昇移動　224
象徴的エレメント　116
昭和戦後期　211
職業移動　2
職業経歴　226
職業取得　87, 128
　　――の媒介パターン　128
除住民票　138
女性の都市移住　229
自立型　159, 161, 184, 186
自立化の過程　204
人工林　37
　　――面積　37
人工林率　37
新市内　75
親族有経由移住型　157
親族有直接移住型　157
親族依存戦略　21
親族介在説　137, 164
親族カテゴリー　176, 177
親族関係
　　――の都市適応促進機能　202, 203
　　――の都市適応の抑制的・阻害的機能　203
　　――のネットワーク　9, 174
　　――の両義性　137
親族機能　156
親族結合　2
親族交際　114, 173, 175
親族存在　149, 160, 163, 180
親族仲介パターン　92
親族無経由移住型　157
親族無直接移住型　157
親族ネットワーク　98, 193
親族分布　173
人的資本論　136
親和性仮説（the affinity hypothesis）
　　15, 17, 23, 137, 164
生計戦略　10, 11, 19
生産組織　42
生殖家族　174
世代間継承　125
世帯行動　10
世帯戦略　9, 10
積極的転換　8
全家離村　30
潜在的　24
　　――コスト　221
　　――報酬　221
先進諸国　2
専門化された戦略　11
戦略概念　2, 3, 7
戦略的アプローチ　3, 7, 14, 19
戦略的家族・親族アプローチ　3, 25
葬式参加率　194
創設世帯　58
相続世帯　58, 59, 62, 111, 112, 119
相続パターン　5
総体的評価　200, 202
双方向的　24
阻害仮説　20
促進仮説（the facilitating hypothesis）
　　15, 23, 137, 150, 164
外社会　29

【タ　行】
第一次的関係　31, 129, 168, 183, 186, 204
第一次的関係衰退（消滅）仮説　6

第一次的社会関係　84
第三世界　2, 23
退職移住　227
第二次（農業）構造改善事業　37, 42
第二次的関係　183
互酬的交換　119
多世代同居世帯　52
段階移住　53
団塊魁世代　212
団塊世代　212, 227
丹後山村（京都府）　30
単独移住　150, 160
単独移住型　162, 163
単独移住者　150
単独型　150, 152, 154, 172
単独世帯　57
地域移動　2, 212-214, 227
　——経歴　226
　——経歴調査　226
　——要件　6
地域外資本　44
地域開発　2
地域社会間の構造分化　215, 216
地域社会研究　212, 219
地域社会の承認　64
地域生活へのコミットメント　105, 129
地域変動　29
地縁型（のネットワーク）　102
地籍調査　115
地方出身者　211
中核的集団　43, 48
中核都市　75,
町外移住　50, 53
町外資本　63,
調査時点　170
町内移住　50
町内会　192, 193
　——活動　105

　——行事　193
　——行事参加率　193, 194
　——役職経験率　194
直接移住　150, 160
直接移住型　162, 163
直接型　151, 153-155, 171, 181, 182, 184, 189
つなぐ役割　118
定位家族　215
提供システム　4
定住意識　105, 140, 192, 200
定住層　140
低成長期　212
適応戦略　7-9, 11, 12, 14, 23
転居・転職の援助チャンネル　190
転職型　172
同郷人　187
同郷人会　102, 223
同郷団体　211
同窓会名簿　138
都市移住　130, 211, 214, 216
　——の挨拶　65
　——の意思決定　2, 9, 14, 156, 164, 167
　——の意思決定過程　59
　——の結果　13
　——の決定因　16
　——の原因　13, 167
　——の地域的承認　65
　——の分化パターン　167
　——の方向性　135
　——パターン　135, 145, 149, 171
都市移住家族（世帯）　11, 21, 25, 32, 39, 49, 53, 223
　——の意思決定過程　59
　——の成立過程　65, 67
　——の二重役割　119
都市移住過程　13, 14, 156, 162
都市移住経歴　226

都市移住研究　1, 3
都市移住現象　1, 3, 135, 211, 220
都市移住行動　6, 7, 9, 14, 16, 145, 167, 226
都市移住者　211, 223, 228
都市移住者（家族）のパネル調査　18
都市移住者家族　168
都市移住論　223
都市移住を促進する役割　66
都市移住をひきとめる役割　66
都市化　2, 135, 167, 218
都市家族　116, 120, 204,
　　──の形成過程　204
都市間移動　213, 215
都市機能　72
都市社会　220-222
　　──への適応　2
　　──への適応促進機能　6
　　──への適応の準備態勢　185
都市社会学　167, 220
都市生活　105
都市成長　75
都市選択　181, 182
都市選択理由　154
都市定着過程　105
都市適応　167, 182
　　──機能　169
　　──の客観的側面　169, 182
　　──の主観的側面　169, 184
　　──の初期段階　179, 180, 181, 185, 193, 202
　　──の諸相　169, 185, 202
　　──の進展段階　180, 185, 192, 193, 200, 202
　　──の阻害的機能　169
　　──の促進的機能　17, 169, 202, 203
　　──の抑制的・阻害的機能　203
都市適応過程　4, 13, 14, 23, 204

　　──の初期段階　15, 18, 19
　　──の進展段階　15, 17, 18, 23
都市的生活様式　118, 217
都市的世界　213
都市内移動　19, 213, 215, 224, 227
都市農村移住　19, 213, 228
都市の親族　66
都市の村人（Urban villagers）　107
都市フリンジ　220

【ナ　行】
2時点間の適応過程　203
2時点比較　195
二重役割　129
　　──の縮小と消失　120
任意集団　192, 193
人間像　7
人間像の転換　7
年賀状　112
農村（集落）内移動　213
農村家族　204
農村間移動　213, 214
農村社会　220-222
農村社会学　220
農村的生活様式　217
農村的世界　213
農村都市移住　2, 167, 213, 214
農村フリンジ　220
能動的なエージェント　7
農民離村　214

【ハ　行】
パーソナル・コミュニケーション　222
パーソナル・ネットワーク　184, 186, 190, 221, 224, 225
発達段階　147
バッファーの役割　150, 182
バブル期　212

索　引　245

バブル崩壊期　212
半強制的加入　193
藩政期　35, 40
非あととり（予定）型　148
比較都市移住論　229
非挙家型　172, 181, 182, 189, 191
非挙家離村　142
非挙家離村型　150
非経済的決定因（要因）　5, 6, 16
非継承者　172
非相続者　30
病理現象仮説　6
広島会　101
広島市の選択　66
広島湾工業地帯　73
ファミリズム　200
不安意識　105, 156-158, 184, 190, 203
フォーマルな戦略　11
複数型　172
不幸音信　114, 116
二つの地域社会　6, 220-222
プッシュ・プル仮説　67, 135
プッシュ機能　16
プッシュ要因　221
プラス機能　17
プラスとマイナスの双方向性　16
プリモダン　229
プル機能　17
プル要因　221
分散した拡大家族　9
分散した家族ネットワーク　12-14
変容仮説　23-25
変容過程　204
報徳社　43
ポストモダン　229
ホモ・モーベンス　226

【マ　行】
マイナス機能　18
マクロ的側面　167
マクロな（歴史的）構造的レベル　2, 10
マクロレベルの歴史的構造的アプローチ　25
ミクロ的側面　167
ミクロな個人レベル　2, 10
ミクロレベルの原子論的アプローチ　25
未婚者型　146
ミドルレベルのアプローチ　25
面接調査　138
モダン　229
門徒組織（門徒会）　101

【ヤ　行】
役割継承　129
有職型　147
友人依存　21
友人・知人依存　23
友人・知人型　158, 159, 161
友人・知人関係　128
友人・知人仲介パターン　92
友人・知人ネットワーク　193
Uターン　215
四つの願望　84

【ラ　行】
ライフコース　212, 225-228
ランダムサンプル　138
離農者型　147, 148
流動型社会　226
累積的共同体　43
連鎖移住システム　4
老親の介護　228
老親扶養　175
老齢化　72

地　名　索　引

【ア　行】
アイルランド　i, 5, 30
赤井川村（北海道余市郡）　137, 143, 170
安芸区（広島市）　75
安佐北区（広島市）　75
旭丘（赤井川村）　143
安佐南区（広島市）　75
アジア　2
アパラチア山間地域（米）　i, 4, 218
アフリカ　2
アメリカ合衆国　2
池田（赤井川村）　143
五日市町（広島県）　50
岩国市（山口県）　51, 73
エジプト　4
オークランド（ニュージーランド）　7
大竹市（広島県）　73
大野町（広島県）　51
雄鹿原地区（広島県）　33, 39, 50
小樽市　22, 137, 143, 144, 170
落合（赤井川村）　143
音戸町（広島県）　51

【カ　行】
カイロ（エジプト）　4
加計町（広島県）　51, 76
可部町（広島市）　75
川本町（島根県）　51
祇園町（広島市）　75
共栄（赤井川村）　143
クリーブランド（米）　224
呉市（広島県）　51, 73
芸北山村（広島県）　ii, 32

芸北町（広島県）　33, 112
高山市（岐阜県）　29
高陽町（広島市）　75
五大湖沿岸（米）　i, 4

【サ　行】
札幌市　22, 137, 143, 144, 170
佐東町（広島市）　75
白川村（岐阜県）　29
シンシナティ（米）　224

【タ　行】
ダブリン（アイルランド）　i, 5, 30
中央（赤井川村）　143
中国山地　21
中西部の産業都市（米）　i, 4
町内（赤井川村）　143
東北日本　32
十勝地方（北海道）　30
常盤（赤井川村）　143
富田（赤井川村）　143

【ナ　行】
中区（広島市）　75
西区（広島市）　75
西日本　32
ニュージーランド　7, 21

【ハ　行】
浜田市（島根県）　33, 51, 76
東区（広島市）　75
日の出（赤井川村）　143
広島市　ii, 21, 33, 50, 51, 65, 71-73, 75
フィリピン　12
福山市（広島県）　73
府中町（広島県）　51
北海道　22, 32
本郷町（広島県）　51

【マ　行】

曲川（赤井川村）　143
水島（岡山県）　73
南区（広島市）　75
都（赤井川村）　143
三次市（広島県）　51
明治（赤井川村）　143
メキシコシティ　19, 30
母沢（赤井川村）　143

【ヤ　行】

安古市町（広島市）　75
ユーゴスラヴィア　30, 110
余市町　22, 137, 143, 144, 170
横川町（広島市）　75, 76

【ラ　行】

ラテンアメリカ　2

人　名　索　引

柿崎京一　29
小山　隆　29
鈴木栄太郎　84
鈴木　広　217
天間　征　30
富永健一　229
野尻重雄　29, 58, 218
福島正夫　29
松本通晴　30, 211
丸木恵祐　211
Abu-Lughod, J.　4
Arensberg, C.M.　30
Bendix, R.　217
Bogue, D.J.　216, 221
Brown, J.S.　i, 168
Caces, F.　12
Duncan, O.D.　217
Gans, H.　20
Graves, N.B.　7
Graves, T.D.　21
Habakkuk, H.J.　5
Harbison, S.F.　9
Hareven, T.K.　ii, 129
Hugo, G.J.　136
Humphreys, A.J.　i, 5
Inkels, A.　2, 217
Jackson, J.A.　213
Kimball, S.T.　30
Le Play　4
Lee, E.　136
Lewis, O.　3, 30, 168
Lipset, M.S.　217
Lomnitz, L.M.　19
Mangalam, J.J.　ii
Morrison, P.A.　136
Ravenstein, E.G.　217
Readfield, R.　145
Ritchey, P.N.　15
Schwarzweller, H.K.　i, 31, 136, 168
Simić, A.　30
Sorokin, P.A.　11, 30, 213, 218
Thomas, W.I.　31, 84
Tilly, C.　5, 13
Trager, L.　12
Uhlenberg, P.　16, 136
Wirth, L.　2, 3, 129, 168
Wood, H.C.　9
Yans-Maclaughlin, V.　129
Zelinsky, W.　216
Zimmerman, C.C.　11, 30, 218

著者略歴

関　孝敏　せき たかとし

1946年兵庫県姫路市生まれ．1976年北海道大学大学院文学研究科博士課程単位取得退学．広島修道大学人文学部助教授を経て，1982年北海道大学文学部専任講師．
現在，北海道大学大学院文学研究科教授
専門は，地域社会学・家族社会学・災害社会学

書　名	家族と都市移住
コード	ISBN 978-4-7722-3128-2　C3036
発行日	2009年10月26日　初版第1刷発行
著　者	関　孝敏
	© 2009 SEKI Takatoshi
発行者	株式会社古今書院　橋本寿資
印刷所	株式会社理想社
発行所	古今書院
	〒101-0062　東京都千代田区神田駿河台2-10
電　話	03-3291-2757
FAX	03-3233-0303
URL	http://www.kokon.co.jp/
	検印省略・Printed in Japan

いろんな本をご覧ください
古今書院のホームページ

http://www.kokon.co.jp/

★ 500点以上の**新刊・既刊書**の内容・目次を写真入りでくわしく紹介
★ 環境や都市, GIS, 教育など**ジャンル別**のおすすめ本をラインナップ
★ **月刊『地理』**最新号・バックナンバーの目次&ページ見本を掲載
★ 書名・著者・目次・内容紹介などあらゆる語句に対応した**検索機能**
★ いろんな分野の関連学会・団体のページへ**リンク**しています

古今書院

〒101-0062　東京都千代田区神田駿河台 2-10
TEL 03-3291-2757　　FAX 03-3233-0303

☆メールでのご注文は order@kokon.co.jp へ